〈유라시아 국가 역사 · 문화 탐방〉시리즈 1

우크라이나의 역사

허 승 철 편역

문예림

저 자 **허 승 철**(고려대학교 교수)

미국 브라운대학교 슬라브어학 박사(1988)
미국 하버드대학교 러시아연구소 연구교수(1988–1990)
건국대학교 러시아학과 교수(1992–1996)
한국 우크라이나학회장(2003–2006)
주 우크라이나 대사(2006–2008)
고려대학교 교수(1996–)

저 서 ≪우크라이나어–한국어 사전≫(공저, 2007)
≪나의 사랑 우크라이나≫(2008)
≪Geopolitical Transformation in Eurasia≫(공저, 2009)
≪우크라이나의 이해≫(공저, 2009)
≪한국어–우크라이나어 사전≫(공저, 2011)
≪우크라이나 현대사≫(2011)
≪사고와 언어(비고츠키 저≫(공역, 2013)

〈유라시아 국가 역사 · 문화 탐방〉시리즈 1

우크라이나의 역사

초판 1쇄 2015년 9월 5일
초판 발행 2015년 9월 15일

저자 허승철
발행인 서덕일

펴낸곳 도서출판 문예림
주소 경기도 파주시 회동길 366 (10881)
전화 (02)499–1281~2
팩스 (02)499–1283
홈페이지 http://www.bookmoon.co.kr
E–mail info@bookmoon.co.kr

출판등록 1962. 7. 12 제2–110호
ISBN 978–89–7482–847–9 (93900)

서 문

우크라이나는 슬라브 문화의 발상지이고, 유럽에서 두 번째로 넓은 국토와 4,500백만이 넘는 인구, 비옥한 토지와 풍부한 자원을 보유한 발전 잠재력이 큰 국가이다. 현재 우크라이나는 1991년 독립 이후 가장 위중한 국난을 겪고 있지만, 이 위기를 잘 극복하고 과감한 개혁 정책을 추진하면 한 차원 높은 국력을 가진 국가로 거듭날 수 있을 것으로 예상한다. 그간 국내 학계에서는 우크라이나 전문 연구자의 풀이 작았고, 그러다보니 객관적이고 심도 깊은 우크라이나 연구는 미흡했던 편이다. 우크라이나를 세계사의 흐름 속에서 올바로 이해하려면 우크라이나 민족이 어떤 길을 걸어왔는지를 파악하는 것이 중요하고, 우크라이나와 러시아의 정치문화, 국민성, 국민의 지향점 등의 차이에 대해 세심한 주의를 기울이는 것이 필요하다고 본다.

최근 우크라이나에 대한 관심이 높아지면서 학생이나 일반 독자를 위해 우크라이나 역사를 읽기 쉽게 한 권으로 정리한 입문서가 필요하다는 생각을 하게 되었다. 우크라이나에서의 외교관 생활을 마친 후 대학으로 돌아와 매년 우크라이나 지역학을 강의하면서 한 학기 강의에 맞는 교재의 필요성도 느꼈다. 역사학자가 아닌 입장에서 스스로 책을 쓰는 모험을 하기 보다는 그간 권위 있는 학자들이 저술한 책을 번역하고 정리하여 편집하는 것이 낫다는 생각에서 편역서로 이 책을 꾸미게 되었다.

이 책의 전반부는 Paul Magocsi의 *Ukraine: an Illustrated History* (Seattle: University of Washington Press, 2007)를 주로 번역하였고, 19세기 이후는 Serhy Yekelchyk의 *Ukraine: Birth of a Modern Nation*(Oxford: University of Oxford, 2007)을 주로 번역하여 편집하였다. 야누코비치 정권 부분은 R. Menon와 E. Rumer의 공저인 *Conflict in Ukraine: The Unwinding of the Post-Cold War Order* (Cambridge; MIT Press, 2015)에서 발췌 편역하였다. 우크라이나의 역사에 대해서 좀 더 자세한 내용을 알고 싶은 독자는 편역자의 저서 ≪우크라이나 현대사≫(고려대학교 출판부, 2011년)와 곧 출간될 번역서인 흐루셉스키의 ≪우크라이나의 역사≫를 참고하기 바란다.

2013년 11월부터 시작된 우크라이나 사태에 대한 국내의 분석과 논평을 보면서 소련이 붕괴되고 한국이 CIS 주요 국가들과 외교 관계를 수립한 지 20년 이상이 지났지만, 러시아와 일부 중앙아시아국가들을 제외한 나머지 국가들에 대한 국내 학계의 이해와 분석의 깊이를 심화시킬 필요가 있다는 생각을 하게 되었다. 이런 배경에서 〈유라시아 국가 역사 · 문화 탐방〉 시리즈로 앞으로 우크라니아 외에 벨라루스, 조지아, 몰도바, 아르메니아 등에 대한 역사, 문화 입문서를 출간할 계획을 가지고 있는 문예림의 서덕일 대표님께 존경과 감사의 인사를 드린다.

2015년 9월 편역자 허 승 철

목 차

1부

우크라이나의 지리와 국가 개황

1장 우크라이나의 자연 지리

오늘날의 우크라이나는 국토면적으로 따지면 유럽에서 두 번째로 큰 나라이다. 우크라이나의 면적은 603,700km^{2}로 독일과 영국을 합친 것과 비슷하다. 우크라이나 국토의 대부분은 저지대 평야plains와 평원plateaus으로 구성되어 있고, 높은 지대는 500m 정도까지 고도가 올라간다. 일반적으로 스텝steppe이라고 알려진 평원은 북부저지대 Northern Lowlands와 연안저지대Coastal Lowlands가 대표적이고, 동서로는 서부의 볼히야-포돌랴평원Volhynian-Podolian Plateau으로부터 동부의 도네츠능선Donets Ridge까지 펼쳐져 있다. 고도가 높은 산악지대는 서부의 카르파티아산맥Carpathian Mountains과 크림반도 남단의 크림 산악지역Crimean Mountains 정도이다. 카르파티아 산맥의 최고봉은 해발 2,061m의 호벨라Hovela 정상이고, 크림반도에서는 1,543m의 로만코쉬봉Roman-Kosh이 제일 높다. 국토에서 산악지역이 차지하는 비율은 5%정도에 불과하다. 카르파티아산맥을 빼고는 자연적 경계가 없어서 민족들의 이동이 활발했다. 역사적으로 우호적이거나 적대적인 많은 민족과 부족들이 우크라이나에 정착하거나, 이 땅을 정복하거나 아니면 단순히 통과하기 위해 들어왔다.

평야와 평원을 흐르는 강들이 연계되어 교통로 역할을 하였다. 대부분의 강은 북에서 남쪽으로 흘러서 흑해Black Sea나 아조프해Sea of Azov의 폰티 유역Pontic Watershed으로 유입된다. 우크라이나 국토의 중앙을 관통하여 드니프로Dnipro/Dnieper 강이 흐른다. 드니프로 강은 역사적으로 중요한 교통로 역할을 하였고, 우크라이나의 수도 키예프Kyiv/Kiev도 드니프로 강변에 위치해 있다. 드니프로 강을 경계로 우크라이나는 영토적으로, 행정적으로, 지리적으로 동쪽의 좌안左岸, Left Bank과 서쪽의 우안右岸, Right Bank으로 나뉜다.(역주: 좌안과 우안은 북쪽의 러시아에서 우크라이나를 내려다보는 시각에서 만들어진 명칭이므로, 지도에서 보는 것과 반대로 동쪽지역이 좌안이 되고 서쪽지역이 우안이 된다) 드니프로 강과 지류(프리펫Pripet 강, 데스나Desna 강, 로스Ros 강, 보르스클라Vorskla 강) 이외에 다른 주요 강들도 북에서 남동쪽이나, 남서쪽으로 흘러 흑해나 아조프해로 유입된다. 서쪽에는 드네스트르Dnistr/Dniester 강, 남부 부크Southern Buh 강이 있고, 동부의 도네츠Donets 강은 우크라이나 동쪽 국경 너머에 있는 돈 강으로 흘러들어간다. 국토의 남서부 끝은 다뉴브 삼각지대와 경계하고, 이즈마일Izmail에 항구가 있어 유럽의 가장 긴 하천인 다뉴브 강과 연결된다. 서부 지역의 강들은 발트해Baltic Sea로 연결된다. 서부 부크Western Buh 강과 산San 강은 국경 바로 밖에서 비스툴라Vistula 강과 합쳐져서 발트해로 흘러들어간다. 발트해 유역과 흑해 유역을 연결하는 지점에 위치한 르비프Lviv는 수로를 통해 유럽 중북부와 남동부에 모두 닿을 수 있는 지리적 이점 때문에 경제적 발전을 이루었다.

우크라이나의 기후도 지리와 마찬가지로 극단적이지 않다. 1월 평균 기온은 섭씨 5도이고 7월 평균 기온은 20도이다. 온화한 대륙성 기후와 적당한 강수량, 국토의 2/3를 덮고 있는 흑토chernozem/black earth 덕분에 우크라이나는 세계에서 가장 비옥한 농업 지역 중 하나이다.

우크라이나는 밀, 옥수수, 호밀, 보리 등의 곡물과 대마, 해바라기, 사탕무우 같은 산업 작물을 풍부히 생산하며 오랜 기간 폴란드-리투아니아, 러시아제국, 소련의 '빵바구니breadbasket' 역할을 했다. 우크라이나는 풍부한 지하자원도 보유하고 있다. 세계 채굴량의 10%, 20%에 각각 달하는 철광석, 망간과 세계 매장량의 25%에 달하는 티타늄을 보유하고 있고, 우라늄, 석탄, 구리도 풍부히 매장되어 있으며, 금, 다이아몬드, 베릴륨, 카로인 등의 희소광물도 다량 매장되어 있다. 지하자원은 크리비이 리그Krvihyi Rih－드니프로페트롭스크Dnipropetrovsk－자포로지아Zaporozhia를 연결하는 3각 지대와 돈바스 지역을 포함한 중남부와 동부 지역에 풍부히 매장되어 있다. 앞에 언급한 3각 지대와 돈바스 지역은 20세기 초부터 세계적인 산업 지역이 되었다. 우크라이나는 세계적인 농업국가이다. 전세계 흑토의 25%가 우크라이나에 있으며 유럽에서 가장 넓은 농경지를 보유하고 있다. 경작 면적은 2,000만 헥타르 이상이며, 연간 곡물 생산량은 풍년일 경우 5,000만 톤을 넘는다.(역주: 한국 경지면적 약 170만 헥타르, 곡물 생산량 700－800백만 톤) 평야 지역이 많아 농지 개발을 하면 농경지를 1.5－2배 늘릴 수 있다. 2014년 구매력 기준 GDP는 3,813억불(세계 49위)로, 오스트리아(46위), 루마니아(47위), 페루(48위)보다 조금 뒤떨어지고, 노르웨이(50위), 카타르(51위), 체코(52위)보다 조금 앞선다. 구매력 기준 1인당 GDP는 8,200달러(139위)이다. 2012년 9,300달러, 2013년 8,700달러였던 1인당 GDP는 러시아와의 전쟁 여파로 감소 추세에 있다.

2장 우크라이나의 정치, 인문 지리

우크라이나는 7개국과 국경을 접하고 있다. 가장 긴 국경은 1,576km에 이르는 북동쪽의 러시아와의 국경이다. 벨라루스와는 891km의 국경을 접하고 있다. 서쪽으로는 폴란드와 428km, 슬로바키아와 80km, 남쪽으로는 헝가리와 103km, 루마니아와 531km, 몰도바와 939km의 국경을 접하고 있다. 우크라이나의 해안선은 흑해와 아조프해를 따라 펼쳐지는데 2,782km에 이른다.

우크라이나의 주州
(※ 크림반도–2014년 3월 18일 러시아는 크림반도를 병합했지만, 우크라이나는 자국 영토로 주장하고 있음)

우크라이나의 역사적 지역

우크라이나는 24개 주州oblast로 구성되어 있다. 우크라이나의 역사와 발전 과정에서 주보다 더 중요한 역할을 한 것은 역사적 지역이다. 일부 역사적 지역은 현재의 우크라이나 영토 범위를 넘어선다. 대략 서쪽에서 동쪽 방향으로 나열해 보면 트랜스카르파티아Transcarpathia(혹은 Subcarpatian Rus, Carpatho－Ukraine), 부코비나Bukovina, 갈리시아Galicia, 볼히냐Volhynia, 포돌리아Podolia, 키예프Kiev, 체르니기프Chernigiv, 폴타바Poltava, 슬로보다 우크라이나Sloboda Ukraine, 돈바스Donbas, 자포로지아Zaporozhia, 흑해지역과 크림Krym/Crimea이다. 역사적으로 우크라이나인들이 많이 거주했지만 현재 우크라이나 국경 너머에 있는 지역도 있다. 먼저 서쪽으로 콜름Kholm/Chełm과 포들라치아Podlachia, 북서쪽으로는 폴리시아Polissia, 남서쪽으로는 베사라비아Bessarabia, 남동쪽으로는 쿠반Kuban 지역이 있다.

2001년 실시된 인구조사 자료에 따르면 우크라이나의 인구는

48,457,000명이었지만, 해외 이주와 낮은 출산율로 2015년 7월 추정인구는 44,429,471명으로 줄어들었다. 전체 인구 중 우크라이나인이 차지하는 비율은 77.8%(약 3,450만 명)이다. 전체 인구의 67.5%는 우크라이나어를 제1언어로 사용하는 것으로 나타났다. 구소련지역 거주 우크라이나인 분포는 러시아에 235만 명이 살고 있고, 카자흐스탄에 90만 명, 우즈베키스탄에 15만 명, 벨라루스에 13만 명, 키르기즈스탄에 11만 명이 살고 있고, 미주 대륙 해외공동체(diaspora)로는 캐나다에 약 110만 명, 미국에 90만 명, 남미대륙에 17만 명 등이 거주하고, 오스트레일리아에도 2만 명의 우크라이나인들이 살고 있다.

우크라이나어는 슬라브어족에 속하는 14개 언어 중 하나이고, 작은 범위로는 러시아어, 벨라루스어와 함께 동슬라브에 속한다. 따라서 언어 구조가 러시아어, 벨라루스어와 가장 유사성이 많다. 우크라이나어 방언들, 특히 서쪽 끝 지역의 방언은 폴란드어, 체코어, 슬로바키아어, 헝가리어 등의 영향을 많이 받았다. 폴리시아에서 사용되는 북부 방언은 우크라이나어인지 벨라루스어인지 명확히 구별하기 어렵다.

우크라이나에는 우크라이나인 말고도 130개 이상의 소수민족이 거주하는 것으로 2001년 조사에 나타났다. 이 중 인구가 많은 소수민족은 아래 표에 나와 있다.

〈표 1. 민족별 우크라이나 인구 구성, 2001년〉

민족	인구 수자	비율(%)
우크라이나인	37,542,000	77.8
러시아인	8,334,000	17.3
벨라루스인	276,000	0.6
몰도바인	259,000	0.5
크림타타르인	248,000	0.5
불가리아인	205,000	0.4
헝가리인	157,000	0.3
루마니아인	151,000	0.3
폴란드인	144,000	0.3
유대인	104,000	0.2
아르메니아인	100,000	0.2
그리스인	92,000	0.2
타타르인	73,000	0.2
집시	48,000	0.1
아제르바이잔인	45,000	0.1
조지아인	34,000	0.1
독일인	33,000	0.1
가가우즈인	32,000	0.1
기타	177,000	0.4
전체	48,457,000	99.4

역사적으로 우크라이나인들은 농촌지역에 집중적으로 거주하였고, 도시 지역에서는 러시아인이나 다른 민족이 많이 거주하였다. 예를 들어 1897년 인구조사에서는 도시 거주 인구의 30%정도만이 우크라이나인이었지만, 약 백 년이 지난 2001년에는 도시 인구의 67%를 차지하게 되었다. 러시아인들은 주로 도시 지역에 거주하였고, 특히 동부의 산업지역과 흑해 연안과 크림반도 같은 남부지역에 많이 거주하였다. 몰도바인, 루마니아인, 불가리아인은 흑해 연안과 몰도바와 루마니아 접경 남부지역에 주로 거주한다. 폴란드인들은 볼히냐와 갈리시아 지방의 농촌지역에 주로 거주하고, 헝가리인들은 헝가리와 접경한 트랜스카르파티아 지역에 거주한다.

우크라이나 밖에 거주하는 우크라이나인들은 두 그룹으로 나눌 수 있다. 첫 그룹은 우크라이나 인접 지역에 거주하는 우크라이나인들이다. 아래 표에서 보는 것처럼 러시아와의 국경 지역인 역사적 '우크라이나 자유공동체Sloboda Ukraine' 지역, 동부 돈바스Donbas(로스토프주)와 쿠반Kuban 지역에 약 60만 명의 우크라이나인이 거주하고 있다. 비슷한 수자가 몰도바, 특히 분리독립을 주장하는 트랜스니스트리아Transnistria 지역과 베사라비아 지역에 거주하고 있다. 논쟁의 대상이 되는 것은 벨라루스, 폴란드, 슬로바키아에 거주하면서 우크라이나측 발표에 우크라이나인이라고 나오는 동슬라브인들이다. 벨라루스 남부의 폴리시아 지역에 약 29만 명의 '우크라이나인'들이 거주하고 있는데, 이들은 민족적 정체성이 약하다. 최근 일부 지역지도자들은 자신들이 별개의 언어를 가진 '폴리쉬추크민족(Polishchuk nationality)'이라고 주장하기도 한다. 폴란드에서는 전통적으로 접경지역인 포들라치아와 콜름 지역, 산 강 유역, 렘코Lemko 지역에 우크라이나인이 거주했다. 그러나 2차대전 후 이들은 우크라이나나 폴란드의 다른 지역, 특히 북부의 포메라니아Pomerania와 남서부의 실레시아Silesia로 이주되었다. 슬로바키아에는 1989년 인구조사 때 65,000명이 자신을 우크라이나인이라고 기록했지만, 소련 붕괴 이후에는 11,000명 미만이 스스로를 우크라이나인이라고 내세웠고, 나머지는 별개의 루신Rusyn민족이라고 조사에 답했다.

〈표 2. 우크라이나 인접지역 거주 우크라이나인 분포, 2001년〉

국가(지역)	인구수
러시아(쿠르스크, 벨고로드, 보로네즈, 로스토프주, 크라스노다르변강)	617,000
몰도바	600,000
벨라루스(브레스트, 고멜주)	108,000
루마니아	52,000
슬로바키아	11,000
폴란드	6,000
전체	1,394,000

국외에 거주하는 우크라이나인의 두 번째 그룹은 다른 대륙이나 멀리 떨어진 지역에 사는 우크라이나인들이다. 가장 많은 수는 러시아와 구소련의 기타 지역, 특히 중앙아시아에 거주한다. 다음으로 19세기 말부터 이주정착이 시작된 캐나다와 미국에 많은 수의 우크라이나인이 살고 있다. 고국에 거주하는 우크라이나인과 해외 거주 디

아스포라 우크라이나인을 모두 합하면 우크라이나인 전체 수는 약 5,510만 명이 된다.

〈표 3. 해외 거주 우크라이나인 분포, 2000년 전후〉

국가	인구수
러시아	2,350,000
카자흐스탄	896,000
우즈베키스탄	154,000
키르기즈스탄	108,000
타지키스탄	41,000
투르크메니스탄	36,000
벨라루스	129,000
라트비아	70,000
에스토니아	29,000
폴란드	25,000
리투아니아	22,000
체코	22,000
세르비아	5,000
헝가리	5,000
보스니아 – 헤르체고비나	4,000
크로아티아	2,000
기타 유럽국가	93,000

캐나다	1,100,000
미국	893,000
남아메리카 대륙	170,000
오스트랠리아	20,000
전체	6,174,000

우크라이나 내의 민족구성을 보면 우크라이나인이 77.8%, 러시아인 17.3%, 벨로루시인 0.6%, 크림타타인 0.5%, 불가리아인 0.4%, 헝가리인과 루마니아인, 폴란드인 각각 0.3%, 유대인 0.2%, 기타 소수민족이 1.8%를 차지하고 있다. 주로 중앙아시아에서 건너와 우크라이나에 정착한 고려인도 2만-3만 명 된다. 종교 분포를 보면 전 국민의 약 60%가 종교를 가지고 있고, 이중 51.4%는 정교회, 28,4%는 개신교, 11.3%는 그리스 카톨릭, 3.6%는 이슬람, 2.7%는 로마 카톨릭, 0.8%는 유대교 교인이고 1.8%는 기타 종교를 신봉하고 있다.

2부

고대와 키예프 루스 시대

3장 그리스인과 스키타이인

키메리아 전사

고고학적 발굴 자료에 따르면 우크라이나 지역에는 석기시대부터 사람이 살았던 것으로 나타난다. 기원전 5천 년 경인 신석기 시대 초기에 우크라이나에 거주하는 사람들은 수렵과 채취 생활을 벗어나 정착하여 농사를 짓고 가축을 기르기 시작하였다. 역사서에 최초로 우크라이나에 거주하는 민족으로 언급된 것은 키메리아족 Cimmerians였다. ≪오디세이아≫에도 언급된 키메리아족은 기원전 10세기부터 기원전 7세기까지 우크라이나 땅에 거주하였다. 선사시대 말기인 약 기원전 750년부터 기원후 750년 사이 우크라이나 땅에 정착 문화가 형성되었다. 약 1,500년에 이르는 이 기간 동안 우크라이나 땅은 지정학과 경제적 기준으로 두 개의 지역으로 분리되었다. 첫 지역은 흑해와 아조프해 연안지역이고, 두 번째 지역은 크림반도의 산악 내륙지역을 포함한 스텝 내륙지역이다. 해안지역은 고대 그리스의 에게해-지중해 분명에 바탕을 둔 도시인들에 의해 정착되었고, 내륙지방은 주로 아시아에서 온 유목민들이 차지하였다. 이들은 우크라이나 땅에 도착하자마자 토착 정착민들을 지배했다. 해안 지역은 에게해 연안의 도시국가에서 발생한 내홍을 피해 도망 온 식민개척자들이 정착하였다. 기원전 650년에서 450년까지 이 식민개척자들은 몇 개의 도시를 건설하였다. 드네스트르 강 어귀의 티라스Tiras, 드네스트르 강과 남 부크 강의 어귀의 올비야Olbia, 크림반도 남부 해안의 헤르소네스Chersonesus와 테오도시아Theodosia, 케르치 해협 서쪽 해안의 판티카파움Panticapaeum이 이런 도시들이다.

티라스 유적지

헤르소네스의 그리스 유적지

그리스의 도시국가들처럼 우크라이나 땅의 그리스 도시들은 각각 독립적으로 생활하였지만, 식민개척자들이 출발한 그리스 본토의 도시들과는 종속적 관계를 맺고 있었다.

테오도시아 유적지

흑해 연안 도시들은 연맹체를 형성하기도 했다. 대표적인 것이 판티카파움Panticapaeum이 주도한 것인데, 기원전 480년 경 케르치Kerch와 타만Taman 반도의 도시들과 아조프해 대안의 도시들의 동맹을 건설했다. 이 도시동맹은 보스포르왕국Bosporan Kingdom이라고 불렸고 기원전 63년까지 약 4세기 동안 존속하였다. 이 왕국은 우크라이나 땅에 존재한 최초의 국가 형태로 볼 수도 있다. 흑해와 아조프해 연안 도시들의 주산업은 어업, 포도주 제조, 소규모 수공업 등이었고, 가장 중요한 것은 곡물 무역이었다. 내륙 지방에서 온 곡물들은 해안 지방의 생선과 함께 에게해 연안에 있는 그리스 도시국가로 수출되었다. 이러한 교역을 유지하게 위해 해안 도시들은 내륙 지역의 지배자들과 우호적 관계를 유지할 필요가 있었다.

내륙의 개방된 스텝 지역은 지리적 조건으로 인해 유목민들의 침략에 취약하였다. 호전적 유목민들 중 대표적인 것이 스키타이족Scythians이었다. 스키타이족은 이란에서 출발하여 서쪽으로 이동해 와서 기원전 700년부터 550년 사이 쿠반 지방과 타만 반도에 들어왔고, 그후 드니프르 강 하류와 크림반도 내륙 지역에 정착하였다. 이 지역은 '소小스키타이Scythia Minor'라고 불렸다. 이 지역에서 스키타이 문명은 기원전 350년에서 250년 사이 정점을 맞았다. 유목민이었던 스키타이인들은 중부와 동부 우크라이나 지역에 거주하던 정착민들을 지배했다. 기원

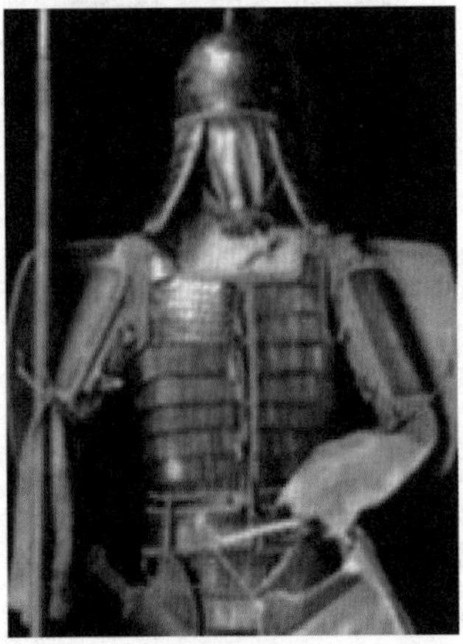
스키타이 용사 갑옷

전 750년부터 기원전 250년까지 약 5백 년 동안 지속된 '팍스스키티카Pax Scythica'의 성공 요인은 두 가지였다. 하나는 내륙의 정착민들로부터 곡물과 생선 등 식량을 수합하는 능력이고, 다른 하나는 이것을 흑해와 아조프해 연안의 그리스계 도시들의 상인들에게 판매하는 상업적 능력이었다. 스키타이인들은 안전한 교역을 보장하기 위해 요새를 지었다. 스키타이인들은 상업적 능력이 아니라 자신들의 매장지에 남긴 섬세한 조각품과 주로 금으로 만든 세공품과 귀금속으로 유명하다. 기원전 250년 경 그리스계 해안 도시들과 스키타이가 지배한 내륙 사이의 교역은 와해되기 시작했다. 일반적으로 사르마티아인Sarmatians이라고 알려진 새로운 유목민족이 '팍스스키티카'의 평온한 질서를 와해시켰다. 이러한 안정은 기원전 63년 경 로마제국이 흑해와 아조프해를 정복하면서 다시 회복되었다. 로마의 주도권 아래 보스포르왕국이 되살아났고, 사르마티아인들이 지배하는 내륙 지역과 교역 관계가 수립되었다.

약 3세기 후 기원후 시대가 시작할 무렵 호전적인 새로운 유목민족들이 도착하면서 안정은 다시 깨졌다. 북쪽에서는 고트족Goths이 내려오고, 동쪽에서는 훈족Huns, 아바르족Avars, 불가르족Bulgars이 침입하였다. 기원후 250년부터 650년까지 대부분의 우크라이나 내륙 지역은 유목민들에 의해 황폐화되었으나, 해안 지역 도시들은 잘 방어가 되어 비잔틴제국의 주도하에 발전하였다. 비잔틴 황제 유스티니아누스Justinianus I(재위 527－565년) 재위 기간 동안 흑해연안 도시들은 비잔틴의 군영을 받아들였고 동로마 교회에 바탕을 둔 헬레니즘 그리스 문화의 중심으로 변화되었다. 크림반도 서쪽 끝에 위치한 헤르소네스가 흑해 연안의 비잔틴의 행정 중심지가 되었다. 이곳으로부터 기독교의 영향이 내륙지역으로 퍼져나가기 시작했다. 선사시대 때와 마찬가지로 흑해 연안 도시들의 번영은 교역 상대인 우크라이나 내륙 지역의 안정과 밀접하게 연관되어 있었다. 기원후 650년 이후에는 흑해 북동부로부터 카스피해 연안까지 장악한 카자르공국이 새로운 교역 파트너가 되었다.

카자르공국

카자르족Khazars은 4세기 카스피해 북쪽 스텝지역에 나타난 터키계 유목민족이다. 7세기 중반이 되자 이들은 오늘날의 우크라이나 동쪽인 흑해와 카스피해 사이의 지역에 집중적으로 거주했다. 카자르족은 원래는 유목민이었으나 정착하여 농업과 교역을 생업으로 삼았으며 650년 경 국가적 체계를 갖추게 되어 카자르칸국Khazar Khaganate이라 불리게 되었다. 3세기 전 북쪽과 동쪽에서 침입한 유목민들과는 다르게 카자르족은 외교를 통해 분쟁을 해결하고 정치적 안정을 꾀했고, 이를 바탕으로 상업과 무역의 이익을 취했다. 흑해 연안의 자신들의 자산을 보호하기를 원했던 비잔틴제국은 카자르족의 이런 정책을 환영했다.

원래 카자르족은 돈Don 강 하류, 볼가Volga 강 하류, 코카사스 산악지역 사이의 세모꼴 지역이 근거지였으나, 점차 세력을 확장하여 북쪽으로는 오카Oka 강, 서쪽으로는 드니프로 강, 로스 강과 드네스트르 강 하구까지의 우크라이나 스텝지역을 장악했다. 이러한 광대한 영역을 관할하기 위해 카자르족은 수도를 코카사스 산맥아래 사만다르Samandar에서 볼가 강 하류 삼각주 지역인 이틸Itil로 옮겼다. 이들은 835년 돈 강 하류에 사르켈Sarkel이라는 요새를 지었고, 드니프르 강 중류인 키예프에까지 전초기지를 만들었다. 카자르 영토로 모여드는 몇 개의 국제적 교역로를 오가는 상인들에게 세금을 부과하여 부를 축적했다. 이틸과 사르켈에서는 카자르인 자신들이 중국에서 실크로드를 통해 들여온 상품과 북쪽의 볼가 불가르인들로부터 매입한 상품을 아랍 칼리프의 수도인 바그다드와 비잔틴 수도인 콘스탄티노플로 수출했다.

카자르족은 외교적 목표를 수행하기에 충분한 군사력을 가지고 있었다. 카자르 지도자들은 동쪽에서 오는 호전적 유목민들(불가르족, 알란족Allans, 마자르족Magyars, 오노구르족Onogurs)뿐만 아니라 서쪽의 슬라브인들도 제압하여 온건화시켰다. 이런 유목민족들은 카자르족의 영역을 통과하여 지나가거나 아니면 카자르의 보호를 받는 가신족이 되었다. 7세기 말엽 비잔틴 제국의 영향아래 있던 보스포르왕국과 몇 번의 충돌이 있은 후 카자르족은 케르치 해협 동쪽에 트무토로칸Tmutorokan에 요새를 짓고 크림반도에 대한 종주권은 비잔틴 제국과 공유하기로 합의하였다. 카자르족의 가장 큰 기여는 650년부터 850년까지 약 2세기 동안 자신들이 장악하고 있는 광대한 지역에 평화와 안정을 유지한 것이다. 카자르칸국은 호전적 아시아계 유목민들과 페르시아인들, 이후에는 코카사스 산맥 넘어 아랍인들로부터 동부 유럽을 지키는 완충 지대 역할을 했다고 볼 수 있다. 마지막으로 카자르족은 서쪽의 우크라이나 스텝 지역에서 슬라브인들(특히 폴랴냔Polianians, 둘리비안Dulibians, 데레블랴냔Derevlianians, 시베랸Siverians 같은 동슬라브족)이 자체적 세력을 구축하는데 필요한 보호막 역할을 하였다.

4장 슬라브인들의 발생 지역

슬라브인들은 일반적으로 언어적 기준에 따라 계통을 나눈다. 현재 학자들은 14개의 표준적 슬라브어를 구분하고 있고, 이 언어들은 크게 세 그룹으로 나뉜다. 동슬라브어East Slavic에는 러시아어, 벨라루스어, 우크라이나어가 들어가고, 서슬라브어West Slavic에는 폴란드어, 카슈비아어Kashubian, 소르비아어Sorbian, 체코어, 슬로바키아어가 포함된다. 남슬라브어South Slavic에는 슬로베니아어Slovenian, 크로아티아어, 세르비아어, 마케도니아어, 불가리아어가 속한다. 초기에 슬라브족이 거주하던 지역에 대해서도 다양한 견해가 존재하는

데, 다뉴브 강 중류와 하류 지역, 카르파티아Carpathian 산맥 북쪽, 프리펫 습지 등을 제시하고 있다. 다양한 학설들이 존재하기는 하지만, 학자들은 대체적으로 카르파티아 산맥 북쪽 지역이 슬라브인들의 원거주지역이라는데 동의하고 있다. 이 지역은 서쪽으로는 비스툴라 강 계곡, 북쪽으로는 부크 강 하류와 프리펫 강 계곡, 동쪽으로는 드니프로 강을 경계로 하는 지역이다. 현대적 기준으로 보면 이 지역은 우크라이나의 북동쪽과 서쪽, 벨라루스 남서쪽, 폴란드의 중남부와 남서쪽에 해당한다.

언제부터 슬라브인이나 원슬라브인들의 존재를 얘기할 수 있는가에 대해서도 학설이 엇갈린다. 일부 학자들은 기원전 천 년 이후에 이미 원슬라브인들이 자신들의 주거지역에 거주했다고 주장한다. 다시 말하면 스키타이족이 정복한 원 정착주민들이 슬라브인들이라는 것이다. 적어도 기원후 1세기 후반에는 그리스와 고트족 역사가들이 슬라브인들의 존재에 대해 언급하기 시작했다. 이들은 로마제국 경계 너머에 사는 세 슬라브족, 즉 베네드족Venedi, 스클라베니족Sclaveni, 안트족Antae에 대해 언급하고 있다. 안트족은 푸르트Prut 강과 부크 강 사이의 흑해 북쪽의 우크라이나 스텝 지역에 거주한 것으로 알려졌다. 원래 이란계 민족인 사마르티안 알란족의 일파였던 안트인들이 자신들의 영역 안에 거주하는 슬라브인들과 다른 민족들을 조직화한 것으로 알려졌다. 4세기 초 이후 안트족은 푸르트 강과 드네스트르 강 하류의 근거지에서 북쪽으로 이동하기 시작하여 북서부 우크라이나 지역(볼히냐Volhynia)와 드니프로 강 중류 지역을 장악하기 시작했다. 이 과정에서 안트족은 점점 더 많은 슬라브계 주민들을 복속시켰고, 결국에는 슬라브인들이 지배층인 이란계 알란족을 대체하였다. 5세기에 안트－슬라브족 세력은 절정을 맞는다. 이들은 몇 개의 요새 도시를 만들었고 로마 및 비잔틴과 활발한 교역관계를 맺는다. 이후의 역사가들도 안트족 지배 시대를 높이 평가한다. 우크라이나 역사학의 아버지라 할 수 있는 미하일로 흐루셉스키Mykhailo Hrushevskyi는 안트족을 우크라이나인들의 조상이자, 첫 우크라이나 '국가'를 세운 주인공으로 본다. 6세기 초엽에 전설적인 폴랴나 공公 크이Kyi에 의해 건립된 것으로 알려진 키예프도 안트족 시대와 밀접한 관련이 있다.

우크라이나 땅을 지나 중부 유럽지역으로 진출한 중앙아시아 유목민족들, 그중 특히 아바르족은 6세기 후반 안트족의 지배를 종식시켰다. 602년 이후 안트족은 더 이상 거명되지 않는다. 아바르족이 이 땅을 떠난 650년 이후 우크라이나 땅의 슬라브족이 별개의 부족으로 거명되고, 점차 우크라이나 동쪽에 거주하는 카자르족의 영향권 안에 들어가 가신부족이 되었다. 우크라이나 땅에 거주하는 동슬라브 부족으로는 북동쪽에 거주하는 시베랸족, 드니프로 강 중류와 로스 강 계곡에 거주하는 폴랴냔족, 프리퍗 강 남쪽에 거주하는 데레브랸족, 스티르Styr 강과 비스툴라 강 사이에 근무하는 둘리뱐족, 카르파티아 산맥 북쪽 기슭에 사는 백白크로아티아족White Croatians, 산맥 남서쪽 기슭에 사는 울리챠족Ulichians, 부크 강 남부와 프루트 강 분지에 사는 티베르챠족Tivertsians이 있었다. 각 부족은 후에 작은 도시로 발전하는 요새를 고지대에 세웠다. 체르니기프Chernihiv는 시베랸족이 세웠고, 키예프는 폴랴나족, 이스코로스텐Iskorosten은 데레브랸인족, 볼린Volyn은 둘리비안족, 프레므이슬Przemysl은 백크로아티아족, 페레시첸Peresichen은 울리챠족이 세웠다.

9세기는 초기 슬라브인들 역사에서 중요한 전환기로 기록될 수 있다. 869년대 비잔틴 제국에서 파견된 형제 사제인 키릴Kiril/Cyril과 메포디이Mefodii/Methodius가 기독교 전파의 수단으로 문자를 고안하여 왔다. 이들은 먼저 대大모라비아(오늘날의 체코와 슬로바키아)에 정교회를 전파하였다. 고대교회슬라브어Old Church Slavic로 불리는 이들이 만든 문어표준어로 번역된 복음서와 기도서는 글라골Glagolitic 문자와 키릴 문자로 작성되었다. 키릴 문자는 10세기 중 불가리아 지역에 거주하는 남슬라브인들에 의해 발전되었고, 이곳으로부터 키예프 루스 지역의 동슬라브인들에게 전파되었다. 9세기는 또한 정치적 환경도 크게 변한 시기였다. 일부 동슬라브 부족의 지도자들은 카자르 공국에의 종속관계에 불만을 품었으나, 단독으로 카자르에 대항할 수 없었다. 그러나 새로운 변화는 북쪽에서 온 바랴그인들Variagi/Varangians에 의해 주도되었다.

글라골 문자

5장 키예프 루스의 형성과 발전

키예프 루스는 오래 지속된 강력한 국가였지만, 그 기원은 불명확하고 논란에 싸여있다. 키예프 루스는 현대의 슬라브족 국가인 러시아, 벨라루스, 우크라이나의 근원이 되기 때문에 키예프 루스의 기원에 대한 논쟁은 예민한 문제이다. 사실 키예프 루스의 영역은 이 국가들의 영토와 일치하지 않기 때문에, 이 세 국가 모두가 키예프 루스의 정치적, 문화적 유산의 계승자임을 주장할 수 있다. 현재의 우크라이나의 수도인 키예프가 중세 루스의 정치, 문화뿐만 아니라, 오랜 기간 경제적 중심지였던 것은 사실이었다. 그러나 가장 영토가 컸을 때도 키예프 루스의 영역은 현재 우크라이나의 절반 정도만 차지한 반면 북쪽으로는 훨씬 더 뻗었었고, 벨라루스의 대부분과 러시아의 유럽지역을 차지하고 있었다.

키예프 루스의 기원에 대한 논쟁은 민족적 자존심과 관련이 크다. 키예프 루스 주민의 대부분은 동슬라브족이었다. 그러나 이들이 스스로 국가를 설립한 것인지, 외부인인 노르만인들의 도움을 받아서 국가가 형성되었는지가 논쟁의 대상이다. 또한 루스인들은 누구인가도 문제이다. 이들은 독일계 스칸디나비아인들인가 아니면 다민족으로 구성된 발트해 연안의 상인그룹인가?(이들은 슬라브인들로부터는 바랴그Variag라고 불렸고, 핀란드인들로부터는 루스Rus'/Ruotsi라고 불렸다) 9세기에 이들은 일멘Ilmen 호수 주변에 위치한 노브고로드Novgorod에 살던 슬라브인들과 핀란드인들에 의해 초빙되어 이들의 지배계급이 되었던 것인가? 아니면 이들은 수세기 전부터 드니프로 강 중류와 로스 강 유역에 살면서 키예프에 중심을 둔 부족연합체를 이룬 동슬라브족Rosy인가? 이런 문제들이 논쟁거리이다.

이런 문제를 둘러싼 논쟁에 역사학자, 고고학자, 언어학자들이 깊이 관여하고 있고, 이들이 가장 합의에 가깝게 제시한 학설은 다음

키이, 쉬첵, 호립 삼형제와 리비드 공주 동상

과 같다. 9세기가 되었을 때 동슬라브인들은 몇 개의 부족연합을 형성했고, 각 부족연합은 자신들만의 정치적, 경제적 본거지를 갖고 있었다. 북쪽 지역에서 발트계와 핀란드계의 부족들 사이에서 교역자로 견고한 위치를 잡고 있었던 바랴그들은 860년대에 이 부족들뿐만 아니라 동슬라브인들도 통합을 하여 자신들의 주도권 안에 들어오도록 했다. 이러한 정치적 연합체는 발트해와 흑해를 연결하는 수로를 중심으로 발전했고, 특히 비잔틴 제국과 연결되는 드니프로 강이 그 중심지가 되었다. 키예프 루스의 건설 과정에 관한 전설적 이야기를 담은 〈지나간 시절의 이야기(Tales of Bygone Years)〉에서는 키이Kyi, 쉬첵Shchek, 호립Khoryv 삼형제와 리비드Lybid 공주가 키예프를 만들었다고 나와 있다. 키예프는 키이가 건설한 도시라는 뜻이다.

올가 황후 조각

키예프 루스 형성기의 1단계는 878년부터 972년까지라고 볼 수 있다. 이 기간 동안 스칸디나비아 출신의 공후인 헬기Helgi(우크라이나어로는 Oleh), 잉그바르Ingvar(우크라이나어로는 Ihor), 헬가Helga(우크라이나어로는 Ol'ha), 스베이날드Sveinald(우크라이나어로는 Sviatoslav) 네 사람이 동슬라브인들과 핀란드인들을 장악하는데 성공했다. 이와 동시에 이들의 대외정책은 스텝의 유목민들이 남쪽과 동쪽에서 페체네크족Pechenegs, 카라칼파크족Karakalpaks, 토르크족Torks, 폴로비츠족Polovtians이 침략해오는 것을 막고, 당시 이 지역의 최대 강국이었던 비잔틴제국과 카자르공국Khazaria과는 우호적인 군사, 경제 관계를 유지하는 데에 초점이 맞춰졌다. 키예프 공국 형성기 1단계의 마지막 시기에 스뱌토슬라브는 카자르공국을 소멸시켰고, 이 지역에서는 960년 이후 공격적인 유목민들, 특히 페체네크족이 카자르공국을 대신해 주도권을 잡았다.

키예프 루스의 두 번째 시기는 972년부터 1132년까지이다. 키예프 루스를 공고하게 만든 시기로 불릴 수 있는 이 기간에 대공大公grand princes으로 알려진 키예프의 통치자들은 계속 확장되는 영토를 통치하기 위한 행정조직을 외부의 침입, 특히 스텝의 유목민족의 침략을 막아낼 수 있는 군사력을 확보하는 작업을 시작했다. 이 목표는 세 명의 대공, 블라디미르 대공Volodymyr/Vladimir I the Great(재위 980－1015년), 야로슬라브 현제Iaroslav/Yaroslav the Wise(재위 1036－1054), 블라디미르 2세 모노마흐Volodymyr/Vladimir II Monomakh(재위 1113－1125년) 치세 때 성공적으로 달성되었다.

드니프로 강변의 블라디미르 대공 동상

야로슬라브 현제 흉상

키예프 루스의 정치적 구조가 분명한 형태를 갖게 된 것은 블라디미르 대공 때이다. 다양한 동슬라브 부족연합의 토착지역은 각 지역의 가장 중요한 도시의 이름을 딴 공령公領, principalities으로 대체되었다. 키예프 이외에도 기본적으로 일곱 개의 공국이 있었는데, 페레야슬라브Pereiaslav, 체르니기프Chernigiv, 갈리시아－볼히냐Galicia－Volhynia, 폴로츠크Polotsk, 스몰렌스크Smolensk, 로스토프－수즈달Rostov－Suzdal과 노브고로드가 형성되었다. 이전의 바랴그 공후들과 마찬가지로 블라디미르는 대공으로서 키예프에서 통치했고, 키예프 루스 전체 영역을 자신의 개인적 소유로 생각했다. 일곱 공령 각각은 자신의 후손과 친척이 통치하게 했다. 이런 면에서 키예프 루스는 중세 유럽의 다른 나라들과 매우 유사한 조직을 갖게 되었다. 즉 키예프 루스는 중앙집권화된 국가가 아니라 키예프에 있는 대공과 혈연적 유대를 가진 여러 지역과 공령들의 연합체였다.

블라디미르 대공은 사상적 통합에 대해서도 관심을 갖기 시작했다. 원래 '루스(Rus')'라는 말은 바랴그에 기원을 둔 지도층 계급만을 뜻했으나 점차적으로 이 명칭은 블라미디르 대공과 그의 일가가 통치하는 지역과 그 주민들을 뜻하는 말이 되었다. 처음에는 이 용어가 키예프와 인근의 페레야슬라브, 체르니기프만을 뜻했으나 점차적으로 일곱 개 공령 모두를 포괄하게 되었다. 사상적 통합은 국교의 채택으로 강화되었다. 몇 가지 종교를(바랴그가 신봉한 우상숭배를 포함하여) 검토한 다음 988년 경 블라디미르 대공은 당시 정치, 경제적으로 가장 큰 영향력을 갖고 있던 비잔틴의 동방정교를 국교로 채택하였다. 정교회를 국교로 채택함으로써 키예프 루스는 비잔틴의 문화적 영역에 들어오게 되었고, 정치적 동맹이자 경제적 파트너로 남게 되었다. 비잔틴의 그리스계 사제들이 키예프 루스로 들어와서 11세기

성 소피아 성당

에는 교구체제를 확립하였다. 야로슬라브 현제 시대에 키예프는 총주교Metropolitan 교구가 되었고, 빌고로드Bilhorod, 유리예프Iur'iev, 페레야슬라브, 체르니기프, 블라디미르-볼린스키Vladimir-Volyn'skyi, 투라우Turau, 폴로츠크Polotsk, 로스토프Rostov, 노브고로드에 주교 교구eparchy가 세워졌다. 정교회 교회는 키릴과 메포디이 형제가 슬라브인들을 위해 창제한 문자를 사용한 고대교회슬라브어로 된 성경을 통해 문자해독과 교육 향상에도 나섰다. 키예프 루스 전역에 정교회를 전파하는데 몇 세기가 걸리기는 하였지만, 정교회는 그렇지 않았으면 다양하고 원심력적인 사회가 될 수 있었던 키예프 루스를 통합하는데 큰 역할을 했다. '루스'라는 이름은 영토와 주민들을 뜻할 뿐만 아니라 종교적 의미도 갖게 되었다. 다시 말해 영토적 의미로 쓰인 '루스'라는 단어와 정교회 신봉자를 뜻하는 '루스'가 하나의 단어가 되었다.

야로슬라브 현제賢帝도 키예프 루스의 정신적 통일과 공통의 정체성 확립에 기여했다. 그는 역사적 연대기를 작성하도록 지시했다. 그중 '지나간 시대의 이야기Povest vremenych let/ Tale of Bygone Years'와 '원초연대기Primary Chronicle'는 키예프 루스의 모든 땅에 '건국 신화

연대기

(foundation myth)'와 공통의 역사적 정체성을 만드는 역할을 하였다. 야로슬라브는 '러시아법전(Russkaia Pravda/Rus' Law)'의 편찬도 지시했다. 이 관습법은 키예프 루스 전역에 시행되어서, 키예프 루스의 주민들로 하여금 자신들이 단일한 법적, 사회적 규범의 적용을 받는 단일적 정치체제 안에 살고 있다는 인식을 갖게 하였다. 야로슬라브 현제 때 키예프 루스는 유럽의 다른 지역과 확고한 연대를 갖게 되었다. 그는 주로 혼인을 통해 이러한 연대를 달성했다. 야로슬라브 현제의 둘째 부인은 스웨덴 왕의 딸이었고, 현제의 딸인 아나스타시아Anastasia와 안나Anna는 각각 헝가리와 프랑스의 왕비가 되었고, 아들 브세볼로드Vsevolod는 비잔틴 황제의 사위가 되었다.

야로슬라브 현제는 당시까지 키예프 루스를 혼란스럽게 한 왕위계승 문제를 바로잡으려 했다. 당시까지의 제도는 형제들 중 연장자가 왕위를 잇고 다른 형제들의 공령을 지배하는 소위 '형제상속'제도였으므로 대공이 죽을 때마다 왕위계승을 놓고 치열한 골육상쟁이 벌어지는 일이 많았다. 야로슬라브 현제는 죽기 직전인 1054년 왕위계승 순서를 정하였으나 그의 후계자들은 이를 지키지 않았다. 1097년 당시 페레야슬라브 공후였던 블라디미르 모노마흐는 후계 문제를 해결하기 위해 동료 공후들을 류벡Liubech으로 소집하였다. 이 회의에 참석한 공후들은 '장자상속(patronymy)' 원칙에 동의하고, 앞으로 각 공후는 선왕이 소유했던 땅을 물려받기로 하였다. 이렇게 되면 키예프 루스는 자립적이고 서로 느슨하게 연결된 공령 간의 연방체제로 바뀌게 된다. 그러나 얼마 지나지 않아 서로 경쟁하는 공후들은 새로 설정된 경계를 넘어서서 싸움을 벌였고, 왕위상속 문제는 계속적으로 키예프 루스를 약화시키는 결과를 가져왔다.

6장 키예프 루스의 해체

블라디미르 모노마흐의 장자인 므스티슬라브 1세Mstislav I(재위 1125–1132년) 이후 키예프 루스는 서로 상반되는 두 가지 상황이 진행되었다. 한편으로 키예프 루스는 기독교의 확산과 야로슬라브의 '러시아법전'을 확대한 공통의 법제도를 사용함으로써 사회 통합이 가속화되고 전 영역에 걸쳐 서로 유사한 사회체제가 발달하였다. 다른 한편으로는 키예프 대공의 권위가 현저히 약화되고, 몇 공령이 새로운 정치적 권위를 갖게 되었다. 이러한 이유로 1132년부터 1240년까지 지속된 키예프 루스 역사의 제3기는 정치적 해체의 시기로 볼 수 있다. 중앙집권적인 권위의 해체를 상징적으로 나타내는 것은 대공들의 지위의 변화였다. 예를 들어 약 250년간 지속된 키예프 루스 역사의 1기에는 14명의 대공이 다스렸는데, 1132년부터 1169년 사이의 37년 동안에 18명의 대공이 나타났다. 정치적 상황이 다소 안정되었던 이후의 시기에도 키예프는 정치적 중심지로서의 매력과 권위를 점차 잃어갔다. 이러한 권위의 추락을 나타내는 상징적 사건으로 1169년 로스토프–수즈달의 지배자인 보골륩스키Bogoliuvskii(재위 1157-1174년)는 다른 공후들과 연합하여 키예프를 약탈하고 많은 주민들 살상하였다. 이러한 승리에도 불구하고 보골륩스키는 키예프 대공의 자리를 자치하지 않았다. 그는 자신이 조종하는 공들에게 키예프를 맡기고 다시 북쪽으로 돌아가 블라디미르Vladimir에 키예프에 대항하는 도시를 건설하는데 주력했다. 권위 있고 독립적인 로스토프-수즈달의 통치자였던 보골륩스키와 그의 후계자들에게 키예프는 이미 루스의 정치적 중심지로서의 매력을 잃은 도시였다.

블라디미르 모노마흐 동상

므스티슬라브 초상

공후들 간의 끊임없는 싸움과 권력 투쟁 외에도 스텝의 유목민들은 상존하는 위협이었다. 오늘날의 우크라이나의 동부와 남부 지역은 키예프 루스의 종주권 아래 들어온 적이 없었고, 유목민족들이 차지하고 있었던 땅이었다. 키예프 루스의 영역의 경계는 로스 강과 페레야슬라브시의 동쪽의 가변적인 경계선이었고, 남쪽과 동쪽의 개방된 스텝지역은 9세기 카자르공국이 멸망한 후 다양한 터키계 유목부족 연합들이 거주하였다. 이러한 터키계 부족연합 중 키예프 루스에 첫 위협이 된 것은 900년대 초반부터 1036년까지 스텝지역을 장악했던 페체네크족이었다. 페체네크족이 출현하자 키예프 루스는 돈 강 하류의 카자르의 요새였던 빌라 베자Bila Vezha와 케르치 해협의 트무토로칸을 포기해야 했다. 키예프 루스에 더 위협적인 유목민족은 11세기 후반 우크라이나 스텝에 나타난 폴로비츠족이었다. 이들은 페체네크족을 몰아낸 토르크족을 밀어내고 다뉴브 강 하류와 돈 강 중류 지역 사이에 자리를 잡았다. 폴로비츠인들(터키어로는 킵차크Kip-chak, 서유럽에서는 쿠만Cumans이라고 불림)은 유목민족이기는 하였지만 도네츠 강 유역에 샤루칸Sharukan, 수그로프Sugrov, 발린Balin 같은 도시를 형성하고 키예프 루스와 교역 관계를 유지하였다.

키예프 루스가 유목민족들과 군사적 충돌만을 한 것은 아니었다. 로스 강 주변에 정착한 토르크족, 베렌데이족Berendei, 페체네크족의 잔류자들은 키예프 루스의 충실한 동맹 부족이 되었다. 카라칼파크인Karakalpak이라고 알려진 이 부족들은 루스의 연대기에 '초르니 클로부키Chorni Klobuky('검은 모자'라는 뜻)'와 '우리의 야만족(Our pa-gans)'으로 기록되어 있다. 약 2세기에 걸친 키예프 루스와 폴로비츠족의 관계에는 전쟁 상태와 평화 상태가 교차되었다. 어떤 시기에는 활발한 교역과 지도층 사이의 결혼이 관행이었고, 다른 시기, 특히 12세기로 넘어올 때나 1160년대부터 1180년대까지는 루스와 폴로비츠족의 전쟁이 결코 끝날 것 같아 보이지 않았다. 키예프 루스 시대를 배경으로 한 가장 뛰어난 문학작품도(좀더 후기에 쓰여진 것으로 추정됨) 나온 것도 이 전쟁을 소재로 했다. '이고르 원정기Slovo o polku Ihorevi'는 1185년 도네츠 강 남부에서 폴로비츠인을 대상으로 펼쳐진 체르니기프의 이고르공의 실패한 전투를 묘사하고 있다.

이러한 모든 요인들 때문에 키예프 루스의 정치적 지도도 이 쇠망

시기에 크게 달라진다. 1054년 야로슬라브 1세가 죽을 무렵에 8개의 공국이 있었지만, 13세기에 들어서면 새로운 공국이 기존 공국의 영토에서 분리되어 나오면서 공국의 수도 11개로 늘어난다. 키예프로부터는 투라우－핀스크Turau－Pinsk가, 체르니기프에서는 노브고로드－시베르스키Novhorod－Siverskyi와 무롬－랴잔Murom－Riazan이 떨어져 나왔다. 이와 동시에 다른 공국들도 영토를 확장하고 정치적, 경제적 영향력을 강화했다. 북쪽의 노브고르드와 북동쪽의 로스토프－수즈달(블라디미르－수즈달로 개칭), 남서쪽의 갈리시아－볼히냐가 대표적으로 이런 공국이다. 이 세 공국은 키예프 루스의 정치, 문화적 전통을 나름대로 계승하며 세를 확장했다. 그러나 키예프 루스의 영역이 새롭게 변화되고, 이 세 공국을 중심으로 재편되기 전에 외부로부터 큰 변화가 일어났으니, 이는 다름 아닌 몽골의 침입이다.

7장 몽골의 침입과 지배

• 몽골 침입과 키예프의 멸망

역사적 기록이 남은 공통의 국가가 시작되기 전 약 천 년 동안 동유럽과 우크라이나의 스텝 지역은 동쪽으로부터 이주해 오는 호전적인 유목민 집단에 의해 반복적으로 침입을 당했다. 가장 중요한 유목민족만 꼽아도 스키타이족, 사르마티아족, 훈족, 아바르족, 카자르족, 마자르족, 페체네크족, 폴로비츠족 등을 거론할 수 있다. 13세기 초반에 또 다른 아시아계 민족이 침입을 해 왔으니, 바로 몽골족이다.

몽골족은 원래 중국과 시베리아의 접경 지역인 몽골 지방에 근거를 두고 있었는데 1206년 테무진Temujin이라는 뛰어난 족장이 여러 부족을 통합하였다. 테무진은 곧 칭기스Chingiz라는 이름을 택하였고, 이로 인해 역사에는 칭기스칸Chingiz Khan이란 이름으로 남게 되었다. 칭기스칸의 지휘아래 몽골기마병은 1227년 그가 죽기까지 약 20년 동안 동쪽으로는 중국과 태평양 연안의 만주지역과 중앙아시아의 초원과 평원, 페르시아 북부의 카스피해까지 진출했다. 몽골군은 몽골 군사지도자들이 직접 지휘했지만, 많은 병사들은 타타르(원래 몽골과 중국 국경 사이에 거주한 부족)와 몽골군이 점령지역에서 동원한 터키계 용병들이었다. 몽골의 지배 아래 들어온 광대한 지역은 새로운 질서와 안정과 번영의 시기를 맞았는데 이를 '팍스몽골리카(Pax Mongolica)'라고 부른다. 칭기스칸이 살아있을 때 이미 몽골군은 카스피해를 넘어 서쪽으로 깊이 진출하여 쿠반 스텝 지역을 지나 폴로비츠족이 거주하는 스텝지역에까지 이르렀다. 동쪽으로부터의 새로운 위협에 직면한 폴로츠크족은 오랜 적국이었던 키예프 루스와 동맹을 맺었

타타르 병사들

황금의 문

키예프의 십일조 성당 모형

다. 1223년 루스－폴로츠크 동맹군은 몽골군의 침략을 저지하려 나섰으나, 아조프해 바로 북쪽에 있는 칼카Kalka 강변에서 벌어진 3일간의 전투에서 몽골군에게 완패하고 말았다. 몽골군은 키예프 루스의 남쪽 경계까지 진출하였으나 갑자기 말머리를 돌려 몽골로 귀환하였다.

루스의 지도자들은 몽골의 침입이 일회적 사건인 것으로 생각하였고, 키예프 루스의 생활은 이전으로 돌아갔다. 공후들간의 내분과 투쟁은 이전처럼 일상화되어서 키예프 루스가 멸망하는 마지막 5년(1235－1240년)에도 키예프의 주인이 일곱 번이나 바뀌었다. 이러는 동안 몽골은 자신들의 영역을 서쪽으로 크게 넓히기로 작정하고, 1236년 다시 서쪽으로 원정을 시작했다. 이번에는 칭기스칸의 손자인 바투Khan Batu가 12만－14만 명에 이르는 대군을 이끌고 원정에 나섰다. 먼저 볼가 강과 카마Kama 강 사이에 위치한 볼가 강의 불가르족을 정복하고 다음으로 루스의 북쪽 경계에 위치한 무롬－랴잔과 블라디미르－수즈달을 공격했다. 1237년 12월에는 랴잔시Riazan가 정복당했고, 1238년 3월까지 콜롬나Kolomna, 모스크바, 블라디미르, 수즈달, 야로슬라블Iaroslavl, 트베르Tver가 점령당했다.

몽골족은 다음으로 남쪽으로 기수를 틀어서 2년 반 동안 폴로비츠족이 거주하는 스텝지역을 공략했다. 이 시기에 폴로비츠족은 스텝의 맹주로서의 지위를 잃고 일부는 몽골군에 가담하고, 일부는 로스 강변에 거주하는 터키계 동맹부족에게 도망치거나, 나머지는 서쪽으로 도망가서 카르파치아 산맥을 넘어 헝가리 북부 지역에 정착했다. 1239년 1년 동안 몽골군은 루스의 남부 공국들인 페레야슬라브, 노브고로그－시베르시키, 체르니기프를 공격하였다. 1240년에 되자 몽골군은 키예프에 대한 총공세를 폈고, 키예프는 1240년 12월 몽골군 수중에 떨어졌다. 키예프는 무자비하게 약탈당했고, 블라디미르 대공이 세운 '십일조 성당Desiatinnyi tserkov'은 건물 안에 피신한 사람들의 무게를 견디지 못하고 무너져 내렸다. 1241년 콜로쟈진Kolodiazhyn까지 진출한 몽골군은 거기서 대군을 둘로 나눴다. 바투칸이 지휘하는 주력군은 갈리시아의 수도인 할리치Halych를 점령한 후 카르파치아 산맥 남쪽으로 가서 헝가리군을 격파했다. 다른 부대는 북쪽으로 올라가 폴란드와 튜톤기사단Teutonic Order이 지배하는 지역을 공격했다. 몽골군은 헝가리 지역에서 다시 결집하여 1241－1242년 겨울을 헝가리 스텝지역에서 났다. 1242년 봄 자신의 아버지인 몽골의 대大칸의 사망 소식을 접하고 모든 군대를 이끌고 몽골로의 귀환 길에 올랐다. 바투의 군대는 다뉴브 강을 따라 남하한 후 우크라이나 스텝을 통과하였다. 그러나 귀환 길에 바투는 볼가 강 유역 사라이 Sarai에 몽골의 행정지휘부를 설치하였다. 사라이는 강력한 행정, 상업 중심지가 되어 동유럽의 몽골 점령지역을 관할하였다.

• 금칸국Golden Horde과 이태리 상인들

이전의 스키타이족, 사르마티아족, 카자르족과 마찬가지로 몽골은 남동부 유럽 지역의 지배를 공격적인 군사적 방법으로 달성했다. 그러나 얼마 지나지 않아 몽골은 자신들의 진정한 의도를 나타냈다. 그것은 소위 팍스몽골리카로 불리는 안정적 정치 환경을 만들어서 중국에서 시작되는 교역로가 중앙아시아 심장부를 통과하여 흑해 연안 지역에서 만나도록 하는 것이었다. 여기서부터는 비잔틴 제국과 중동의 시장으로의 접근이 매우 용이했다.

몽골제국의 가장 서쪽 지역을 차지한 동유럽은 4개의 지역 또는 칸국Horde으로 나뉘었다. 몽골은 가장 서쪽의 칸국을 킵차크칸국Kipchak Kaganate이라고 불렀다. 슬라브나 유럽 자료들은 이 지역을 금칸국Golden Horde이라 불렀다. 금칸국 내의 몽고인 수자는 약 4천 명에 불과했고 주로 군사적 임무에 종사했다. 주민의 대부분은 도망가지 않고 지역에 남아있던 폴로비츠족과 몽골 제국의 서쪽 지역에서 몽골군의 가장 큰 부분을 차지한 타타르족Tatars 등 대부분이 터키계였다. 금칸국은 오래지 않아 타타르계가 주민의 주류를 차지했다. 키예프 루스의 여러 공국의 지도자들은 몽골-타타르 지배자들에게 매년 공물을 바치면서 자리를 지켰다. 이러한 관행은 처음에는 매년 볼가 강 하류의 구舊사라이Sarai-Batu와 신新사라이Sarai-Berke를 방문하여 대칸 앞에서 존경의 표시를 하는 형식을 취했다. 금칸국은 볼가 강 하구로 집결하는 몇 개의 교역로를 장악하면서 부를 취했다. 이 교역로들 중에는 중국에서 출발하여 중앙아시아를 거쳐 구사라이와 신사라이에 이르는 저 유명한 실크로드도 포함되어 있었다. 여기서부터 대상들은 몇 갈래 길로 나누어질 수 있었다. 남쪽으로는 카스피해 연안을 따라 페르시아에 이르렀고, 북쪽으로는 볼가 강을 따라 루스의 북쪽 땅인 블라디미르-수즈달(이후에는 모스크바까지)과 트베르, 노브고로드까지 갈 수 있었다. 서쪽으로는 키예프와 볼로디미르-볼린스키를 거쳐 폴란드의 크라코우Cracow와 중부 유럽까지 갔다. 그러나 가장 중요한 교역로는 남쪽을 따라 크림반도에 이르는 길이었다. 우크라이나 스텝 지역을 통과하여 크림의 몽골 행정수도가 있는 크림-솔카트Krym-Solkhat(오늘날의 스타리크림Staryi Krym)과 이태리 상인들이 통제하는 항구인 솔다이아Soldaia(오늘날의 수닥Sudak)과 카파Kaffa(오늘날의 페오도시아Feodosia)로 가거나, 아니면 돈 강 어귀의 타나Tana(오늘날의 아조프)를 지나 케르치 해협과 흑해 연안 도시로 가는 길이 있었다.

팍스몽골리카의 보호를 받는 상태에서 베니스Venice, 피사Pisa, 특히 제노아Genoa 같은 이태리 도시들의 주도로 크림반도의 해안 도시들이 부흥되었다. 이미 1266년에 몽골은 제노아시 상인들에게 테오도시아에 창고를 지을 수 있는 권리를 부여했다. 몇 십 년 지나지 않아 이 도시는 이 지역에서 가장 큰 도시로 발전하여 카파로 불리게 되었다. 카파는 중앙아시아를 통해 비단과 향신료를 수입하였고, 생선, 곡물, 피혁, 그리고 가장 중요한 상품으로 노예들을 몽골이 지배하는 내륙 지역으로 수출하였다. 또한 이러한 상품들은 카파를 통해 이태리의 주요 상업도시와 비잔틴 수도인 콘스탄티노플로 수출되었다. 그러나 1347년 흑사병이 동쪽에서 들어와 카파를 통해 유럽에 전달되어 유럽 인구의 거의 1/3이 사망하였고, 이로 인해 카파가 유럽에 널리 알려지게 되었다.

몽골의 침입과 팍스몽골리카는 우크라이나와 러시아 역사가들에게 대체적으로 부정적으로 다루어져 왔다. 전통적인 설명에 의하면, 키예프가 몽골군에게 정복당한 1240년을 키예프 루스의 멸망으로 보고, 루스의 지도자들과 그 후계자들이 더 이상 금칸국에 공물을 바치지 않게 된 1480년까지의 기간을 '타타르의 굴레Tatarskoe igo/Tatar yoke' 시기라고 불렀다. 그러나 팍스몽골리카가 키예프 루스 지역의 안정과 경제적 번영을 가져온 사실은 거의 언급되지 않는다. 예를 들어 금칸국(1313년에 이슬람을 받아들임) 시대에 정교회가 루스의 광대한 농촌 지역까지 기독교를 전파한 사실도 잘 언급되지 않는다. 몽골 침입 이전에 시작된 노브고로드, 블라디미르-수즈달, 갈리시아-볼히냐 세 지역으로의 루스 중심 세력의 분산 과정도 1세기 이상 늦추어졌다. 이 시기까지 각 공국에서 보존, 계승되던 키예프 루스의 유산은 14세기 이후에는 갈리시아-볼히냐공국에서 계승되었다.

8장 갈리시아-볼히냐공국과 키예프 루스의 종말

키예프 루스의 마지막 시기이자 정치적 변화의 시기(1240-1349년)에 서쪽에서는 갈리시아-볼히냐공국(후에 왕국)이 부상했다. 갈리시아와 볼히냐는 루스의 별개의 공국으로 출발했으나 결국 하나로 통합되었다. 갈리시아-볼히냐의 발전은 두 단계로 나누어볼 수 있다.

통합 전의 갈리시아와 볼히냐는 블라디미르 대공에 의해 키예프 루스의 영역으로 들어왔다. 당시 둘리뱐족과 백白크로아트가 거주하던 루스 서쪽의 이 지역에 블라디미르 대공이 관심을 갖게 된 것은 이 지역의 경제적 가치 때문이었다. 이 지역은 키예프와 크라코우, 중부 유럽을 연결하는 교역로 상에 위치하고 있었다. 이와 더불어 갈리시아 자체가 큰 경제적 가치를 갖게 되었다. 할리치 인근의 광산에서는 중세 시대 소중한 상품이었던 소금을 생산했다. 할리치라는 이름 자체가 인도유럽어 조어祖語에서 소금을 뜻하는 '할*hal'에서 나왔다. 갈리시아(우크라이나어로 Halychyna)라는 이름도 '소금의 땅'을 뜻한다.

갈리시아-볼히냐 역사의 첫 단계에서 각 지역의 공후들은 누가 이 지역의 정당한 상속자인가를 놓고 싸움을 벌였다. 키예프 루스의 야로슬라브 현제는 자신의 다섯째 아들을 볼히냐의 상속자로 지명하였으나, 갈리시아에 대해서는 상속자를 지정하지 않았다. 야로슬라브 현제는 결국 자신의 손자인 로스티슬라브Rostyslav를 갈리시아의 상속자로 정하고, 이러한 결정은 후에 상속방법을 논의한 류벡회의(1097년)에서도 인정되었다. 루스의 공후들은 자신들이 합의한 사항을 준수할 의무가 없었으므로 후에 이고르의 후손들이 갈리시아-볼히냐 통합 공국에 대한 종주권을 주장한 것이 이상한 일이 아니었다. 이러한 주장에도 불구하고 로스티슬라브 일가는 12세기 내내 갈리시아를 독립적 공국으로 유지하는데 성공했다. 이 시기에 갈리시아의 가장 뛰어난 지도자는 야로슬라브 로스티슬라비치Iaroslav Rostyslavych(재위 1153-1187년)이다. 그는 흑해 연안까지 영향권을 넓힘으로써 갈리시아의 경제적 잠재력을 크게 확장시켰다. 그의 치적 덕분에 약 1세기(1160-1240년) 동안 갈리시아와 볼히냐는 키예프에서 크라코우와 중부 유럽을 잇는 동서 교역로와 사녹Sanok을 통해 남서쪽으로 헝가리로 연결되는 교역로의 중심적 자리를 차지하였다. 두 공국은 또한 발트해와 흑해를 연결하는 남북 교역로에서도 중심적 위치를 차지했다.

볼히냐의 이고레비치 가문과 갈리시아의 로스티슬라비치 가문이 서로 무력 투쟁을 벌이는 기간에 양 공국의 지도자들은 자주 헝가리에 도움을 청하였다. 헝가리는 카르파치아 북쪽 지방까지 정치적 영향력을 행사할 의도를 가지고 있었다. 갈리시아와 볼히냐에 헝가리 세력이 진출한 기간은 짧았지만, 1189년 헝가리의 공후들은 자신들을 '갈리시아와 로도메리아Lodomeria(볼히냐의 라틴어 이름)의 왕'이라고 선언했다. 이러한 상징적 선언은 후세에 헝가리 왕들에게 유용하게 이용되었다. 6세기 후인 1772년 당시 헝가리를 지배하고 있던 오스트리아의 합스부르그왕가(당시 헝가리의 지배자)가 갈리시아와 볼히냐의 작은 부분을 병합하였을 때, 그들은 이것을 14세기부터 폴란드에 점령당한 자신들의 영토를 되찾는 것으로 합리화하였다.

갈리시아에서 영향력이 컸던 지주귀족들boyars이 볼히냐의 지배자인 로만Roman(재위1197–1205년)을 자신들의 지도자로 초청한 1199년부터 갈리시아–볼히냐 역사는 다음 단계로 넘어간다. 한 지도자 밑에 두 공국이 통합됨으로써 1340년대 이 통합 공국이 소멸할 때까지 단일적 통치 체제가 마련되었으나 로만의 재위 기간은 짧았다. 1205년 로만이 죽자 갈리시아의 귀족들은 왕의 권위에 거세게 도전하였고, 그 결과 약 40년 동안 갈리시아–볼히냐는 내전과 외침에 시달렸다. 이런 면에서 보면 갈리시아–볼히냐도 13세기에 내홍과 해체의 과정을 겪은 다른 루스의 공국들과 비슷한 길을 갔다고 볼 수 있다.

로만의 아들 다닐로Danylo는 두 번의 시도 끝에 1238년 드디어 왕위를 찾는데 성공한다. 다닐로의 세 번째 치세 기간(1238–1264년)과 그의 아들 레브Lev의 재위 기간(1264–1301년)에 갈리시아–볼히냐는 정치적 세력과 경제적 영향력에서 절정기를 맞았다고 볼 수 있다. 이런 성취는 몽골이 동유럽까지 도착하고 우크라이나와 남부 모스크바공국 지역에 대한 지배권을 확보한 시기에 이루어졌다. 다닐로와 레브는 금칸국의 통치에 순응하며 자신들의 영토를 통치할 수 있는 권리를 보존했다. 이 시기에 몽골의 침입으로 크게 위축된 폴란드

다닐로 로마노비치

와 헝가리, 또한 북쪽의 리투아니아는 갈리시아 문제에 대한 간섭을 중지했다. 외부의 침입에 대한 염려에서 벗어난 다닐로는 내치에 치중했다. 그는 외국인들(아르메니아인, 독일인, 유대인, 폴란드인)을 초청하여 산업과 상업을 부흥시켰다. 1240년 이후 갈리시아가 드네스트르-프루트 계곡과 흑해에 이르는 교역로는 포기해야 했고, 소금 무역과 동부와 중부 유럽을 연결하는 교역 중심지로서의 역할도 축소되었다. 다닐로는 금칸국에의 예속에 불만을 품고, 이전의 적이었던 헝가리와 폴란드를 끌어들여 반몽골 연합전선을 펴려고 했다. 정교회와 귀족들의 지원뿐만 아니라 카톨릭을 신봉하는 인근 국가들의 지원을 받기 위해서 다닐로는 로마 교황을 자신들의 교회의 수장으로 인정하는 것도 고려했다. 이에 응답해서 1253년 교황의 사절단이 와서 다닐로를 '루스의 왕(King of Rus)'으로 인정하는 대관식을 했고, 다닐로는 루스의 공후들 중 유일하게 서유럽의 정치적 전통에 따라 완전한 군주로 인정받는 지도자가 되었다. 그러나 다닐로의 이러한 외교적 모험 정책은 금칸국의 보복적 공격을 불러왔고, 교회 통합을 위한 시험적 시도는 아무 결실을 맺지 못했다. 다닐로의 아들인 레브 시대에 갈리시아-볼히냐는 다시 금칸국에 충성하는 가신국이 되었다. 이에 대한 대가로 레브는 독자적으로 왕국을 통치할 수 있는 권한을 부여받았다. 레브는 경제적 성장과 도시의 발달 이외에도 다닐로가 1256년에 세운 도시인 리비프를 갈리시아-볼히냐의 새 수도로 정했다.

갈리시아-볼히냐의 위세는 종교 정책에 의해 강화되었다. 종교적 경계와 영토적 경계가 일치하던 루스의 전통에서 로마 카톨릭을 신봉하는 폴란드, 헝가리와 국경을 접하고 있는 갈리시아-볼히냐의 종교 정책은 매우 중요했다. 다닐로와 레브는 주교 교구나 루스 전체를 관할하는 대주교 교구를 영내 도시에 유치함으로써 종교적 위신을 크게 높였다. 몽골 침입시기 키예프와 루스 대주교 관구가 임시로(1299년 이후에는 항구적으로) 북부의 블라디미르-수즈달로 이동한 상황에서 자신들의 대주교 교구를 두는데 성공했다. 1303년 키예프 대주교 관구의 6개 교구(할리치, 프레므이슬, 볼로디미르, 루츠크, 첼름, 핀스크-투라우)를 떼어내어 이전 수도인 할리치의 대주교청에 소속시켰다. 그러나 갈리시아-볼히냐는 정치, 경제, 종교적 영향력에서 정점에 올라서자마자 쇠퇴의 길에 들어섰다. 1301년부터 1323년까지 통치한 두 왕은 반몽골 정책을 폈다가 재앙적 보복을 당했다. 왕국의 마지막 왕인 유리 2세Yurii II(재위 1323-1340년)은 추정하건대 귀족들의 음모로 독살을 당했다. 귀족들은 리투아니아의 왕자에게 왕위를 제안했으나, 이러한 시도는 헝가리와 폴란드의 강한 반발을 불러 일으켰다. 폴란드는 당시 중세의 가장 뛰어난 군사지도자인 카시미르 3세Casimir III Piast 대왕이 다스리고 있었다. 카시미르 3세는 1340년과 1349년 갈리시아-볼히냐를 공격하였고, 근 반세기 동안 이 왕국에 대한 주도권을 놓고 헝가리, 리투아니아와 싸웠다. 1370년 카시미르 3세가 죽자 리투아니아는 볼히냐에 대한 주도권을 장악하는데 성공하고, 이 지역은 15세기부터 리투아니아 대공국Grand Duchy of Lithuania의 별도의 공령이 되었다.

3부

리투아니아-폴란드 연합과 코자크국가

9장 리투아니아 대공국의 팽창과 우크라이나

• 리투아니아 대공국의 팽창

폴란드가 갈리시아에 대한 지배력을 강화한 1340년대에 볼히냐는 리투아니아에 의해 점령되었다. 그후 20년 동안 리투아니아는 계속 팽창하여 금칸국의 영역을 침범하였고 대부분의 우크라이나 지역을 빠르게 확장하는 대공국의 영역으로 편입시켰다. 이전 키예프 루스의 공국들뿐만 아니라, 로스 강 이남 스텝지역도 차지하였고 결국에는 흑해 연안에까지 다다랐다.

14세기 말에 동부 유럽의 지배적 세력이 된 리투아니아의 성장은 발트해 연안에서 내륙 깊숙이 들어온 서부 드비나Dvina 강과 네만Neman 강 사이 계곡의 늪과 산림지대에서 시작되었다. 1230년대에 민가우다스Mingaudas(재위 1238－1263년)라는 공후가 사모기티아Samogitia라고 불리는 지역을 중심으로 몇몇 리투아니아 부족을 통합하는데 성공했다. 리투아니아 부족들이 연합세력을 형성한 주된 이유는 사모기티아를 서쪽과 북쪽에서 포위한 튜톤기사단과 리보니아기사단Livonian Order의 위협 때문이었다. 이런 상황에서 민가우다스는 동쪽과 남쪽으로 눈을 돌리게 되었고, 이런 세력 확장은 폴란드와 루스의 공국인 폴로츠크, 다닐로가 통치하는 갈리시아-볼히냐와의 충돌을 야기시켰다. 다닐로와 마찬가지로 민가우다스는 로마 교황에게 접근하였고, 일시적이기는 하지만 로마 카톨릭 신자가 되기도 하였다. 이에 대한 보상으로 그는 1254년에 교황의 특사들에 의해 왕으로 추대되는 대관식을 가졌다.

알기드라스 초상

민가우다스는 몇 번의 원정에도 불구하고 볼히냐를 점령하지 못하였다. 리투아니아의 팽창 노력은 그의 후계자들, 특히 게디미나스Gediminas(재위 1316-1341년)에 의해 큰 결실을 맺었다. 그는 폴로츠크, 투라우-핀스크와 볼히냐의 대부분을 점령했다. 그는 게디미니드Gediminid 왕조를 설립했을 뿐만 아니라, 자신의 왕국을 키예프 루스의 계승자로 자처하고 자신을 '리투아니아와 루스의 왕(King of Lithuania and Rus)'이라고 칭하였다. 게디미나스는 금칸국의 영역을 침범한 최초의 유럽 지도자가 되었으며, 1330년대에는 비록 타타르 지도자의 감독을 받기는 하였지만 리투아니아의 왕자가 키예프를 통치했다.

공동 통치를 한 게디미나스의 두 아들, 알기르다스Algirdas(재위 1345-1377년)와 케스투티스Kestutis(재위 1345-1382년)는 '리투아니아, 루스, 사모기티아 대공국(Grand Duchy of Lithuania, Rus and Samogitia)'이라는 공식 이름으로 불린 왕국에 우크라이나 대부분 지역을 통합시켰다. 10년도 되지 않는 기간(1355-1363년) 동안 리투아니아는 체르니기프 공국, 노브고로드-시베르스키 공국, 키예프, 페레야슬라브 공국을 복속시키고, 로스 강 이남으로 진출하여 포돌리아Podolia 지역을 병합했다. 1362년 리투아니아 군대가 우크라이나의 스텝 한가운데인 '푸른 강Blue Waters' 전투에서 이제까지 꺾을 수 없는 적으로 여겨졌던 금칸국의 군대를 격파하면서 동유럽에는 새로운 정치 상황이 전개되었다.

리투아니아가 빠른 기간 안에 급속도로 팽창할 수 있었던 것은 적어도 초기 단계에 정복한 루스 지역의 정치, 행정, 문화 체제를 그대로 유지한 덕이다. 초기 단계에 옛 공국들은 키예프 루스의 창시자인 류릭의 후손들이 통치하도록 했다. 그러나 1340년부터는 루스의 공국들을 철폐하기 시작하여 1471년 마지막으로 키예프가 철폐되었다. 공국의 구체제 대신에 리투아니아 대공의 참모들 모임인 귀족회의(Council of Lords)가 승인한 총독(voievoda)이 각 공국을 통치했다. 귀족회의 구성원들과 총독들은 게디미나스 왕조의 후손이거나 류릭 왕조의 정교도 귀족이었다.

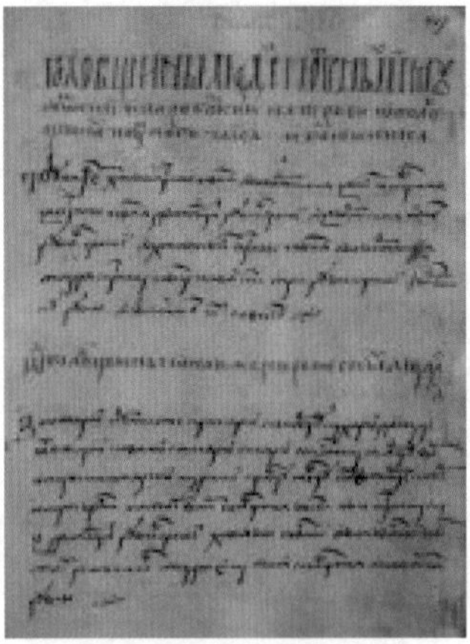
리투아니아 법령집

리투아니아인들이 이교도로 남아 있는 동안 그들은 정교회 루스에 대해 관용적 정책을 폈다. 리투아니아가 공식적으로 로마 카톨릭을 받아들인 1387년 이후에도 많은 리투아니아 왕족들이 정교회로 전향했고, 리투아니아 대공들은 영토 내에서 정교회의 법적 지위가 고양되도록 노력했다. 게디미나스는 이미 1317년에 콘스탄티노플을 설득하여 리투아니아를 관할하는 대주교청을 나바흐루닥Navahrudak에 설치하도록 했다. 이 대주교청은 1419년까지 존속했다. 1458년 이후에는 '키예프와 전全루스 대주교'도 나바흐루닥에 상주하며 리투아니아, 폴란드, 헝가리 지역의 루스 정교도들의 교구를 관할했다. 리투아니아인들은 키예프 루스의 사회적, 법적 구조도 그대로 활용하였다. '루스 법전'은 1468년까지 사용되었고, 대공은 루테니아어Ruthenian(키릴 문자로 쓰인 벨라루스 교회슬라브어)를 국가의 공식 언어로 채택했다. 1566년에 만들어진 법전을 포함하여 루테니아어로 만들어진 리투아니아 법전도 정부 관직은 리투아니아인이나 루스인이어야 한다고 규정했다. 이는 15세기 말까지 '리투아니아, 루스, 사모기티아 대공국'은 그 이름이 말해주는 것처럼 리투아니아인과 루스인들의 혼합 국가였다는 것을 보여준다. 이러한 상황은 이 지역의 새로운 강자인 폴란드가 부상하여 리투아니아에 영향을 끼칠 때까지 지속되었다.

10장 폴란드-리투아니아 연합(1569년 이후)

• 루블린 연합

1569년 이후 리투아니아 대공국의 영토에 편입되어 있던 모든 우크라이나 땅은 폴란드에 편입되었다. 1569년은 약 200년 간 지속된 폴란드와 리투아니아의 통합 과정의 정점을 찍은 해였다. 이 기간 동안 리투아니아는 폴란드의 정치, 사회, 문화 영향력에 복속되었다.

리투아니아가 폴란드에 통합된 과정은 두 단계에 걸쳐 점진적으로 진행되었다. 두 단계 모두 리투아니아의 내홍과 외부로부터의 위협이 큰 계기가 되었다.

리투아니아-폴란드 통합의 첫 단계는 1380년대에 진행된 공동 통치자 알기르다스와 케스투티스의 아들들의 권력 투쟁에서 시작되었다. 두 대공이 죽자 각각의 아들인 요가일라Jogaila와 비타우타스Vytautas는 서로 권력을 잡기 위해 투쟁을 벌였다. 비타우타스는 튜톤기사단에게 도움을 청했고, 요가일라는 기사단의 적국인 폴란드에 지원을 요청했다. 최종적으로는 요가일라는 폴란드의 왕좌에 오르기로 동의하고 브와디스와브 2세 야기예워Władysław II Jagiełł(재위 1386-1434년)로 폴란드를 통치하였고, 비타우타스(재위 1401-1440년)는 리투아니아의 대공으로 리투아니아를 통치했다. 폴란드의 왕이 되는 조건으로 요가일라는 로마 카톨릭을 리투아니아의 국교로 받아들이는데 동의했다.

요갈리아가 폴란드 왕으로 즉위하기 전부터 폴란드의 귀족들은 여러 폴란드 왕으로부터 많은 특권적 권리를 얻어냈다. 폴란드는 여러 주州,wojewodztwa/palatinates와 지역ziemie으로 구분되어 있었고, 각 지역은 왕이 임명하는 총독이 관할하고 있었다. 15세기 동안 주체계는 당시 폴란드가 지배하고 있었던 갈리시아, 포돌리아, 벨즈Belz 지역에 도입되었다. 폴란드 귀족과 지주들이 향유하고 있었던 특권 중에는 영구적인 조세면제권과 여러 지역의 총독 및 지사로 임명될 권리 등이 있었다. 야기예워 왕은 기존에 귀족들에게 부여된 모든 특권을 인정하고, '이전에 폴란드에 속했던 리투아니아와 루스의 땅'을 회복시켜 줄 것을 약속했다. 폴란드는 사실상 이전의 키예프 루스와 루스가 소유했던 벨라루스 지역과 우크라이나 영토에 대한 지배권을 주장하고 나섰다.

리투아니아는 독립국가 체제를 계속 유지하였다. 폴란드와 크게 대비되게 리투아니아는 훨씬 중앙집권적인 정치 체제를 유지했다. 대부분의 리투아니아 귀족들은(세속적인 공과 귀족들을 제외하고) 조세의무를 이행해야 했고, 대공이 요구하면 군사의무도 이행해야 했다. 대공은 정부와 지방의 모든 관리들을 직접 통제했다. 그러나 폴란드의 영향이 점차적으로 리투아니아에 나타나기 시작했다. 예를 들어 폴란드의 주州체계가 리투아니아 루스인들이 거주하는 키예프(1471년), 볼히냐(1566년), 브라츨라브Bratslav(1566년)에 도입되었다. 공식적으로 로마 카톨릭 국가인 리투아니아의 종교 상황이 벨라루스와 우크라이나에 거주하는 루스 주민들에게 영향을 미쳤고, 때로는 정교도라는 이유로 법적, 사회적 차별을 받기도 했다. 이로 인해 일부 주민들은 리투아니아를 떠나 정교도 국가인 모스크바공국으로 이주했다. 루스인 귀족, 사제, 도시민과 심지어 농민까지 벨라루스와 우크라이나를 떠나 동쪽으로 이주하는 경향은 특히 16세기에 확대되었다.

리투아니아와 폴란드 통합의 두 번째 단계에서는 모스크바공국의 위협이 큰 역할을 했다. 키예프 루스의 맥을 이은 공국의 하나였던 블라디미르-수즈달은 14세기에 여러 개의 공국으로 나뉘어졌다. 이 중 모스크바공국이 15세기 동안 가장 역동적인 공국이자 정치적 세력이 되었다. 1326년부터 모스크바는 키예프의 전全루스 대주교청이 옮겨와 있었고, 모스크바의 통치자들은 자신들이 키예프 루스의 창시자인 류릭 가문의 후계자임을 자처하였다. 류릭의 후손으로서 자신들이 키예프 루스와 모든 부속 영토의 정통 후계자라고 주장했다.

1560년대 모스크바의 짜르 이반 4세(뇌제)Ivan IV 리투아니아에 속해 있던 체르니기프, 노브고로드, 시베르스키, 스타로두브Starodub, 스몰렌스크와 폴로츠크를 획득하였다. 수도인 빌니우스Vilnius의 방어가 어려워진 리투아니아는 폴란드왕 지그문트 2세Zigmunt II Augustus(재위 1548-1572년)에게 지원을 요청하였다. 지그문트왕은 리투아니아에 군사적 지원을 제공하였을 뿐만 아니라, 폴란드와 리투아니아 사이의 밀접한 정치적 연합을 제안하였다. 1569년 양국의 귀족들은 국경지역인 루블린Lublin에서 만나 양국의 미래에 대한 협상을 하였다. 리투아니아가 폴란드에 합병될 것이냐를 놓고 협상이 교착상태에 빠지자 지그문트왕이 직접 개입했다. 그는 양국 간의 소유권 분쟁지역인 포들라치아와 남쪽의 리투아니아가 소유한 우크라이나 지방을 일방적으로 병합하도록 명령을 내렸다. 이 지역의 우크라이나 지주들은 이러한 결정을 환영하였다. 왜냐하면 이들은 폴란드 귀족들이 누리는 특권을 갈망하고 있었기 때문이다. 지난 2백 년 동안 폴란드는 우크라이나 루스인들이 거주하는 갈리시아, 벨즈, 포돌리야를 사실상 지배해 왔는데, 이제 루블린조약으로 키예프, 볼히냐, 브라츨라브 세 주가 추가로 폴란드왕국에 병합되게 되었다. 루블린조약으로 리투아니아와 폴란드의 관계는 국가연합(Commonwealth)이 되었고, 국왕은 양 지역에서 공동으로 선출하게 되었다. 양국 대표로 구성된 귀족의회(Sejm)은 바르샤바에 위치했다.

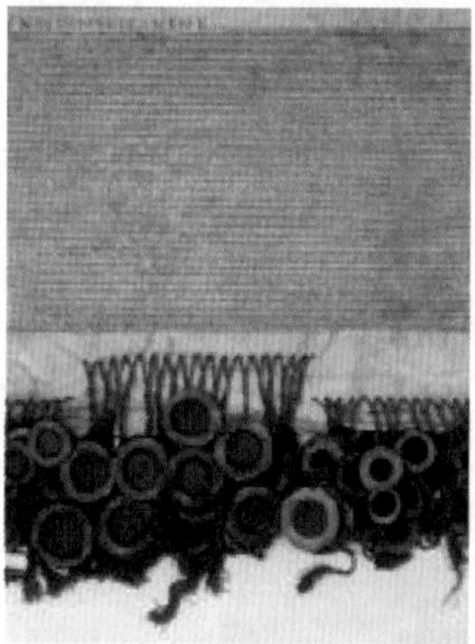
루블린 연합 조약문

새로 탄생한 폴란드-리투아니아 연합왕국은 별개 왕국으로 존재했을 때보다 훨씬 강력해져서 모스크바공국의 침략을 저지했을 뿐만 아니라 오히려 동쪽으로 영토를 확장했다. 16세기 말부터 17세기 초에 그때까지 변방지역을 가르치는 말이었던 '우크라이나'가 특별한 지역을 지칭하게 되었다. 이 시기 이후 폴란드 자료에서 우크라이나(폴란드어로 Ukrajina)는 키예프, 브라츨라브, 체르니기프 지역을 뜻했다.

• 우크라이나의 사회 · 경제 상황(1569-1648년)

폴란드는 16세기에 국력과 영향력이 정점에 올랐다. 우크라이나인들이 주로 거주하던 동부의 주州들은 폴란드의 경제적 지위를 높이는데 큰 역할을 했다. 오랜 기간 동안 우크라이나의 경제와 교역은 주로 크림, 흑해, 지중해 등 남쪽 지역과 연계되어 발전했는데, 16세기에 들어서자 우크라이나 땅은 서부 유럽의 경제 질서에 편입되기 시작했다. 이러한 새로운 경제 질서에서 폴란드-리투아니아 연합왕국은 서부 유럽에 원료와 식량을 공급하는 역할을 했고, 유럽으로부터는 가공품을 수입했다. 주로 폴란드의 발트해 연안 항구인 그단스크Gdansk(단지히Danzig)에서 수출된 원료 상품은 목재, 가축, 피혁 등이었고, 가장 중요한 것은 곡물이었다. 우크라이나 서부의 루스령 갈리시아와 볼히냐는 곡물의 주산지로서, 여기서 생산된 곡물은 부흐강, 베프즈Wieprz 강, 산 강을 거쳐 비스툴라 강에 모여서 강하구인 그단스키로 운송되었다. 폴란드의 곡물 수요가 늘면서 연합왕국, 특히 볼히냐, 키예프, 브라츨라브의 대지주와 귀족들은 곡물과 다른 수출 원료 생산을 위해 광대한 토지를 개발하고 정착민들을 유입시켜야 할 필요를 느꼈다. 발트해를 통한 곡물 무역이 늘면서 폴란드의 귀족들은 경작지확보와 이 경작지에 노동력을 공급해 줄 농민들을 통제하겠다는 욕구가 커졌다.

16세기가 되자 폴란드의 귀족들은 농민들을 통제할 좋은 여건을 갖게 되었다. 이것은 유럽 전체에 확산된 소위 2차농노제the second serfdom(또는 신농노제neo-serfdom)의 결과였다. 폴란드는 1496년부터 1520년 사이에, 리투아니아는 1557년 이후 농민들이 농사를 짓는 땅을 떠나 이주할 자유를 엄격히 통제하는 여러 법적 조치를 취하였다. 당시에 폴란드-리투아니아에는 두 가지 형태의 토지 소유제가 있었다. 첫 번째는 왕이 관할하는 국가 또는 왕실 토지이고, 두 번째는 세속 귀족(대지주, 귀족)들이 소유하고나 교회(수도원, 주교)가 소유한 사유 토지이다. 사유 토지는 장원으로 운영되었는데, 폴란드에서는 1573년, 리투아니아에서는 1588년 이후 농민들이 자신이 속한 장원을 떠날 수 없게 조치가 내려졌다.

11장 코자크의 발흥

우크라이나 중부와 서부에 리투아니아와 폴란드의 지배가 확립된 14세기에 남부 스텝 지역과 크림 지역은 정치적 변화를 겪게 되었다. 약 20년간의 내분으로 1857년 이후 몽골-타타르 금칸국은 세력이 약화되었고, 1390년대에는 몽골제국 전체를 장악한 티무르로 인해 더욱 약화되었다. 이 결과 15세기 전반 금칸국의 영역을 잠식하며 두 개의 새로운 한국이 생겼는데, 서쪽의 크림칸국Crimean Khanate, 북쪽의 카잔칸국Kazan Khanate이 그것이다. 결국 1502년에 금칸국은 소멸되었고, 볼가 강 하류의 중심지는 아스트라한칸국Astrakhan Khanate이 되었다. 이 세 칸국은 강력한 군사력을 유지하며 금칸국의 관행을 이어받아 모스크바공국으로부터 조공을 받아내었다.

바흐치사라이 칸의 궁전

우크라이나 땅에 직접적 영향을 미친 크림칸국은 기라이왕조Giray dynasty가 통치하였는데, 첫 수도는 크림Krym(후에 에스키크림Eski Krym으로 불려지고, 현재는 스타리크림Staryi Krym으로 불림)이었고, 15세기부터는 바흐치사라이Bakhchysarai가 수도가 되었다. 금칸국과는 다르게 크림칸국의 지도자들은 이태리 도시(제노아, 베네치아)의 크림반도 연안 지역 지배에 대해서 때로는 우호적, 때로는 적대적인 태도를 보였다. 그러나 크림 문제에 결정적 영향을 미친 것은 콘스탄티노플을 정복한 메흐메트 2세Mehmet II(재위 1451－1481년)였다. 흑해를 '오스만의 호수'로 만들기로 결심한 그는 1475년 제노아 세력을 크림 연안 지역에서 완전히 몰아내고, 이 지역을 오스만 터키의 관할 하에 두었다. 오스만 터키는 기라이 왕조를 인정하였다. 크림칸국은 공식적으로는 오스만의 가신국이 되었지만, 오스만에 완전히 복속하지는 않았고 거의 독립국가처럼 행동했다. 크림칸국은 크림반도뿐만 아니라 페레코프지협Perekop Isthmus 너머 내륙 스텝지역까지 장악하여 아조프해 연안과 쿠반 지역까지 영향력을 미쳤다. 기라이 왕조의 지도자들은 바흐치사라이에 거주하며 타타르 부족들과 연합하여 크림반도 전역을 통치했다. 크림반도 북쪽의 스텝 지역은 16세기 중반부터 볼가 강 하류 지역에서 기원한 유목부족인 노가이Nogay족이 장악했고, 이들은 명목적으로는 크림칸국에 예속되었지만 종종 독립적으로 행동했다. 노가이족은 슬라브계 정착민들이 스텝지역 깊숙이 들어오는 것을 막았고, 슬라브인들 거주 지역에 자주 출몰하여 주민들을 잡아서 오스만 제국에 노예로 팔았다. 이렇게 오스만으로 팔려간 노예 중 가장 유명한 인물은 우크라이나 서부 지역인 로하틴Rohatyn에서 1520년 납치된 나스짜 리숍스카Nastia Lisovs'ka이다. 사제의 딸이었던 그녀는 오스만 투르크의 황녀의 자리에 올라 술탄 술레이만Süleyman의 유일한 배우자이자 정치적 자문인인 록솔라나Roksolana Hurrem가 되었다.

록솔라나

노가이족과 타타르족의 위협 때문에 우크라이나 남부 접경 지역은 거의 사람이 살지 않는 방치된 지역이 되었다. 당대 폴란드 저작들은 이 지역을 '야생 지역Dzikie Pole/Wild Fields라고 불렀다. 이 지역은 폴란드-리투아니아왕국과 크림칸국을 분리시키는 완충지역 같은 역할을 하였다. 이 '야생지역'은 동식물이 풍부하고 비옥한 지역이어서 당시 저술들은 가축, 야생동물, 물고기 등이 '가득 넘치는' 지역으로 묘사했다. 15세기 초반에 이미 일부 용감한 사람들은 이 지역의 산물을 얻기 위해 짧은 기간 동안 원정을 했다. 얼마 지나지 않아서 이 지역에 원정을 오는 사람들이 늘어났고, 일부는 항구적으로 정착을 했다. 이들의 농사, 사냥, 어로 등의 생활양식이 코자크식 생활로 불리게 되었다. 노가이족의 노예사냥에서 스스로를 지키기 위해 농민이나 부락거주자 출신의 정착민들은 무기를 가지고 무예를 익혔다. 이러한 무장력을 가지고 이들은 때때로 노가이족이나 타타르족의 대상

隊商들을 습격하였다. 오래지 않아 이들은 더 큰 무리를 이루어 크림반도와 몰도바, 왈라키아의 오스만의 상업 지역을 공격하였다. 코자크Cossack라는 명칭은 도적이나 전사를 뜻하는 터키어 'qazaq'에서 나왔는데, 처음에는 리투아니아나 모스크바 공국과의 싸움에 동원된 타타르 용병을 뜻했다. 이러한 명칭의 기원에도 불구하고 '코자크'는 변경지역에서 타타르족에 대항하는 슬라브계나 기타 다른 주민들을 가르치는 말이 되었다.

코자크 병사

• 자포로지아

자포로지아 코자크Zaporoahian Cossacks의 본영本營은 '시치Sich'라고 불렸다. 시치는 높은 나무벽과 저지대 늪으로 방어막이 쳐져 있었다. 시치는 드니프로 강 급류의 바로 남쪽에 위치하여 흑해로 나가는 길목에 자리 잡고 있었다. 시치는 여러 시기에 걸쳐 여러 장소에 위치하고 옮겨 다녔다. 처음에 자포로지아 코자크들은 폴란드왕이 임명한 게트만Getman의 지휘를 받았다. 게트만은 훨씬 북쪽에 있으면서 등록코자크들을 관리하는 임무를 맡았다. 이 게트만 중의 한 명인 드미트로 비쉬네베츠키Dmytro Vyshnevetskyi

자포로지아 유적

비쉬네베츠키 초상

가 1552년 드니프로 강 가장 아래쪽의 아홉 번 째 급류지역 아래에 있는 소小호르찌짜Little Khortytia 섬에 시치를 건설했다. 소호르찌짜섬과 대大호르찌짜 섬은 자포로지아 코자크들의 초기 근거지가 되었다.

1558년 타타르들이 소호르찌짜섬의 시치를 파괴하자 시치의 위치는 남쪽으로 이동하게 되었다. 토마키브카Tomakivka(1564－1593년), 바바블룩Bazavluk(1593－1630년), 미키킨 리그Mykytyn Rih(1628－1652년)를 거쳐, 코자크 국가 시절 스타라시치Stara Sich(구舊시치라는 뜻, 1652－1709년)로 이동했다. 1709년 모스크바군이 스타라시치를 파괴하자, 코자크들은 당시 일시적 동맹을 맺고 있던 오스만 터키의 보호아래 드니프로 강 입구의 올레쉬카Oleshka(1711－1734년)에 시치를 건설하였다. 1734년 러시아가 코자크들이 자포로지아로 귀환하는 것을 허락하자 코자크들은 노바시치Nova Sich('새 시치'라는 뜻)를 건설하였다. 이 시치는 1775년 예카체리나 여제가 시치를 파괴하고 코자크들은 자포로지아로부터 추방할 때까지 존속되었다.

시치의 내부에는 시치 거주 코자크들의 숙소가 있었고, 코자크들이 회의Rada를 여는 중앙의 광장, 교회, 학교, 지도자들의 숙소가 있었다. 자포로지아 코자크들의 지도자는 처음에는 단순히 '원로starshyi'라고 불렸지만, 후에 '키쉬kish', '코쇼비이 오타만koshovyi otaman'으로 불렸다. 1590년대부터 코자크들은 폴란드왕이 임명하는 게트만을 거부하고 라다에서 게트만을 직접 선출했다. 시치 안에는 남자만 들어올 수 있었다. 시치의 코자크의 수자는 최대 만 명에 이르기도 하였다. 가족이 있는 코자크들과 농민들은 시치 주변, 드니프로 강 양안의 농촌에 살았다. 이들은 어로, 사냥, 가축사육, 농업으로 생계를 꾸렸다. 시치의 담 밖에는 '바자르bazar'라고 불리는 장터가 있어서 다른 도시와 북쪽의 키예프, 카니프Kaniv, 체르카시Cherkasy 같은 요새들로부터 온 물건과 남쪽의 크림과 오스만 터키에서 온 상품들이 거래되었다. 자포로지아 코자크들의 가장 큰 교역 상대는 폴란드-리투아니아나 모스크바가 아니라 남쪽의 크림-오스만 시장이었다.

• 코자크와 폴란드

날리바이코 초상

사가이다치니 초상

1569년 루블린 조약으로 폴란드-리투아니아연합 국가가 탄생하면서 리투아니아가 관할하던 우크라이나 스텝 지역은 폴란드의 영향권 아래 들게 되었다. 폴란드는 비옥한 우크라이나 지역에 장원제도를 발달시키며 '등록코자크'제를 실시하여 코자크를 '흡수(cooptation)'하고 필요할 때마다 용병으로 동원하였다. 16세기 말 우크라이나에 대거 유입된 농민들은 비등록 코자크가 되어 차별적 대우를 받았다. 폴란드 지주의 착취와 카톨릭으로의 개종 요구로 코자크와 농민들의 불만은 높아갔으며 1590년대 코신스키Kosynskyi, 날라비이코Nalyvaiko, 로보다Loboda가 주도하여 농민 반란을 일으켰으나 폴란드군에 의해 진압되었다. 1600-1613년 모스크바공국이 왕위 계승 문제로 '혼란의 시대(Time of Trouble)'에 빠진 것을 기회로 코자크는 폴란드군과 함께 모스크바와 인근 지역을 자주 공격하여 많은 전리품을 획득했다. 1614년 사가아다치니Petro Sagaidachini(재임

스모트리츠키

1614-1622년)가 게트만이 되면서 코자크는 분열을 극복하고 단합된 힘을 발휘했으며 '차이카 chaika'라고 불리는 작은 배를 타고 흑해 원정을 하여 콘스탄티노플을 비롯한 오스만제국의 흑해 연안 도시를 공격하여 약탈을 하고, 몰도바와 왈라키아Wallachia공국도 공격했다. 사가이다치니는 정교회 신앙 수호에도 힘써서 키예프의 동굴수도원Pecher-ska Lavra을 정교회의 중심지로 부활시켰다. 동국수도원에는 인쇄소가 설립되어 1619년 스모트리츠키Meletii Smotrytskii의 '슬라브어 문법(Grammatika slovenskaia)', 1627년 베린다Pamva Berynda의 '슬라브어 사전(Leksykon slaveno-rosskii)' 등이 출간되었다.

12장 흐멜니츠키 봉기와 코자크국가

• 흐멜니츠키 봉기

보그단 흐멜니츠키 동상

1648년 보그단 흐멜니츠키Bogdan Khmel-nitskyi(1595-1657년)가 이끄는 대규모 봉기가 일어났다. 결과적으로 보면 이 봉기는 동유럽의 역사에 큰 영향을 미쳤고, 우크라이나와 폴란드-리투아니아 관계에 전환점이 되었다. 흐멜니츠키는 아버지와 마찬가지로 등록코자크였다. 그는 폴란드군을 위해 싸웠고 폴란드의 전방 방위에 충성스럽게 봉사했다. 1620년 폴란드–리투아니아가 터키와 싸워 패배한 체초라Cecora/Țuțora 전투에서 흐멜니츠키는 터키군에 포로로 잡혀서 이스탄불의 감옥에 2년 간 수감되었다. 이 기간 동안 그는 오스만 터키과 크림타타르의 내부 사정을 잘 파악할 수 있었다. 터키에서 석방되어 돌아온 흐멜니츠키는 드니프로 강변의 체르카시 인근의 고향마을 치기린Chyhyryn에서 다른 등록코자크들과 마찬가지로 작은 영지를 관리하며 안락하게 살았다. 그러나 1647년 현지의 폴란드 장교들과 재정과 개인 문제로 충돌하면서 그의 생은 큰 전환점을 맞았다. 흐멜니츠키는 폴란드 사법기관에 자신의 피해와 억울함을 호소했지만 오히려 체포당했다. 탈출에 성공한 흐멜니츠키는 자포로지아 코자크 진영으로 갔다. 자포로지아 코자크들은 등록코자크들을 신뢰하지 않았지만, 그는 짧은 기간에 이들의 신뢰를 얻어 최고 지도자인 게트만으로 선출되었다. 흐멜니츠키가 크림타타르와 동맹을 맺은 사실을 안 폴란드는 선제공격을 취하였지만, 코자크와 크림타타르 연합군은 조브티 보디Zhovti Vody 전투(1648년 5월 5–6일)와 코르순Korsun 전투(1648년 5월 15–16일)에서 폴란드군을 격파했다. 이 전투에서 폴란드 사령관과 지휘관들이 체포되고 전사했을 뿐 아니라, 코르순 전투 날 폴란드왕이 사망하여 세임Sejm이 새 왕을 선출할 때까지 폴란드는 정치적 혼란에 빠졌다.

흐멜니츠키군이 폴란드 주력군을 대패시켰다는 소문이 퍼지자 1648년 여름 키예프주州palatine에서는 농민 봉기가 연이어 일어났다. 농민들은 폴란드 지주들과 유대인 관리인들에게 자신들의 분노를 표출했고, 정교회 사제들은 카톨릭교회와 연합교회를 공격하도록 선동했다. 크리보노스Maksym Kryvonos와 네차이Danylo Nechai가 이끄는 코자크군이 키예프주 전역을 공격하고, 서부의 브라츨라브주와 포돌리아주를 공격하자 농민들의 반란이 거세게 일어나서 인명 살상과 재산 약탈이 자행되었다. 폴란드군은 전세를 뒤집기 위해 다시 한 번 선제공격을 시도하였으나 필랴찌Pyliavtsi 전투(1648년 9월 21－24일)에서 다시 패했다. 승리에 고무된 흐멜니츠키는 10월 갈리시아 지방의 중심지인 르비프를 포위한 다음 항복을 받아내었고, 북쪽으로 방향을 돌려 폴란드의 수도 바르샤바를 향해 진격하였다. 11월 폴란드의 자모시치Zamość를 포위한 흐멜니츠키는 진군을 멈추고 새로 폴란드왕으로 선출된 얀 카지미에즈Jan Kazimierz(재위 1648－1668년)와 협상을 시도하였다. 폴란드왕은 흐멜니츠키가 요구하는 것을 모두 들어주기로 했다. 코자크의 특권 회복, 봉기가담자 전원 사면, 흑해로의 자유로운 통행을 위해 폴란드군이 세운 코다크Kodak 요새의 해체, 브레스트 연합Brest Union과 연합교회의 해체 등이 주요 요구 사항이었다.(역주: 브레스트 연합－1596년 브레스트에서 열린 종교회의에서 우크라이나의 정교회 성직자들은 로마 교회의 권위에 복종하고 동방식의 전통적 예배의식과 관습을 유지하기로 함으로써 연합교회가 탄생하였다)

흐멜니츠키는 폴란드의 반응을 기다리며 고향으로 돌아갔다. 1649년 1월 귀환 길에 키예프에 들른 흐멜니츠키는 정교회 지도부와 당시 키예프를 방문하고 있던 예루살렘 총주교의 환영을 받았다. 정교회 지도자들은 흐멜니츠크를 루스인들을 폴란드의 압제에서 해방시킨 당대의 모세로 칭송했다. 흐멜니츠키는 해방자이며 '루스의 독립적 지도자(independent ruler of Rus)'로 떠받들어졌다. 이것은 흐멜니츠키가 단순히 우크라이나인뿐 아니라 벨라루스와 기타 폴란드－리투아니아 지역에 거주하는 모든 루스인들의 지도자가 된다는 것을 의미했다. 이러한 폭넓은 정치적, 문화적 고려에서 흐멜니츠키는 이웃한 정교회 공국 몰다비아와 동맹을 맺었고, 정교회 지도자들의 강력한 요청을 받아들여 모스크바공국의 짜르와도 협상을 시작했다. 1649년 8월 흐멜니츠키가 다시 폴란드를 향해 진격하여 갈라시아의 폴란드군을 포위하자, 폴란드는 흐멜니츠키와 즈보리프 강화조약(Peace of Zboriv)을 맺었다. 이 조약에 의해 등록코자크의 수는 4만 명으로 늘어났고, 정교회 대주교는 폴란드 세임의 의원이 되었다. 그리고 봉기에 참가한 모든 귀족들은 사면을 받았다. 즈보리프조약은 키예프, 체르니기프, 브라츨라브를 코자크의 영역으로 인정하였다. 이 지역에는 폴란드군, 유대인, 연합교회 신도가 들어와 살지 못하게 되었다. 이 조약은 많은 주민들의 불만을 야기시켰다. 4만 명으로 제한된 등록코자크가 되지 못한 코자크들과 농민들은 이전처럼 지주 밑으로 돌아가야 했다. 그러나 코자크와 정교회 지도부는 코자크국가를 인정받은데 대해 크게 만족했다.

• 코자크국가

1649년 8월의 즈보리프조약에 의해 탄생한 코자크국가는 1863년 12월 폴란드-리투아니아와의 즈바네츠Zhvanets조약에 의해 정식으로 인정되었다. 코자크국가는 키예프주, 브라츨라브주, 체르니기프주를 포함하는 약 31만km^{2}의 면적에 형성되었다. 코자크국가가 정점을 이뤘을 때는 리투아니아 남부 벨라루스인들이 거주하는 지역과 자포로지아 지역을 포함했다. 코자크국가 내에서 폴란드-리투아니아의 행정체제는 완전히 해체되고, 주 대신에 연대 주둔지의 이름을 딴 연대 행정구역(polky)이 생겼다. 처음에 16개의 연대가 있었지만,

코자크 병사 그림

시간이 지나면서 연대 수는 바뀌었다. 연대 행정구역은 연대장(polkovnyk)이 관할하는 군사-행정 단위였다. 연대장은 지역의 최고 군사사령관인 동시에 민간행정도 통할했다. 연대장은 각 연대의 코자크들에 의해 선출되었다. 연대장은 연대 장교(polkovaya starshyna)과 장교회의(rada polkovoi starshyny)의 보좌를 받았다. 연대는 다시 중대(sotnia)로 나뉘었다. 각 연대는 규모에 따라 11개에서 23개의 중대를 가지고 있었다. 중대장(sotnik)은 중대를 지휘하고 중대 참모진(sotenna starshyna)의 보좌를 받았다.

코자크국가는 폭넓은 권한을 소유한 게트만이 지휘하는 중앙행정체계를 가지고 있었다. 게트만은 군총사령관인 동시에 행정수장이었으며, 재정도 총괄하고 사법제도의 수장역도 맡았다. 게트만은 이런 다양한 직무를 수행하면서 9명의 장교로 구성된 고위 '장교단(heneral'na starshyna)'의 보좌를 받았다. 또한 회의체로는 '군사참모회의(heneral'naya viskova rada)'와 '장교회의(rada starshyn)'의 자문과 보좌도 받았다. 중앙행정기관, 연대, 중대의 모든 장교는 일반적으로 '장교단(starshyna)'으로 불렸다. 흐멜니츠키가 창설한 코자크국가의 첫 행정중심지는 치기린이었다. 1663년 이후에는 코자크 영토의 분할에 따라 우안지역은 치기린(1665-1676년), 북쪽에는 하디아치Hadiach(1663-1669년), 좌안에는 바투린Baturyn(1669-1708년)이 행정중심지가 되었다.

코자크국가의 공식 명칭은 '자포로지아 군대(Vis'ko Zaporiz'ke/

Zaporoshian Host)'였다. 이러한 명칭에도 불구하고 코자크국가의 중심은 등록코자크들이 주로 거주하는 드니프로 상류 지역이었고, 비등록코자크인 자포로지아 코자크들은 큰 역할을 하지 못했다. 실제로 자포로지아 코자크들은 흐멜니츠키의 영향력 아래 코자크국가에 복속되었지만, 1657년 그가 죽자 독자적인 길을 걸었다. '자포로지아 군대'나 그의 뒤를 이은 '코자크국가(Kozachstvo/Hetmanate)'는 법적으로 독립된 적이 없고, 폴란드와 모스크바공국이라는 큰 국가적 구조 안에서 자치적 단위로 기능했다. 1649년부터 1654년 사이(동안東岸지역에서는 1658－1676년 사이) 폴란드왕이 최고 통치자였다. 코자크와 폴란드의 관계는 폴란드왕과 게트만의 개인적 관계에 바탕을 두었다. 1654년부터 1657년 사이(좌안左岸에서는 1663년 이후) 모스크바공국의 짜르가 코자크국가의 군주가 되었다.

코자크국가 영역

13장 '해체(Ruina)' 시기의 우크라이나

보그단 흐멜니츠키는 폴란드－리투아니아의 지배에서 벗어나기 위한 방법으로 주변의 거의 모든 국가들과 동맹을 맺으려고 시도하였다. 정교회 국가인 모스크바공국과 몰다비아뿐만 아니라, 이슬람인 오스만 터키와 크림칸국, 개신교인 트랜실바니아Transylvania와 리투아니아의 개신교 공후들과 동맹을 맺으려고 시도했다. 그러나 결과적으로 동맹 시도는 대부분 결실을 맺지 못했고, 모스크바공국과의 동맹만 성사되었다.

1648년 5월 두 차례의 폴란드와의 전투에서 승리한 흐멜니츠키는 정교회 대주교의 권고에 의해 모스크바와의 동맹을 추진하였다. 그러나 모스크바공국의 짜르 알렉세이Aleksei(재위1645–1676년)가 폴란드가 관할하던 우크라이나의 코자크를 자신의 보호 아래 두기로 결심하기까지는 5년이 더 걸렸다. 짜르를 설득해서 흐멜니츠키의 제안을 받아들이도록 가장 큰 역할을 한 사람은 모스크바의 니콘Nikon총주교(재임 1652–1681년)였다. 1654년 페레야슬라브조약Agreement of Pereiaslav이라고 알려진 여러 협상이 1차적으로 마무리된 것은 1654년이었다. 페레야슬라브조약에 의하면 흐멜니츠키의 코자크국가는 자포로지아 코자크와 함께 모스크바 짜르의 종주권을 인정했다. 짜르는 코자크의 전통적 특권을 인정하고 자신이 새 영토의 통치자가 된 것을 나타내기 위해 스스로의 명칭을 '대大루스와 소小루스 전체의 짜르(Tsar of All Great and Little Rus')'라고 바꿨다. 두 번째 단계의 협상은 2년 뒤 완결되었다. 1656년 벨라루스인들이 거주하는 리투아니아 땅에 대한 공략이 성공적으로 끝나고, 농민 반란이 일어나자 짜르는 자신의 명칭을 '대大루스와 소小루스, 백白루스 전체의 짜르(Tsar of All Great and Little and White Rus')'라고 다시 한 번 바꿨다. 페레야슬라브조약으로 폴란드–리투아니아와 모스크바공국 사이에 충돌이 일어났다. 그러나 폴란드로서는 가장 어려운 시기에 여러 국가의 외침을 동시에 막아내야 했다. 1655년 북쪽에서는 스웨덴이 침략하고, 서쪽에서는 브란덴부르그Brandenburg공국이 침입해 왔다. 이때부터 폴란드-리투아니아의 대부분 지역과 코자크 지역 우크라이나는 극도의 혼란 상태에 빠졌다. 이 시기를 폴란드 역사에서는 '대홍수의 시기Potop(1655-1661년)'라고 부르고, 우크라이나 역사에서는 '해체의 시기Ruïna(1657-1686년)'라고 부르는 것은 이런 이유에서이다.

협상의 제일 초기단계부터 흐멜니츠키와 그의 후계자들은 페레야슬라브조약을 계속되는 협상으로 이어지는 자발적 정치적 협약으로 생각한 반면, 모스크바의 짜르는 이것을 영토적 병합을 포함한 자발적 복속으로 받아들였다. 이러한 서로 어긋나는 해석 때문에 흐멜니츠키는 죽을 때까지 때로는 모스크바의 의사에 맞는, 때로는 이에 반하는 동맹을 계속 추구하였다. 흐멜니츠키의 후계자들, 특히 이반 비곱스키Ivan Vyhovs'kyi와 페트로 도로셴코Petro Doroshenko는 모스크바의 적인 폴란드나 오스만 터키와 동맹을 맺으려고 했다. 코자크 지도자들의 서로 상충되는 정책은 코자크 내의 오래된 정책 분열을 반영하고 있다. 자포로지아 코자크들은 항상 등록코자크들과 흐멜니츠키 코자크국가의 핵심인 고위장교단을 불신하였다. 흐멜니츠키는 양측의 지지를 모두 얻었으나, 그가 죽자 양측의 분열은 분명해졌다. 자포로지아 코자크와 농민들은 모스크바의 정교회 짜르에게 변치 않고 충성하였으나, 코자크국가의 게트만과 장교단은 모스크바공국, 폴란드, 오스만 터키를 가리지 않고 자신들의 정치, 사회적 지위를 최대한 인정해 주는 나라와

도로셴코 초상

동맹을 맺으려고 했다.

대규모 모스크바공국군이 폴란드를 침입하였다가 1659년 7월 코노토프Konotop 전투에서 폴란드-코자크 연합군에 패한 후 모스크바와 폴란드의 관계는 교착 상태에 들어갔다. 코자크 게트만들은 코자크국가의 영토적 통합성을 유지하려고 하였으나, 실제로는 드니프로강을 경계로 둘로 나뉘게 되었다. 드니프로 강 서쪽의 우안右岸은 폴란드의 영향권 아래 들어갔고, 동쪽의 좌안左岸은 키예프와 남쪽의 자포로지아를 포함하여 러시아의 영향권 아래 들어갔다.

1665년부터 1676년까지 게트만이었던 도로센코는 오스만 터키와 크림타타르와 동맹을 맺고 좌안지역을 공격하였지만 실패하고, 좌안의 포돌리아와 브라츨슬라브 남부 지역은 오스만제국이 지배하게 되었다. 폴란드와 러시아에 의한 좌안과 우안의 영역 분리는 1667년에게 체결되고 1682년에 갱신된 안드루소보조약Teaty of Andrusovo에 의해 확정되었다. 원 조약에서는 키예프와 주변 지역은 2년만 러시아가 관할하기로 되었지만 실제로는 장기적인 경계가 되었다. 안드루소보조약에서 결정된 영토 분할에 따라 코자크는 두 개의 '국가(states)'로 나뉘었고, 폴란드가 지배하는 우안과 러시아가 지배하는 좌안에 두 명의 게트만을 갖게 되었다. 어떤 경우 게트만들은 서로 싸웠고, 어떤 경우에는 오스만 터키의 지원을 받아 갈라진 양안을 다시 통합하려고 시도했다. 1672년 코자크 정치에 관여하기 시작한 오스만 터키는 폴란드군을 물리치고 브라츨라브, 포돌리야와 키예프주 남부를 포함한 우안의 상당 부분을 차지했다.

오스만 터키에 영토을 잃기는 했지만 폴란드-리투아니아는 1680년대 다시 강력해졌다. 유럽 전체에 뛰어난 군사지도자로 이름을 떨친 얀 소비에스키Jan III Sobieski(재위 1674–1696년)는 중부 유럽의 기독교 국가들과의 동맹을 통해 오스만 터키에 대항하는 계획을 세우고, 동부 국경의 안전을 확보하기 위해 모스크바와 협상을 했다. 1686년 폴란드–리투아니아와 모스크바는 약 20여 년 전에 맺은 안드로소보조약을 재확인했다. 소위 '1686년 영구평화 조약(Eternal Peace of 1686)'이라고 알려진 이 협약을 통해 폴란드는 키예프와 북쪽의 스타로두브, 스몰렌스크Smolensk, 좌안에 대한 모든 권리를 포기하고 자포로지아 코자크에 대한 모스크바의 종주권을 인정했다. 코자크국가가 둘로 나뉘어지면서 우크라이나는 전체적으로 모스크바공국, 폴란드, 오스만 터키 지배 지역으로 분할되었고, 남부 스텝 지역과 크림은 크림칸국에 계속 남게 되었다.

14장 마제파와 코자크 게트만령

이반 마제파

1686년 조약이 체결된 후 코자크 우크라이나는 18세기 시작 때까지 비교적 평안한 시기를 보냈다. 이 시기에 좌안의 코자크를 이끈 것은 이반 마제파Ivan Mazepa(재임 1687–1708년)였다. 그는 러시아의 짜르 표트르 대제(재위 1689–1725년)와 우호적 관계를 맺으며 코자크의 안정과 번영을 이루어냈다. 마제파는 코자크 리더 중 흐멜니츠키 다음으로 가장 영향력이 있던 게트만이엇다. 마제파의 젊은 시절의 경력은 '해체의 시대'

의 복잡한 국제정세를 잘 반영한다. 그는 폴란드 궁정에서 근무하다가 폴란드령 우안의 게트만으로 임명된 후 오스만 터키와 동맹을 맺었다가 최종적으로 러시아와 동맹을 맺었다. 1687년 러시아는 그를 당시 '게트만령'으로 알려진 좌안의 게트만으로 임명했다. 1687년부터 1700년까지 마제파는 사회적 안정을 이루면서 경제도 부흥시켰다. 또한 문화 분야에도 많은 지원을 해서 여러 교회를 재건했다. 라브라 사원의 중건, 소피아 성당의 재건 등이 이때 이루어졌다. 이 시기를 우크라이나의 바로크 시대라고 일컸는다. 이 시기 유일한 문제는 자포로지아 코자크였다. 자포로지아 코자크는 몇 번의 반란을 일으켰고 마제파를 하야시키려고 시도했지만, 러시아의 강력한 지원을 받은 마제파는 이를 잘 제압하였다.

1700년 대북방전쟁(Great Northern War)이 일어나면서 상황은 바뀌었다. 스웨덴은 발트해 주변 지역 전체를 장악하려는 계획을 포기하지 않았다. 스웨덴의 용맹한 젊은 왕 칼 12세Charles XII(재위 1697–1718년)는 러시아를 몇 차례 공격하여 승리하고, 1702년 폴란드를 침공하여 바르샤바를 점령했다. 러시아는 적국이었던 폴란드를 지원하기로 하고, 마제파와 좌안의 코자크들이 스웨덴을 상대로 한 전투에 러시아를 돕도록 압박을 가했다. 마제파는 러시아군의 폴란드 원정에 참여하여 짧은 기간(1705–1706년)이나마 우안 지역의 상당 부분을 점령했다. 그러나 인명과 물자 손실이 커지면서 러시아의 정책에 대한 코자크의 불만은 커져갔다.

1708년 초 칼 12세는 러시아에 대한 공격을 시작하였다. 그러나 1708년 여름 스웨덴군은 진군 방향을 바꿔 우크라이나로 남하했다. 마제파는 러시아군 편에서 싸우는 대신 4천 명의 병력을 이끌고 스웨덴군 편에 가담했다. 스웨덴이 곧 동유럽의 강자가 될 것으로 예상한 마제파는 좌안과 우안에 독립적인 코자크국가 창설의 보장을 받아낼 계획이었다. 마제파의 배신행위에 놀란 표트르 대제는 군대를 게트만령의 수도인 바투린으로 보내 코자크 진영을 파괴하고 배신에 가담한 코자크 장교들을 처형했다. 1709년 자포로지아 코자크들도 스웨덴군편에 가담하자, 표트르 대제는 이들의 본거지인 '스타라 시치'를 공격하여 파괴하였다. 스웨덴군이 승리할 것이라는 마제파의 기대와 예상은 완전히 빗나갔다. 1709년 폴타바 전투에서 칼 12세가 이끈 스웨덴군과 마제파의 코자크군, 자포로지아 코자크는 표트르 대제가 이끄는 러시아군에게 크게 패했다. 마제파는 칼 12세와 함께 도망하여 터키 지역으로 피신하는데 성공하였으나 마제파는 몇 달 후 사망하였고, 칼 12세는 콘스탄티노플에 머물다가 스웨덴으로 귀환하였다. 대북방전쟁은 1721년에 러시아의 승리로 최종 종료되었고 스웨덴은 동유럽에 대한 야망을 포기하였다. 동유럽 지역의 강자로 떠오른 표트르 대제는 자신을 러시아 제국의 황제로 지칭하였다.

칼 12세와 이반 마제파 그림

폴타바 전투 패배로 게트만령은 비참한 운명을 맞게 되었다. 표트르 대제와 그의 후계자들은 코자크의 자치권을 박탈하였다. 러시아의 정책은 게트만령, 자포로지아 코자크, 자유공동체(Sloboda)에 따라 달랐다. 1708년 마제파의 후계자로 스코로파드스키Ivan Skoropadskii가 새 게트만으로 선출되었지만 그는 러시아의 꼭두각시에 지나지 않았다. 코자크들은 러시아의 라도가Ladoga 운하와 아조프해 국경 요새를 건설하는 데 동원되어 많은 수가 현지에서 사망했다. 스코로파드스키 이후 표트르 대제는 코자크의 자치를 철폐하기로 하고 '소러시아행정국(Little Russian Collegium)'을 설치하여 게트만령에 대한 직접 통치를 시작하였다. 이 시기에 임시 게트만으로 임명된 폴루보토크Pavlo Polutobotok(재임 1722－1724년)은 재판제도를 확립하고 코자크의 자치를 되찾기 위해 노력했으나 표트르 대제에 의해 상트 페테르부르그로 소환되어 페트로파블롭스키의 감옥에서 사망했다. 폴루보토크가 사망한 이후 러시아는 게트만 제도 자체를 철폐시켰다. 게트만령의 수도는 바투린에서 러시아와의 국경 근처의 글류키브Gliukhiv로 옮겨졌다. 연대장은 러시아 정부가 직접 임명하였고, 우크라이나 내 대영지가 러시아 장군들에게 하사되었다. 1722년 표트르 대제는 게트만령의 관할을 외무성에서 러시아 국내 문제를 다루는 상원(Senate)으로 옮겼다. 같은

이반 스코로파드스키 초상

폴루보토크 초상

로주몹스키 초상

해 여섯 명의 러시아 장교로 구성된 '소러시아행정국'이 게트만령의 행정을 사실상 관장하게 했다. 1723년 코자크가 선출한 게트만이 표트르 대제의 인정을 받지 못하게 되면서 소러시아행정국

마린스키 궁전

게트만령의 실질적 정부 역할을 하게 되었다. 이후 약 반세기 동안 게트만령에 대한 러시아의 정책은 게트만을 임명하여 약간의 자치를 허용하기도 하고, 소러시아행정국을 부활시켜 중앙에서 직접 통치하기도 했다. 마지막 게트만인 로주몹스키Kyrylo Rozumovs'skyi(재임 1750–1764년)는 엘리자베타Elizaveta 여제의 신임을 바탕으로 게트만령의 자치를 어느

성 안드레이 성당

정도 회복하였다. 그는 게트만령의 행정체계와 사법제도를 개혁하였고, 코자크 장교회의와 귀족들의 지위를 높였으며 게트만령 수도를 다시 바투린으로 옮겼다. 러시아 정부도 마린스키 궁전과 성 안드레이 교회 등을 건축하여 제국의 권위를 과시하였다.

15장 자유공동체와 우크라이나 남부 지역

• 17-18세기의 자유공동체 지역

자유공동체 지역

'자유공동체 지역Slobids'ka Ukraïna/Sloboda Ukraine'은 최초로 러시아 제국의 일부가 된 우크라이나 지역이다. 보르스클라 강, 도네츠 강, 돈 강의 상류 지역인 자유공동체 지역은 키예프 루스 시기 페레야슬라브공국의 동쪽 끝 지역이었다. 이 지역 너머는 광활한 스텝이 펼쳐졌고 사람이 거의 살지 않았다. 그 이유는 동쪽으로부터 침입해 오는 유목민족의 공격의 화살이 처음으로 닿는 지역이었기 때문이다. 13세기 중반 몽골 침입으로 정착지의 경계가 북쪽으로 옮겨가면서 이 지역은 몇 세기 동안 사람이 거의 살지 않는 지역으로 남아있었다.

16세기 모스크바공국이 영토를 남쪽으로 확장하면서 이 지역은 모스크바공국의 영향권 아래 들어오게 되었다.

우크라이나 자유공동체 지역에 재정착이 이루어지기 시작한 것은 17세기 초였다. 새로 정착한 주민들은 폴란드와 코자크의 전쟁을 피해 이곳으로 온 코자크와 농민들이었고, 폴란드의 장원제도의 확장과 농민에 대한 압정을 피해 온 농민들도 있었다. 대규모 이주가 시작되자 모스크바 정부는 자유공동체 지역의 중앙을 가로지르는 요새화된 경계를 설치하였다. 쓰러진 나무와 끝을 뾰족하게 깍은 통나무로 방책을 만드는 전통은 키예프 루스 시절에 시작되었다. 키예프 루스 당시 남쪽 경계로 여겨졌던 로스 강의 방책도 이런 식으로 만들어졌다. 1631년부터 1651년 모스크바공국은 '벨고로드선(Belgorod line)'이라고 알려진 경계선을 만들었다. 이 경계선은 폴란드와의 경계인 오흐티르카Okhtyrka에서부터 시작하여 동쪽으로 오스트로고즈스크Ostrogozhsk까지 이어진 후 북쪽으로 꺾여서 돈 강 계곡을 따라 보로네즈Voronezh와 그 너머 지역까지 총 770km에 이르렀다. 1637-1647년 사이에 나무로 된 방책 중간에 약 20개의 요새화된 마을이 건설되었다.

1638-1649년 사이 코자크 우크라이나 지역으로부터 자유공동체로 첫 대규모 이주가 이루어져서 약 2만 명의 주민들이 들어왔다. 모스크바공국은 이주자들을 환영하여 '슬로보다slovoda'라고 불리는 자유공동체를 건설하도록 허용하였고, 여기에서 이 지역의 명칭이 나왔다. 1648년 흐멜니츠키 봉기 이후 계속적으로 이주민이 들어왔고, 이들은 연대 구조를 바탕으로 한 코자크의 군사-행정체계를 도입했다. 1650년까지 수미Sumy, 오흐티르가Okhtyrka, 하르키프Kharkiv, 이

지움Izium 네 개의 연대가 자유공동체 지역에 형성되었다. 더 동쪽인 오스트로고즈스크의 연대는 1685년에 만들어졌다. '해체의 시대' 동안 코자크 우크라이나의 정치적 불안정으로 인해 많은 이주민이 자유공동체 지역으로 이주해 온 결과 17세기 말에는 주민이 12만 명으로 늘었고, 이 숫자는 1773년 66만 명까지 늘어났다. 새 이주자들을 방어하기 위해 1730년대－1740년대 슬로보다 남쪽 경계에 '우크라이나선(Ukrainian Line)'이라고 알려진 새로운 방어선이 만들어졌다. 자유공동체의 기본적 행정 체계는 게트만령의 것을 모방했지만, 러시아 정부의 특별한 정책에 의해 새로운 형태를 띠기도 했다. 각 연대에는 연대장과 장교단이 있지만, 모스크바가 연대를 직접 통제하거나, 벨고로드에 거주하는 모스크바에서 파견된 '군사총독(voevoda)'이 통제했다. 자유공동체를 러시아제국에 통합시키는 작업은 1732년에 시작되었다. 등록코자크의 수는 23,000명으로 고정되었고, 연대들은 러시아 관리가 통제하기 시작했다. 그러나 자유공동체 코자크의 반발로 이 조치의 시행은 지연되었지만, 러시아 정부는 직접 군대를 보내 주둔시킴으로써 코자크를 견제하였다. 예카체리나 여제(재위 1762－1796년) 때인 1765년 자유공동체의 자치는 완전히 종식되었다. 다섯 개 연대는 모두 해체되어 하르키프에 있는 총독이 관할하는 '슬로보다 우크라이나 지방(Slobodsko－ukrainskaia guberniia)' 단일 행정구역이 만들어졌다. 등록코자크들은 러시아의 국가농노(state peasant)가 되었고, 코자크 장교들과 행정관리들은 러시아 귀족과 동등한 지위를 부여받았다. 러시아제국으로 완전히 편입되기 전부터 하르키프는 자유공동체의 문화적 중심지 역할을 하였다. 1726년 정교회 사제와 공직을 준비하는 학생들을 훈련시키는 신학교 겸 대학이 설립되었다. 철학자이며 시인인 스코보로다(Hryvorii Skovoroda)가 이 학교의 교수진의 대표적 인물이었다. 1805년에는 러시아령 우크라이나 지역의 최초의 대학이 하르키프에 세워졌다.

스코보로다 초상

• 17세기 자포로지아와 우크라이나 남부 지역

자유공동체 지역보다 훨씬 면적이 큰 자포로지아와 남쪽 지역은 험난한 역사를 겪었다. 이 지역을 러시아에 통합시키는 작업은 18세기 말이 되어서야 끝났다. 먼저 1775년 자포로지아가 러시아에 통합되었다. 그리고 1774년부터 1791년 사이 러시아는 오스만 터키를 이 지역에서 몰아내고 크림칸국도 복속시킬 수 있었다.

1649년 흐멜니츠키가 코카크국가를 창설했을 때 자포로지아는 '하류 자포로지아 군대(Vis'ko Zaporiz'ke Nyzove)'라는 명칭으로 불리며 흐멜니츠키에 충성했다. 흐멜니츠키가 죽은 후 '시치'를 본영으로 한 자포로지아 코자크는 매년 선출되는 '코쇼비이 오타만koshovyi otaman'의 지휘 하에 독자적인 길을 걸었다. 게트만령과 다르게 자포로지아 코자크는 최소한 17세기말까지는 모스크바에 충성하는 노선을 걸었다. 그러나 18세기 초 자포로지아 코자크는 러시아군이 이 지역으로 진출하여 남부 지역과 크림에서의 자신들의 약탈 활동을 중지시킬 것을 염려하였다. 이러한 이유 때문에 자포로지아 코자크 오타만인 고르디엔코Kost' Hordienko는 1709년 러시아와의 관계를 끊고 스웨덴군 편을 들었다. 스웨덴군이 패배한 이후에는 오스만 터키의 보호를 받았다. 약 8천 명의 코자크가 드니프로 강 하구에 있는 올레쉬카Oleshka에 '시치'를 짓고 할거하며 크림타타르의 보호를 받았다. 이러한 관계로 크림 주민들을 공격할 수 없게 되자 일부 코자크는 러시아가 관할하는 지역이 된 옛 본거지로 귀환할 것을 요구하고 나섰다. 1733년 고르디엔코가 죽고 러시아가 오스만 터키에 대한 공격을 준비하면서 러시아 정부는 자포로지아 코자크와 '루브니조약(Agreement of Lubny)'을 맺고 코자크의 귀환을 허용하였다.

자포로지아 코자크는 이전의 영토를 모두 회복하고 '스타라시치' 근처에 '노바시치'를 건설하였다. 자포로지아 코자크는 매년 러시아로부터 재정 지원을 받는 대신 게트만령의 러시아군의 지휘를 받기로 하였다. 1734년 크림칸한국으로부터 귀환한 코자크의 숫자는 약 2만 명이었다. 적은 수자의 코자크로는 광대한 지역을 관리할 수 없게 되자, 코자크는 좀 더 체계적인 행정제도를 만들고 이주민을 받아들이기로 했다. 자포로지아를 8개 구역(palanky)으로 나누고 각 지역은 오타만이 임명하는 연대장이 관할하도록 만들었다. 폴란드령 우안지역과 러시아령 좌안지역을 떠난 농민들이 자포로지아로 이주하면서 인구가 크게 늘었다. 1762년에는 33,700명의 코자크와 약 15만 명의 자유 경작 농민들이 이 지역에 정착했다.

러시아 정부는 요새화된 도시를 차례로 건설하고 러시아정부에 직접 복종하는 이주민을 대량 정착시키면서 자포로지아 코자크를 무력화시킬 계획을 추진했다. 1746년 자포로지아 동부 지역 일부는 돈 코자크Don Cossacks에게 넘겨주었다. 다음으로 자포로지아 북쪽의 땅을 세 부분으로 나누어 각 지역을 세르비아인과 발칸 지역에서 온 이주민, 자유공동체 코자크, 게트만령 코자크들을 정착시켰다. 이 세 지역은 각각 신新세르비아New Serbia(1751년), 슬라브 세르비아Slavic

Serbia(1752년), 자유공동체 연대(1754년)로 명명되었다. 1764년 신세르비아와 자유공동체 지역은 폐지되고 남쪽 게트만령 코자크 정착지와 합병되어 '신러시아 지방(Novorussiakaia guberniia)'가 창설되었고, 크레멘축Kremenchuk이 그 중심지가 되었다.

자포로지아 코자크들은 이러한 영토 침탈에 불만을 가지고 세르비아 정착민들과 자주 충돌하였다. 그럼에도 불구하고 자포로지아 코자크들은 두 차례에 걸쳐(1734－1740년, 1769－1774년) 러시군의 오스만 터키 원정에 참여하였다. 그러나 동쪽 지역의 돈 코자크들과 야익 코자크Iaik Cossack들이 자주 반란을 일으키고, 1773－1774년 18세기 최대의 반란인 푸가초프 반란을 일으키면서 러시아 정부는 코자크 거주 모든 변방 지역을 정부의 직접 관할에 두기로 결정했다. 자포로지아 코자크들은 오스만 터키 원정에 참여하여 러시아군의 승리를 도왔고, 1774년 강화조약 체결과 남부 영토 획득에 기여했지만, 이것이 자로포지아의 운명을 바꾸지는 못하였다. 1775년 전장에서 귀환하던 러시아군은 아무 경고 없이 '노바시치'를 공격하여 파괴하였다. 시치 파괴 후 일부 코자크는 러시아군 병사가 되었고, 일부는 러시아군에 편제된 코자크 부대에 가담했으며, 나머지는 자유농민이 되었다. 코자크는 카테리노슬라브Katerynoslav 코자크 부대와 흑해 코자크 부대를 편성했는데, 전자는 1796년 해체되었고, 후자는 아조프해 동부의 쿠반 지역으로 이동하여 정착했다.

시치를 파괴한 러시아군에 대항한 코자크들은 남쪽으로 옮겨가서 오스만 터키의 허락을 받고 다뉴브강 하구의 삼각주 지역에 정착했다. 그러나 이들도 오스만 당국과 마찰이 생겨 일부는 오스트리아 제국령인 티사Tysa 강 하구의 바나트Banat 지역에 정착하였고(1785－

1812년), 나머지는 자포로지아로 귀환하였다. 이들의 비극적 운명은 오페라 '두나이강 너머의 자포로지아인들(Zaporozhets' za Dunaiem)'의 소재가 되었다. 1774년 터키와의 전쟁에서 승리한 후 러시아는 아조프해 북쪽의 마리우폴Mariupol 지역을 얻고, 1783년에는 크림칸국을 복속시켰으며, 1791년에는 예디산Yedisan 지역을 복속시킴으로써 러시아는 오랜 숙원인 흑해 연안까지 영토를 확대하는데 성공했다. 게트만령의 해체와 러시아 복속도 단계적으로 순조롭게 이루어졌다. 1764년 마지막 게트만인 로주몹스키는 큰 보상을 받고 게트만 자리에서 물러나고 소러시아행정국이 세 번째이자 마지막으로 게트만령의 행정을 담당했다. 1781년에는 코카크 연대 체제와 소러시아행정국이 해체되고 게트만령은 특별한 지위가 없는 세 행정구역(노브고로드-시베르스크, 체르니기프, 키예프)으로 나뉘었다. 1783년 코자크부대는 해체되고 농민의 이주 자유가 박탈되면서 농민들은 농노가 되었다. 1785년 코자크 고위장교들은 러시아 귀족제도에 편입되어 하사받은 영지를 상속하고 모든 국가 봉사 의무에서 면제되는 특권을 받았다. 1791년 드니프로 강 남부와 동부 모든 지역은 러시아 제국의 일부로 완전히 편입되었다.

16장 18세기 우안과 서부 우크라이나

좌안과 남부우크라이나 지역, 크림이 러시아 제국에 합병된 18세기에 우크라이나의 나머지 '절반(half)'인 우안은 계속 폴란드의 지배 아래 있었다. 우크라이나인들이 거주하는 지역은 우안 키예프주(키예프시를 포함하지 않음), 브라츨라브주, 포돌리야주, 볼히냐주, 벨즈주, 루스령 갈리시아주였다. 폴란드-리투아니아 연합은 대홍수시기(1655-1661년), 대북방전쟁(1700-1714년)을 견디고 살아남았지만 더 이상 동유럽의 강자가 아니었다. 폴란드-리투아니아가 동부 변경 지역인 우크라이나에 대한 통제를 다시 회복하지 못하면서 이 지역은 러시아의 외교 정책에 큰 영향을 받는 지역이 되었다. 러시아는 폴란드의 국왕 선출에도 깊이 관여하여 러시아의 이익에 부합되는 인물이 왕이 되도록 하였다. 아우구스투스 2세Augutus II(재위 1689-1773년), 아우구스투스 3세Augustus III(재위 1733-1763년), 스타니스워우 포냐토우스키 2세Stanisław II Poniatowski(재위 1764-1795년)는 러시아의 영향 아래 의회(Sejm)에서 국왕으로 선출되었다. 18세기 폴란드 국왕과 대귀족, 귀족의 연합 지배 체제는 무너지고, 세력이 막강한 대귀족영주 몇 가문이 폴란드의 국사를 좌지우지했다. 1699년 폴란드는 오스만 터키와의 조약을 통해 키예프 남부와 브라츨라브주를 회복했다. 폴란드의 대귀족 영주는 폴란드에 거주하며 유대인 관리자를 고용해서 우안 지역의 영지를 경작하고 관리했다. 흐멜니츠키 봉기로 많은 유대인들이 죽거나 도망을 갔지만, 1760년대 우안 지역에는 242,000명의 유대인들이 거주했다. 인구가 적은 브라티슬라브주와 키예프주 남부에는 인구가 많은 갈리시아, 벨즈, 볼히냐 주민들의 이민을 적극 장려했다. 서부 우크라이나 지역에서는 폴란드 지주의 압제에 시달리던 농민들이 '오프리쉬키opryshky'로 알려진 무장집단을 구성하여 자주 폴란드 지주를 습격했다. 지주나 교회의 높은 세금과 노역에 시달리던 서부 우크라이나의 농민들은 5-15년 간 세금이 면제되는 우안 지역으로 많이 이주해왔다.

하이마다키 그림

우안 지역에 폴란드 지배가 다시 확립되면서 카톨릭교회와 연합교회도 세력을 다시 확장했다. 정교회가 불법화되지는 않았지만 빠르게 영향력을 잃어갔다. 정교회 교구는 하나하나 연합교회로 바뀌었다. 1691년 프레므이슬Przemysl, 1700년 르비프, 1721년 루츠크 교구가 연합교회 교구로 바뀌었다.

이러한 사회, 경제적 상황에서 농민들은 드니프로 강 너머 정교회 좌안지역이 훨씬 환경이 나은 지역으로 보이는 게 당연했고 많은 농민들은 자포로지아 지역으로 이주했다. 브라티슬라브주 동부 지역과 로스 강 아래 우안 삼각지역에는 세금 면제 혜택을 받고 정착한 농민들이 많았다. 특혜기간 만료가 다가오면서 농민들은 소규모 무장집단을 구성해 지주와 카톨릭 교회와 신도를 공격하고 약탈했다. 이런 농민운동을 '하이다마키 운동(haidamak movement)'이라고 부른다. 하이다마키 운동은 일부 지역에서 산발적으로 일어났지만, 1734년, 1750년, 1768년의 봉기는 규모가 커서 폴란드군이 나서서 진압을 했다. 이러한 봉기로 폴란드는 더욱 약화되었고, 이 지역에 대한 러시아의 영향력은 상대적으로 커졌다. 하이다마키 봉기 중 가장 유명한 것은 '콜리브쉬치나Koliïvshchyna'라고 불리는 1768년의 봉기였다. 1760년대 특혜 기간이 끝나는 농민들이 주도한 반란이었지만 정교회의 부흥 운동도 큰 역할을 했다. 봉기를 이끈 잘리즈냑Maksym Zalizniak은 자포로지아 코자크 출신이었다. 잘리즈냑은 서부로 전진하며 농민들을 봉기에 가담시켰고, 브라츨라브주의 우만Uman'에서는 현지 코자크 지도자인 이반 곤타Ivan Gonta의 지원을 받았다. 우만에서 봉기군은 폴란드 지주들과 카톨릭 신도, 유대인들을 대량으로 살상했는데, 이러한 희생으로 인해 유대인들은 우만을 성지로 생각하게 되었다. 이 봉기는 포돌리아에 주둔한 러시아군에 의해 무자비하게 진압되었다.

4부

19세기 우크라이나와 러시아제국의 몰락

17장 19세기 러시아령 우크라이나

• 새로운 행정제도

폴란드의 3차 분할(1795년)과 남부 스텝지역과 크림반도의 합병(1774-1791년)으로 우크라이나 영역 전체는 러시아제국과 오스트리아제국으로 분할 통치되었다. 이러한 상황은 1914년 1차 대전 발발 때까지 변하지 않았다. 현대 우크라이나의 국경을 기준으로 하면 우크라이나의 85%가 러시아제국에 속해 있었다. 이러한 지역을 통상 '동부 우크라이나' 또는 '드니프로 우크라이나(Dnieper Ukraine)'라고 부른다.(역주: 폴란드는 러시아, 오스트리아, 프러시아에 의한 1차 분할(1773년), 2차 분할(1793년), 3차 분할(1795년)을 겪으며 독립을 완전히 상실하였고, 1차대전 후인 1918년 독립을 되찾음)

러시아제국에 복속되어 있는 동안 드니프로 우크라이나는 특별한 행정적 지위를 갖지 못하고 제국의 다른 지역과 마찬가지로 행정단위로 나뉘어졌다. 1802년부터 '지방' 또는 '주州'라고 할 수 있는 '구베르니아guberniia'로 나뉘었고, 그 아래 행정구역으로는 '군郡'이라고 할 수 있는 '우예즈드uezd'가 있었다. 대부분의 우크라이나인들은 러시아 제국의 9개 지방에 살았다. 좌안 지역는 이전에 게트만령이었던 체르니기프지방과 폴타바지방, 이전에 자유공동체 지역이었던 하르키프지방, 신新러시아였던 카테리노슬라브Katerynoslav지방과 헤르손Kherson지방, 크림과 이전 크림한국에 속했던 타우리다Taurida지방이 있었다. 러시아가 폴란드에서 획득한 우안 지역에는 키예프지방, 포돌리아지방, 볼히냐지방이 있었다. 이 9개 지방에 거주하는 우크라이나인은 약 1,700만 명이 되었고, 그 외의 지방에 사는 우크라이나인들은 약 440만 명이 되었다. 우크라이나인들이 많이 거주하는 지역으로는 북동쪽에는 쿠르스크Kursk, 보로네즈Voronezh, 동쪽에는 돈코자크 지역, 스타브로폴Stavropol, 흑해코자크 지역(후에 쿠반 지역), 북서쪽에는 민스크, 그로드노Grodno, 시에들체Siedlce, 루블린, 남서쪽에는 베사라비아 지역이었다. 각 지방은 러시아 황제가 임명하는 지사(gubernator)가 통치했다. 우크라이나 땅은 러시아제국의 국경 지역이었으므로 일정한 기간 동안은 '지방' 이상의 대행정구역이 존재했었다. 두 개 혹은 그 이상의 지방을 결합한 이 지역은 총지사(general－gubernator)가 관할했다. 소러시아(Little Russia, 1802－1856년 좌안의 체르니키프, 폴타바, 1835년 이후에는 하르키프 포함), 키예프(1832－1914년, 우안의 키예프 지방, 볼히냐, 포돌리아), '새러시아'와 베사라비아(1822－1874년, 카테리노슬라브, 헤르손, 타우리다) 등이 그러한 예였다.

〈표 4. 드니프로 우크라이나 대도시의 인구 1860－1914년〉

	1860년	1897년	1914년
오데사	113,000	404,000	669,000
키예프	65,000	248,000	626,000
하르키프	50,000	174,000	245,000
카테리노슬라브 (드니프로페트롭스크)	19,000	121,000	220,000
미콜라예프	32,000	92,000	104,000

• 러시아령 우크라이나의 문화와 민족운동

러시아령 우크라이나에서의 민족 부흥은 코자크 전통이 남아있던 좌안 지역에서 먼저 일어났다. 19세기 코자크장교 가문은 대부분 러시아 문화에 이미 동화된 상태였다. 일부 민족운동가들은 코자크국가 시절의 특권과 자유에 대한 향수를 내세우기도 했지만, 새로운 지식인 그룹은 코자크의 자유보다는 당대 우크라이나인의 인종적, 문화적 정체성을 바탕으로 민족 부흥을 꾀했다.

18세기 말부터 시작된 고등교육 덕분으로 '인텔리겐차intelligentia'라고 불리는 지식인 그룹이 탄생했다. 이들은 공통의 언어와 문화를 바탕으로 한 평등사회로서의 민족국가를 이상으로 생각했다. 우크라이나 인텔리겐차들은 농민문화를 국가의 기반으로 여긴 독일의 헤르더Johann Gottfried Herder의 사상에 심취했다. 그는 우크라이나를 '새로운 그리스'라고 칭송하며 우크라이나의 밝은 미래를 예측하기도 했다. 지식인들은 평민과 농민들의 언어와 민담, 관습에 관심을 기울이며 '학문적' 또는 '전통수집(heritage gathering)' 단계의 민족부흥에 노력을 쏟았다. 그러나 이러한 초기 민족운동가들은 국가건설에 대한 프로그램을 가지고 있지 못했다. 우크라이나 역사에 대한 초기 저작들은 코자크 시대에 대한 관심을 표현했다. 1800년대 초기 쓰여서 필사본으로 널리 읽혀진 작자 미상의 '루스민족의 역사(History of the Rus People)'는 코자크들을 영웅시하고 코자크 후손들의 자치를 주장했다. 이에 반해서 1822년 반티쉬-카멘스키Bantysh-Kamensky가 쓴 4권으로 된 '소러시아의 역사(History of Little Russia)'는 러시아인의 한 분파이자, 군주에 충성하는 '소러시아인들'의 영광스런 역사를 기술했다.

현대적 우크라이나어로 쓰인 초기 작품들은 민족성을 진지하게 다루지 않았다. 농민들이 쓰는 구어체로 작품을 쓴 사람들은 '저低문체'인 농민어와 표준어를 대비시킴으로써 코믹한 효과를 얻으려 했다. 비질의 '에네이드(Aeneid)'를 번안한 코틀랴렙스키Kotliarevsky의 '에네이다Eneida'(1798년)가 현대적 우크라이나어로 쓰인 최초의 작품이다. 우크라이나가 이 작품의 배경이 되고 작품에 나오는 로마의 주인공들은 우크라이나 코자크와 같이 옷을 입고 말을 한다. 낭만주의 문학이 유행하면서 농민 생활과 민속적 특징에 대한 관심이 높아졌다. 우크라이나의 낭만주의 작가들과 민속학자들은 하르키프를 중심으로 활동하였다. 크비트카-오스노뱌넨코Hryhorii Kvitka-Osnovianenko가 쓴 '소러시아의 이야기들(Little Russian Stories)'(1833-1834년)는 농민들이 쓰는 언어도 지고한 감정을 표현할 수 있다는 것을 보여주었다. 파블롭스키Oleksii Pavlovsky는 1818년 농민 언어를 바탕으로 한 '소러시아어 문법(Little Russian)'을 저술했다. 쩨르젤레프공Prince Nikolai Tsertelev는 우크라이나 민요를 모은 '소러시아 고대 민요 모음집

코틀랴렙스키 초상

막시모비치 초상

키예프대학교 초기 모습

(Attempt at a Collection of Ancient Littel Russian Songs)'을 작성했다. 하리코프 대학의 교수였던 막시모비치Mykhailo Maksymovych의 노력으로 1820년대－1830년대의 문학, 민속 작품들은 훨씬 더 정교해졌다. 그는 우크라이나와 러시아 민요를 비교 분석한 다음 우크라이나인들은 러시아인들과 밀접히 관련되어 있기는 하지만 별개의 민족이라고 결론 내렸다. 그는 '소러시아인(Little Russian)'이라는 단어 대신 '우크라이나인들(Ukrainians)'이라는 말을 처음으로 쓴 사람이었다. 그는 '소러시아 민요(Little Russian Songs)'(1827년) '우크라이나 민요(Ukrainian Folk Songs)'(1834년) '우크라이나 민요집(A Collection of Ukrainian Folk Songs)'(1849년)을 발간했다.

역설적이게도 러시아 정부는 우크라이나 민족부흥 운동을 지원했다. 우안에서 분리주의적 폴란드 귀족과 폴란드 고급문화가 계속 주도적 역할을 하는 것에 불안을 느낀 러시아 정부는 '러시아적' 또는 최소한 '소러시아적'인 문화 전통을 인정하였다. 1830－1831년 바르샤바에서 시작된 폴란드 혁명이 우안 지역으로 확산되면서 이러한 우려는 더욱 깊어졌다. 폴란드의 반란 세력은 우크라이나 농민들의 지지를 받는데 실패하고 러시아군에 의해 쉽게 진압되었다. 러시아 정부는 우안의 폴란드 귀족들을 처벌하여 그 후 20년 사이 34만 명의 귀족이 귀족 지위를 잃었다. 러시아는 우안의 폴란드 고급문화를 러시아문화로 대체하기 위한 진지한 조치를 취했다. 1834년 러시아식 교육의 보루로 키예프대학교를 설립하였다. 막시모비치는 이 대학의 학장으로 잠시 봉직하였다. 1834년 키예프에 역사적 문서를 연구하는 위원회가 설립되었다. 우안에 대한 폴란드의 지배권을 부정하기 위해 이 위원회가 연구하고 발간한 많은 자료들은 우크라이나 역사학의 기초가 되었다.

1840년대 우크라이나 민족부흥의 '학문적' 단계는 완결되고 그 중심지는 키예프로 옮겨왔다. 우크라이나의 애국자들은 문화적 노력에 집중하기 보다는 정치에 뛰어들었다. 1845년 키예프의 젊은 지식인들은 '키릴-메포디이형제단(Brotherhood of St. Cyril and Methodius)'을 조직하였다. 이 비밀결사에서는 농노제의 철폐와 슬라브인들의 자유로운 연방국가의 창설을 논의하였다. 억압적 러시아제국의 상황에서 민족운동이 문화에서 정치로 바로 건너뛴 것은 충분히 이해할 수 있다. '키릴-메포디이 형제단'은 정치적 토론과 프로그램을 만드는 선을 넘어서지 아니하였다. 1847년 러시아 당국은 이 비밀결사를 적발하고 회원들을 투옥하거나 추방했다.'형제단'의 강령

코스토마로프

키릴-메포디이 형제회 그림

을 만든 작가이자 역사학자인 코스토마로프(Mykola Kostomarov)는 가벼운 형벌을 받고 다시 대학에 복귀할 수 있었다. 그는 역사적으로 소러시아인들이 별도의 민족이라는 주장을 했지만 상트 페테르부르그 대학의 역사학부장이라는 명예로운 자리에 올랐다.

코스토마로프의 러시아, 우크라이나, 폴란드 민족성 비교

(1861년 '기초(Osnova)'지에 실린 '두 개의 루스 민족(Dvie russkii narodnosti)'에서 발췌)

남루스인(Southern Rus', 우크라이나인)들은 개인주의, 대루스인(Great Rus', 러시아인)들은 집단주의가 특징적이다. 정치 부문에서 남루스인들은 자신들의 생존에 필요한 정도만 통제하는 자유로운 사회체제를 스스로 만들어낼 능력이 있었다. 그러나 그들은 개인의 자유를 침해하지 않으면서도 강력함을 유지할 수 있었다. 대루스인들은 단단한 기초 위에 하나의 정신으로 충만한 집단적 구조를 건설하려고 노력했다. 남루스인들은 연방적 구조를 지향하는데 반해, 대루스인들은 전제제와 강력한 군주제를 지향한다.

대루스인들은 거대하고 창조적인 요소를 내포하고 있으며, 전체성과 통합적 의식, 실천적 이성의 지배가 특징이다. 대루스인들은 온갖 역경 속에서도 살아갈 수 있으며 행동이 가장 필요하고 여건이 가장 유리한 시간을 고를 줄 안다.

남루스인들은 이러한 자질을 가지고 있지 못하다. 이들의 자유분방한 즉흥성은 사회적 체제를 파괴하거나 민족적 노력을 온갖 방향으로 분산시키는 소용돌이로 귀결되었다. 두 민족에 대한 이러한 증언은 역사에 의해 증명되었다.

남루스인들과 폴란드인들의 관계는 매우 다르다. 언어적으로 남루스인은 폴란드인보다는 대루스인에 가깝지만, 민족적 특성에 있어서는 폴란드인에 더 가깝다.

물론 폴란드인들과 남루스인들을 구별하는 큰 간극이 있는 것은 사실이다. 폴란드인들과 남루스인들은 반대 방향으로 자라는 나뭇가지와 같다. 한 가지는 가지치기가 되어 '귀족'이라는 우아한 열매를 맺었고, 다른 가지는 농민이라는 열매를 맺었다. 이것을 좀 더 직설적으로 말하면 폴란드인들은 전제專制적인데 반해 남루스인들은 민주적 민족이다. 그러나 이러한 정의가 두 민족의 역사를 반영하는 것은 아니다. 폴란드의 전제제는 매우 민주적이고, 남루스인의 민주제는 매우 전제적이다. 폴란드의 귀족은 계급의 범위 내에 머물려고 하는데 반해, 우크라이나에서 주민들은 동등한 지위와 권리를 가지고 있다가 다른 사람들보다 훨씬 높이 올라가고 많은 것을 획득하는 개인들을 자주 만들어내었다. 그러나 이들은 자신들이 뿌리를 둔 민중에 의해 다시 흡수된다. 이곳저곳에서 벌어지는 이러한 투쟁은 다른 민족이 높게 가치를 두는 강력한 공동체를 건설할 수 있는 기회를 마련해 주는 사회적 구조를 자주 약화시킨다.

Doroshenko, Dmitry, *Survey of Ukrainian Historiography/Annals of the Ukrainian Academy of Arts and Sciences,* vol. V–VI(New York 1957), pp. 137–139.

Magosci, Paul Robert, *A History of Ukraine: The Land and Its Peoples,* 2nd edition (Toronto; University of Toronto Press, 2010) p. 20에서 재인용

'형제단'에 참여한 시인인 타라스 셰브첸코Taras Shevchenko (1814–1861년)는 훨씬 중한 벌을 받았다. 그는 우크라이나인들이 별도의 민족이므로 별도의 국가를 만들어야 한다고 주장했다. 1814년 3월 9일 현재의 우크라이나 체르카시Cherkasy주 모린찌Moryntsi에서 농노의 아들로 태어난 그는 고아가 되었지만, 주인에 의해 미술을 공부할 기회를 갖게 되었고 상트 페테르부르그의 제국예술아카데미(Imperial Academy of Fine Arts)를 졸업했다. 그에게 시인으로서의 명

타라스 셰브첸코 자화상

셰브첸코의 그림

유랑시인들

성을 가져다 준 것은 '유랑시인(Kobzar)'였다. 민요와 농민들의 구어, 기성 작가들의 문어체를 구사하며 셰브첸코는 지식인과 농민 모두가 사용할 수 있는 새롭고 활력 있는 우크라이나어를 만들어냈다. 소러시아의 정체성을 러시아적인 특성의 지역적 변형으로 보았던 이전의 사상가들과 다르게 셰브첸코는 우크라이나를 처음에는 폴란드, 다음에는 러시아에 복속된 독자적 민족으로 보았다. '형제단'에 참여한 죄보다 반짜르체제적인 그의 시 때문에 그는 중노동형이나 마찬가지인 중앙아시아에서 병사로 10년을 보내는 중형을 선고받았고, 시를 쓰거나 그림을 그리는 것을 금지 당했다. 1857년 그는 사면을 받았지만 우크라이나에서 거주하지 못하게 되었다. 그의 시와 민족적 이상에 대한 순교자적 지위 덕분에 그는 새로운 세대의 영웅이 되었다. 민족적 억압과 사회적 부정에 대한 그의 카리스마적인 투쟁가로서 농민출신인 그는 새로운 우크라이나의 상징이 되었다. 많은 우크라이나 지식인들은 셰브첸코를 우크라이나 민족의 '아버지(father)'로 생각한다. 1861

년 상트 페테르부르그에서 죽은 그는 우크라이나에서 재매장된 후 우크라이나의 민족문화를 상징하는 인물이 되었다.

키릴-메포디이형제단의 해체로 우크라이나 애국운동은 잠잠해졌다. 크림전쟁(1853-1855년)의 패배와 알렉산드르 2세(재위 1855-1881년)의 개혁정책이 정치적 자유화를 가져오자, 우크라이나 민족부흥운동은 '문화적' 단계로 발전하게 되었다. 이론적으로 보면 1861년 농노해방으로 우크라이나 지식인들은 농민들을 기반으로 자신들의 목표를 이룰 수 있게 되었다. 그러나 실제적인 면에서 의회제도와 정치적 자유가 허용되지 않고, 비밀경찰과 검열이 존재하는 상황에서는 문화적 운동도 제한될 수밖에 없었다.

1850년대 우안의 폴란드귀족 계급 출신인 젊은이들은 안토노비치 Volodymyr Antonovych의 지도 아래 조상들의 우크라이나 민속 전통으로 돌아가기로 하였다. 이들은 농민들의 옷을 입고, 농민들이 쓰는 우크라이나어로 말하였다. 이들이 이룬 더 큰 성과는 '흐로마다hromada('공동체'라는 뜻)운동'이었다. 이 비밀결사는 우크라이나문화의 전파와 대중의 계몽을 목표로 했다. 키예프의 흐로마다에는 200명이 넘는 젊은 지식인들이 가입하였다. 이들은 농민들을 위한 '주일학교(Sunday schools)'를 조직하고 연극을 상연하고 우크라이나를 주제로 한 책들을 발간했다. 다른 도시의 애국자들도 전통 자수가 놓인 농민 복장을 하며 우크라이나 민족에 대한 충성과 사랑을 표현했다. 이러한 전통은 우크라이나인들과 우크라이나 이민사회에서 아직도 지켜지고 있다. 셰브첸코와 코스토마로프 같은

안토노비치

상트 페테르부르그의 우크라이나 지식인들도 '흐로마다'를 조직하고 월간지 '기초(Osnova)(1861-1862년)'를 발간했다. 이 잡지는 우크라이나의 민족적 정체성에 대한 문학작품과 이론적 글을 실었다. 셰브첸코는 '주일학교'를 위한 우크라이나어 초급 교재를 쓰기도 했다.

러시아제국 정부는 우크라이나민족주의자들(Ukrainophiles)의 활발한 운동에 대해 경계를 하기 시작했다. 1862년 67개나 운영되어 수천 명의 주민들이 등록한 '주일학교'에 대한 짜르 정부의 우려가 커졌다. 상트 페테르부르그의 우크라이나민족주의자들을 우안의 폴란드 분리주의자들의 첩자나 동지로 보기도 했다. 1863년 폴란드에서 발생한 봉기는 짜르 정부의 태도를 더욱 경직되게 만들었다. 그 해 내무장관 발루예프는 검열관들에게 소위 '발루예프 명령(Valuev Edict)'라고 알려진 비밀 지시를 내려 우크라이나어 교육과 종교 서적의 발간을 중지시켰다. 우크라이나 민족운동가들은 체포되거나 해외로 망명하였고, 흐로마다 운동은 스스로 해체되었다.

민족문화 운동이 다시 되살아나는 데는 10년이 걸렸다. 키예프 흐로마다는 1870년대에 안토노비치와 드라호마노프Mykhailo Drahomanov의 지도아래 활동을 재개하였다. 이 당시 안토노비치는 키예프대학 역사학부 교수로 활동하고 있었고, 드라호마노프는 코스모폴리탄적인 사상가로 유럽을 자유연방제로 전환시킬 꿈을 꾸고 있었다. 흐로마다는 다른 도시에서도 활동을 재개했으나 이들의 활동은 문화와 학문에 국한되어 있었다. 1873년 세워진 러시아지리학회의 키예프지부는 민담과 민속자료를 수집하여 연구하

드라호마노프

였고, 러시아어 신문인 '키예프전보(Kievskii Telegraf)'의 발행을 담당하여 친우크라이나적인 기사를 실었다. 오스트리아-헝가리 제국 내에 있는 우크라이나인들과 접촉과 자료 교환도 이 시기에 활발하게 이루어졌다.

1876년 러시아 정부는 새로운 조치를 발표하였다. 우크라이나 민족운동이 러시아에 대항하는 오스트리아의 음모에 의해 추진되고 있다는 고발을 받은 알렉산드르 2세는 소위 '엠스 칙령(Ems Ukase)'을 발하여 모든 우크라이나어책의 발간을 중지시키고 해외에서의 반입도 금지시켰다. 또한 우크라이나어 연극공연도 금지시켰다. 지리학회의 키예프지부는 철폐되고 키예프전보도 발간이 중단되었다. 수십 명의 우크라이나 지식인이 해직되어 해외로 망명을 떠났다. '엠스 칙령'은 우크라이나민족주의자들에게 문화적 운동의 한계를 깨닫게 해주었다. 러시아제국 내에 남아있던 지식인들은 자세를 낮출 수밖에 없었다. 안토노비치는 운좋게 교수직을 계속 유지하며 젊은 세대 운동가들을 훈련시켰다. 러시아당국은 안토노비치의 역사 저술이 반폴란드 운동에 유용하다고 보았다. 키예프대학 교수직을 박탈당한 드라호마노프는 스위스로 망명하여 그곳에서 최초의 우크라이나 정치잡지 '흐로마다'(1876-1882년)를 발행했다. 이 잡지는 드라호마노프가 점점 급진적 경향을 보이면서 동조자들의 재정 지원을 받지 못해 발행이 중단되었다. 드라호마노프는 우크라이나의 문제는 민족적 문제이자 사회적 문제라고 보았다. 그는 민족적 억압을 받는 우크라이나인들의 대부분을 차지하는 것은 러시아나 폴란드 상층계급에게 짓밟힌 농민들이므로 사회주의나 무정부주의가 사회적 병을 치료하는 방법이라고 보았다. 그는 우크라이나가 러시아로부터 분리되는 것을

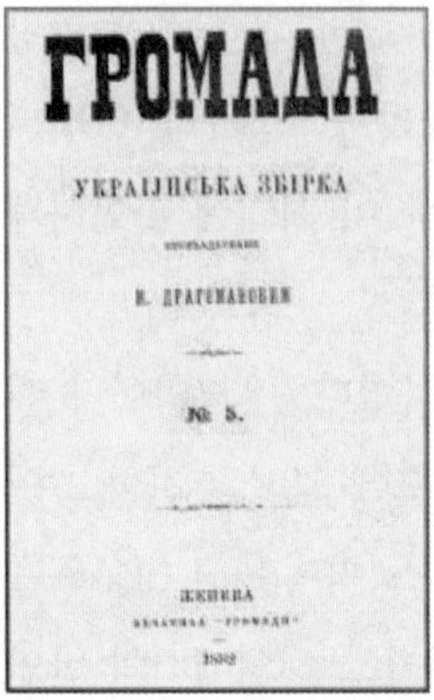

흐로마다

옹호하지 않고, 러시아제국과 오스트리아-헝가리제국이 자치공동체를 기반으로 하는 연방제로 전환되어야 한다고 주장했다. 드라호마노프의 사상은 우크라이나 내 젊은 지식인들에게 큰 영향을 끼치지는 못하였지만, 오스트리아-헝가리 내의 젊은 사회주의자 우크라이나인들에게 그는 멘토가 되었다.

러시아제국 내에서 조심스런 자세를 취한 우크라이나 민족주의자들은 급진적 혁명주의자들에게 밀려 영향력을 발휘하지 못하였다. 1870년대 초반부터 농민들 속에 내재한 사회주의적 본능을 믿은 '인민주의자들(narodniki)' 또는 '혁명적 민중주의자들(revolutionary populists)'의 활동이 활발해졌다. 우크라이나의 학생들도 이 운동에 적극 참여했다. 이들은 우크라이나 민족주의자들과 유사한 방법을 취해 농민 생활을 연구하고 농촌에 들어가 살며 농촌학교에서 가르쳤지만 이들의 정치적 목표와 방법은 훨씬 급진적이었다. 1877년 치기린의 농민 봉기를 포함한 농민 소요가 실패하자 이들은 테러주의자로 변신했다. 1881년 짜르 알렉산드르 2세를 암살한 그룹에도 우크라이나 출신 혁명가들이 여럿 포함되어 있었다. 인민주의자들은 민족적 문제를 거의 무시했는데, 1881년 이후 이들의 영향력은 급속히 감소했다.

우크라이나민 족주의자들은 1880년대 다소 영향력을 회복했다. 알렉산드르 3세(재위 1881-1894년)는 '엠스 칙령'을 수정하여 우크라이나어로 된 사전과 음악 자료의 출간을 허용하였고, 사전 허가를 전제로 우크라이나어 연극도 허용했다. 1880년 이후 고급문화 중 유일하게 검열이 완화된 우크라이나 연극은 크게 발전했다. 토빌레비치 형제는 초기 우크라이나 연극 발전에 큰 공헌을 했다. 이반Ivan Tobilevych는 뛰어난 극작가였고, 그의 형제인 미콜라와 파나스는 유명한 배우였다. 여배우로는 잔코베츠카Mariia Zankovetska가 유명했다.

18장 19세기 서부 우크라이나의 문화와 민족운동

자신들을 '루신rusyn'이라고 부른 오스트리아령의 우크라이나인들은 동부와는 다른 민족 부흥운동을 전개했다. 서부 우크라이나에는 토박이 귀족이 없었고, 지식인 그룹도 작았으므로 사제들이 갈리시아의 문화부흥 운동을 이끌었다. 동부 우크라이나의 정교회가 우크라이나인들을 러시아로 동화시키는 데 중요한 역할을 한 데 반해, 서부 우크라이나의 그리스카톨릭교회는 우크라이나인들을 폴란드인과 구별하여 별도의 민족적 정체성을 강조하였다. 정교회와 마찬가지로 그리스카톨릭교회의 사제는 가정을 이루는 것이 허용되어 사제 직위가 세습되면서 사제 계층이 형성되었다. 오스트리아 황제 마리아 테레사와 요셉 2세가 그리스카톨릭 사제들의 환경과 교육을 개선시키면서 사제들은 우크라이나 민족문화운동의 지도자로 부상하였다.

동부 우크라이나와는 다르게 갈리시아에서는 신학교 졸업생들과 신학생들이 민족부흥 운동을 이끌었다. 갈리시아에서는 역사적 연구나 문학, 민속 연구보다도 루신어Rusyn language(우크라이나어의 현지 이름)에 대한 토론이 훨씬 중요했다. 오스트리아 정부가 초등학교에서 루신어를 교육언어로 채택한 것이 큰 자극제가 되었다. 당시까지는 라틴어, 독일어, 폴란드어가 혼합된 교회슬라브어가 교회와 출판 언어로 사용되었다. 그러나 이 언어는 농민들이 사용하는 언어와 너무 동떨어져 있었고 초등교육에도 사용할 수 없었다. 1820년대−1830년대 언어에 대한 논쟁에서 몇 가지 대안이 제시되었다. 표준 러시아어를 도입하는 방법, 우크라이나 농민들의 구어를 폴란드어 알파벳으로 표기하여 폴란드어로 전환하는 방법, 농민 언어를 키릴 문자로 표기하는 방법 등이 제안되었다. 첫 두 제안은 다른 민족의 문화로 동화되는 길을 열어주므로 논란이 컸다. 세 가지 방법 중 마지막 제안은 민족국가 건설에 필요한 고유의 문화를 발전시킬 수 있는 기회를 제공할 수 있었다. 갈리시아의 우크라이나인들이 폴란드와 러시아와 연합하는 것을 막으려고 한 오스트리아제국 정부의 정치적 계산도 언어 개혁에 큰 영향을 미쳤다. 체코나 다른 슬라브 민족 지역의 문화부흥은 농민 언어를 새 표준어의 기초로 삼으면서 순조롭게 진행되었다. 결국 농민 구어를 현대적 키릴 문자로 표기하는 안이 채택되었다.

새로운 표기법에 따른 첫 책을 만드는 일은 1830년대 '루신 삼총사(Ruthenian Triad)'로 불린 르비프신학교의 샤슈케비치Markiian Shashkevych, 홀로바츠키Yakiv Holovatsky, 바길레비치Ivan Vahylevych에 의해 수행되었다. 체코 민족주의자들과 하르키프의 낭만주의 작가들의 영향을 받은 이들은 구어를 사용하여 시집, 번역서, 민요집, 역사논집을 발간했다. 이들이 창작한 '드네스트르의 인어공주(Rusalka Dnistrovaia)'는 속된 표현과 반항적 내용으로 르비프 교회당국의 검열을 통과하지 못했다. 이 작품은 1837년 부다페스트에서 출간되어 갈리시아로 비밀리에 반입되어 소수의 지식인들에 의해 읽혀졌다. 이 작품은 오스트리아제국 내에서 우크라이나어로 발행된 최초의 책이 되었다.

사슈케비치

오스트리아령의 우크라이나 민족주의 운동은 1848년 프랑스 혁명으로 큰 도약기를 맞게 되었다. 프랑스혁명 소식이 전해지자 오스트리아-헝가리제국 내의 소수민족들, 특히 이태리인, 헝가리아인, 폴란드인들은 제국 정부에 대해 반기를 들었다. 오스트리아의 독일인들은 시민권과 의회제도를 요구하였다. 갈라시아 지방은 정치적으로 후진지역으로 남아았었지만, 현지의 폴란드인들은 '폴란드민족회의(Polish National Council)'라는 정치단체를 조직하고 폴란드인 거주 지역에 대한 자치를 요구했다. 오스트리아의 갈리시아 총독인 스타디온공Count Franz Stadion은 묘안을 짜내서 이에 대한 대처를 했다. 그는 폴란드인들의 요구에 대항하는 방법으로 우크라이나 민족운동을 고무시키기로 했다. 그의 고무에 의해 그리스카톨릭교회 지도부는 '루신최고회의(Supreme Ruthenian Council)'를 조직했다. 이 단체는 보수적 교회 지도자들과 평신도 지식인들로 구성되었고 야히모비치Hryhorii Yakhymovych 주교가 주도하였다. 이 단체는 루신인들이 폴란드인들이나 러시아인들과 구별되는 별개의 민족임을 주장하는 선언문을 발표했다. 루신 지도부는 오스트리아 황제에게 자신들을 별도의 민족으로 인정하고, 갈리시아를 서부 폴란드지역과 동부 루신지역으로 분리해 줄 것을 요청했다. 첫 요구는 암묵적으로 받아들여졌지만, 두 번째 안은 논의만 되고 실행에 옮겨지지는 않았다. '루신최고회의'는 '갈리시아의 여명(Zoria Halytska)'(1848-1857년)이라는 최초의 우크라이나어 신문도 간행했다. 스타디온 총독의 계획은 예상한 효과를 발휘했다. 우크라이나인 지도자들은 폴란드를 지원하지 않고 오스트리아 황제에 대한 충성을 버리지 않았다. 1848년에는 농노제가 폐지되고, 연방의회가 소집되었다. 우크라이나인들은 갈리시아에서 선출되는 100명의 의원 중 25명의 의원을 선출해 연방의회에 보냈다. 25명의 의원 중 10명은 농민들이었고, 이들은 의회가 해산되기 전까지 지주에 대한 노동의무를 폐지하는 대신 금전적 보상을 하게 된 것을 항의하는 대담한 정치적 연설을 우크라이나어로 했다. 보수적 원로 사제들이 이끈 '루신최고회의'는 1848년 혁명기간 동안 합스부르그왕가 편을 들었고, 1849년에는 헝가리 반란군을 진압하기 위한 자경단을 조직하기도 하였다. 그러나 헝가리의 반란은 자경대가 도착하기 전에 오스트리아의 지원 요청을 받은 러시아군이 진압하였다. 정치적 지원에 대한 보상인 동시에 스타디온의 유화

ЗОРА ГАЛИЦКА

'갈리시아의 여명' 신문

르비프대학교

정책의 일환으로 1848년 르비프대학교에 루신어문학과가 창설되고, 야킵 홀로바츠키가 첫 교수가 되었다.

갈리시아의 일부였다가 1849년 별도의 행정구역이 된 부코비나Bukovyna에서도 1848년 혁명의 영향은 미미했다. 농민 지도자인 코빌리짜Lukian Kobylytsia는 잠시 의회의 의원을 지냈고, 이후 루마니아를 상대로 한 농민봉기를 일으켰다. 헝가리가 지배하던 트랜스카르파티아에서는 도브랸스키Adolf Dobriansky가 루스 지식인들의 리더 역할을 했다. 그는 갈리시아의 사제 지도자들과 마찬가지로 합스부르그에 대한 충성을 보였다. 러시아군이 헝가리 반란을 진압하기 위해 트랜스카르파티아 지방을 통과하자 러시아군의 위세에 반한 그는 러시아군의 연락책 역할을 하며 이 지역의 대표적인 친러시아파가 되었다.

1848년의 문화, 사회적 성취에도 불구하고 친러시아 경향은 갈리시아에서도 나타났다. 이 지역에서의 오스트리아 정부의 새로운 정책이 이러한 변화의 원인이 되었다. 혁명을 진압한 오스트리아 정부는 의회를 해산하고 절대군주제를 다시 부활하였다. 그러나 오스트리아는 변방 지역 민족들의 지도부와도 화해를 추구했다. 갈리시아에서는 더 이상 폴란드의 독립을 위해 무장투쟁을 추구하지 않는 폴란드 지주귀족들을 받아들였다. 새로운 정책의 상징으로 갈리시아의 폴란드 대지주인 고우초우스키공Count Agenor Gołuchowski을 갈리시아 총독으로 임명했다. 그는 세 번의 임기를 채우며 25년 간 총독직에 머물렀다. 그의 비호 아래 폴란드인들은 갈리시아의 행정을 장악했고, 폴란드어는 독일어를 대신하여 행정 언어와 고등학교와 대학의 교육언어가 되었다.

1850년대 합스부르그제국의 헌법 개정도 변경 민족의 귀족들과의 권력분점 체제를 만들었다. 1859년 프랑스와 이태리 피드몽과의 전쟁의 패배로 중앙 의회와 지방 의회가 설립되었고, 1866년 프러시아와의 전쟁 패배로 헝가리가 자치권을 확보한 오스트리아-헝가리제국이 탄생하게 되었다. 우크라이나인들은 새로 도입된 의회제도에 적극 참여할 수 없었다. 갈리시아의 우크라이나인들은 폴란드인들과 숫자가 비슷했지만, 지주의 수가 적어서 갈리시아 지방 의회에 적게는 1/5, 많아도 1/3미만의 의석을 차지했다. 헝가리의 예를 따라서 갈리시아의 폴란드인들은 비엔나로부터 많은 정치적 양보를 받아내었다.

〈표 5. 갈리시아의 민족 구성, 1851년, 1910년〉

	1851년	1910년
우크라이나인	2,282,000(50.1%)	3,627,000(45.4%)
폴란드인	1,864,000(40.9%)	3,422,000(42.9%)
유대인	313,000(6.9%)	872,000(10.9%)
독일인	93,000(2.0%)	65,000(0.8%)
아르메니아인	2,700(0.1%)	9,000
체코인	500	0
전체	4,555,200	7,996,400

폴란드의 영향력이 강화되자 갈리시아의 우크라이나인들은 오스트리아에 실망하기 시작했다. '루신최고회의'는 1851년 자발적으로 해체되었다. 우크라이나인 지도부는 러시아를 대안적 보호자로 생각

하기 시작했다. 러시아제국의 막강한 국력과 러시아 문화에 감명을 받은 친러시아주의자들은 스스로를 국외 슬라브인들의 보호자로 자처한 러시아에 끌리기 시작했다. 1860년대 갈리시아의 친러시아주의자들은 루신인과 동부의 소러시아인은 같은 민족이지만, 대러시아 민족의 일부라고 생각했다. 또한 루신어 구어는 러시아어의 한 개의 방언이라고 생각했다. 그러나 19세기 말까지 친러시아주의자들은 현대적 러시아어로 표기를 바꾸지 않고 크게 변형된 교회슬라브어를 사용하여 잡지를 발간하였는데, 이러한 언어적 보수주의는 농민들의 지지를 이끌어내는데 방해가 되었다.

젊은 세대 갈리시아 우크라이나인들은 셰브첸코나 동부의 민족주의자들을 모델로 삼았다. 1860년대 갈리시아의 우크라이나 공동체 운동가들은 동부 우크라이나의 동족들이 한 민족이고 러시아인들과는 구별되는 민족임을 인식했다. 이러한 공동체 운동가들은 '민중주의자(narodovtsi)'라고 불렸는데, 이들은 '루신 삼총사'와 마찬가지로 농민의 구어를 현대적 표준어로 삼으려고 시도했다. 19세기 말까지 '우크라이나인(Ukrainians)'이라는 말은 쓰이지 않았지만, 대부분 학생, 지식인, 젊은 사제들로 구성된 민중주의자들은 러시아령의 민족주의자들과 함께 공통의 우크라이나 고급문화를 만들려고 노력했다. 민중주의자들은 구어를 사용한 잡지인 '진리(Pravda)'(1867－1898년), '여명(Zoria)'(1880－1897년)을 발간했다. 이들은 또한 대중에게 넓게 배포되는 일간지 '행동(Dilo)'(1880－1939년)도 간행했다. 러시아령 우크라이나의 작가들도 이 간행물과 신문에 기고를 했고, 부유한 민족주의자들은 재정적으로 이런 사업을 도왔다.

친러시아주의자들이 기존의 갈리시아 민족 단체들을 주도하고 있

계몽회 상징 그림

었기 때문에, 1868년 민중주의자들은 성인 교육을 목표로 한 '계몽회(Prosvita Society)'를 조직하고 많은 지역에 독서실을 설치하여 운영했다. 1903년 '계몽회'는 33개 지부에 1,400개의 독서실을 설치하고 66,000명의 회원을 확보하고 있었다. '계몽회'는 우크라이나어 구어로 발행되는 간행물들을 활발하게 출간했다. 1890년대 민중주의자들은 경제 단체 조직에도 힘을 써서 협동조합과 신용조합을 설립했다. 체코의 공동체 동원운동을 모방하여 민중주의자들은 체육회인 '소킬Sokil'('매'라는 뜻)'과 자경소방단인 '시치Sich'를 조직했다.

사회적으로는 보수적이고 언어적으로는 고루한 문어에 의존한 친러시아주의자들은 대중을 조직하고 동원하는 데는 민중주의자를 상대할 수 없었다. 이들은 1874년 '계몽회'와 비교되는 '카츠콥스키회(Kachkovsky society)'를 조직하고, 신문을 발행하고 협동조합을 조직하려 하였지만 참가한 주민 수는 계몽회보다 훨씬 적었다. 1890년대 우크라이나 민족운동이 문화적 단계에서 정치적 동원 단계로 이행하면서, 민족운동은 자유로운 민족문화 발전과 일정 수준의 자치를 갖는 독자적 우크라이나 민족 정체성 확보가 목표가 되었다.

1880년대 이후 오스트리아 정부와 바티칸 당국은 러시아와 정교회가 오스트리아령 슬라브인 거주 지역에 확산되지 못하도록 하는 전략적 고려로 갈리시아의 우크라이나 민족운동을 지원하였다. 오스트리아 정부는 친러시아주의자 몇 명을 반역 혐의로 투옥하고, 1893년에는 우크라이나 농민 구어를 우크라이나 학교의 교육언어로 채택했다. 바티칸은 그리스카톨릭교회 내의 친러시아주의자를 제거하고 우크라이나 민족운동 목표에 공감했다. 민중주의자들은 갈리시아에 최초의 본격적인 극단을 설립하고 당대 가장 뛰어난 극작가인 이반 프랑코(Ivan Franko)는 구어로 작품을 썼다.

이반 프랑코

1890년 갈리시아 지방의회에서 민중주의자들과 폴란드인들이 협력한 결과로 르비프대학에 우크라이나 역사 교수직이 신설되었다. 첫 우크라이나 역사좌장으로 임명된 미하일로 흐루솁스키는 러시아 국적을 가지고 있었지만 키예프에서 안토노비치 밑에서 수학했고, 갈리시아의 대표적인 우크라이나 학자로 부상했다. 흐루솁스키는 동부 우크라이나의 부유한 기부가의 도움을 받아 1873년에 설립된 '셰브첸코학문연구회(Shevchenko Scientific Society)'를 재건했다. 흐루솁스키는 우크라이나인들이 별개의 민족적 정체성을 가지고 있다는 것을 강조한 방대한 '우크라이나－루스의 역사(History of Ukraine－Rus)'를 간행하기 시작했다. 부코비나 우크라이나인들의 상황은 갈리시아보다

부코비나의 중심지 체르놉찌

는 좀 나았다. 이것은 루마니아 상류층이 폴란드인들과 같이 비엔나에서 영향력을 행사하지 못했기 때문이었다. 우크라이나 학교가 루마니아 학교보다 많았고, 체르놉찌대학(University of Chernitvtsi, 1875년 설립)에는 루신어문학 강좌가 있었다. 1880년대 민중주의자들은 부코비나의 문화계도 장악하여 갈리시아에서 얻은 경험을 교육과 농민조직에 활용하였다.

19장 19세기말 20세기 초의 우크라이나

20세기가 시작될 때 우크라이나는 유럽의 지도 위에 존재하지 않았다. 현재의 우크라이나는 역사적 발전방향이 다른 동부지역과 서부지역으로 나누어져서 러시아제국과 오스트리아제국의 지배를 받고 있었다. 동부 우크라이나는 18세기에 정치적 자유의 마지막 흔적을 상실하고, 코자크의 영광과 고대의 자유에 대한 기억이 우크라이나 정치적 전통에 남은 유산이 되었다. 동부 갈리시아, 부코비나, 트랜스카르파티아로 구성된 서부 우크라이나는 키예프 루스 시대의 역사적 국가 유산으로부터 더욱 멀리 떨어져 있었다. 애국적인 우크라이나인들에게 역사적 유산을 근거로 '우크라이나'를 정의하는 것은 어려웠고, 대신에 19세기의 민족주의 운동은 우크라이나인들이 거주하는 지역이 우크라이나라는 새로운 민족국가 개념을 갖게 되었다.

1900년에 이미 2,600만 명(러시아제국 내에 2,240만 명, 오스트리아-헝가리제국 내에 380만 명)이 넘는 인구를 가진 우크라이나인들은 유럽에서 가장 큰 소수민족이었고, 슬라브 민족 중에서는 러시아인 다음

가는 큰 민족이었다. 이러한 인구 규모에도 불구하고 우크라이나인들은 전형적인 소수민족의 특징을 가지고 있었다. 토박이 지배 계급이 없고 불완전한 사회구조를 가지고 있으며, 국가 유지가 자주 중단되었고 민족표준어의 발전도 지속적으로 이루어지지 않았다. 우크라이나 민족주의자들에게 이러한 사회적, 정치적 난관을 극복하는 것보다 더욱 중요한 문제는 현대적인 우크라이나 민족 정체성을 정의하는 일이었다. 러시아나 오스트리아-헝가리 같은 19세기 다민족제국들은 다중적 민족정체성을 만들어 냈다. 예를 들어 우크라이나 지식인은 짜르에 충성하는 신민이며, 동시에 더 큰 러시아 문화공동체의 일원이 되고, '소러시아(Little Russia)'의 애국자가 될 수 있었다. 민중의 민족적 동원은 독자적인 민족적 정체성을 확립한 다음에 가능한 일이었다. 러시아령 우크라이나와 오스트리아령 우크라이나에서 민중의 민족적 동원에 나선 운동가들은 서로 다른 환경에서 민족운동을 펼쳐야 했다.

• 러시아령 우크라이나의 산업화와 사회 변화

20세기에 들어설 무렵 우크라이나인들은 기본적으로 '농민민족(peasant people)'이었다. 1897년 러시아령에 거주하는 우크라이나어를 사용하는 사람의 95%는 농촌에 거주하였고, 87%는 농업에 종사하였다. 1905년과 1917년 혁명에서 토지 문제가 민족적 요구와 밀접하게 연관된 것은 당연한 일이었다. 1861년의 노동해방령은 오래 지속된 소위 '농민문제(agrarian problem)'를 해결하지 못하였다. 토지 소유는 오히려 농민들에게 큰 보상부담을 남겼고, 농민들은 독자적 영농농민으로 전환하지 못하였다. 1900년 우크라이나의 농민 소유 토지 면적은 거의 절반으로 줄었다. 높은 출생율과 나아진 의료 혜택으로 농촌 인구는 급격히 늘었는데, 1896년부터 1905년 사이 약 110만 명의 우크라이나 농민들이 정부의 권고로 중앙아시아, 시베리아, 태평양 연안 지역을 개척하러 떠났다. 우크라이나에 남은 농민들은 최저 생계 수준을 유지하며 생활했고, 약 5천 개의 대지주 농장이 시장용 농작물 재배자가 되었다. 대부분의 농민들은 시장에 내다 팔 잉여 곡물이 없었고, 낮은 임금을 받고 지주의 농지에서 일했다. 1902년 폴타바와 하르키프에서 발생한 농민 봉기에서 농민들이 처음 한 행동은 지주의 농장을 습격하는 일이었고, 이것은 1905년과 1917년에도 반복되었다. 1차대전 발발 전 10년 동안 농민들의 여건이 다소 회복되었다고 하지만, 농민들은 여전히 가난하고, 착취당하고, 과도한 세금에 시달렸다. 1905년 러시아 정부는 농노해방 때 분배받은 토지에 대한 금전 보상의 잔액을 탕감했다. 그러나 이 시기 사회주의적, 민족주의적 선전 활동이 농촌 지역을 파고들어 농민들의 불만은 더욱 커졌다. 지속되는 농촌의 갈등 상황에도 불구하고 1차대전 직전 우크라이나는 '유럽의 빵바구니(breadbasket of Europe)' 역할을 했다. 우크라이나는 러시아제국에서 생산되는 전체 밀의 90%(전 세계의 20%)를 생산했다. 이러한 곡물의 대부분은 제국의 경제적 현대화 자금을 조달하기 위해 외국으로 수출되었다. 우크라이나는 보리와 사탕무우 생산에서도 세계 1위였다.

동부 우크라이나의 산업화는 늦게 시작되었다. 유럽의 다른 지역에서와 마찬가지로 철도 건설은 산업화의 신호였다. 1865년 우크라이나의 주요 곡물생산지와 오데사Odessa를 연결하는 철도가 처음 개설되었다. 1870년대 시작된 철강 생산 붐은 철광석 매장량이 풍부한 남동부 우크라이나의 산업화를 촉진하였다. 그러나 프랑스, 벨기에, 영국 자본이 돈바스 지역과 크리비이 리그의 철강산업 발전을 이끌었다. 1890년대와 1900년대, 외국 자본은 최신 서구식 장비를 갖춘 수십 개의 공장을 건설하였다. 돈바스의 풍부한 석탄을 이용하여 크리비이 리그와 드니프로 하류 지역은 철강산업의 메카가 되었다. 돈바스의 산업중심지은 영국 자본가 휴즈John Hughes의 이름을 본 따서 유지브카Yuzivka(현재의 도네츠크)라고 불렸다. 우크라이나 학자들은 휴즈가 철강산업에서 얻은 2,500만 금루블(gold ruble)의 이익금을 영국으로 송금한 것으로 추정했다. 그러나 외국으로의 과실 송금은 외국 자본이 주도한 산업화의 문제의 한 단면에 지나지 않았다. 우크라이나는 석탄과 철광석 등 자원을 수출하고 완성품을 수입하는 구조를 갖게 되었다. 또한 경제발전도 지역적으로 심하게 편중되어, 산업화는 남동부 지역에서만 진행되고 우안 지역은 전혀 산업화가 이루어지지 않았다.

우크라이나 지역에 형성된 소규모 노동자그룹은 우크라이나 민족운동에 적극 동참하지 않았다. 당대의 학자들은 우크라이나 농민들이 도시 노동자로 변신하지 않은 것은 토지에 대한 애착 때문이라고 설명하지만, 한 사회학자는 다른 설명을 하고 있다. 그에 따르면 러시아에서는 대규모 농장을 경영하여 흑자를 내는 것이 쉽지 않았기 때문에 대부분의 지주들은 농민들에게 농지를 임대하고 임대수입을 얻고 있었다. 그러나 토지가 비옥한 우크라이나에서는 지주들이 계속 농민을 착취하며 농사를 짓는 것이 유리했다. 이런 이유로 인해 19세기 말 우크라이나에 산업화가 시작되었을 때 공장주들은 주로 러시아에서 노동력을 공급했다. 1892년 통계에 의하면 유지브카시의 노동자의 80%는 모스크바 지역에서 온 사람들이었다. 1897년 약 42만 명에 달하는 우크라이나 노동자 중 42%가 타 지역 출신이었다. 우크라이나에서 가장 큰 공장인 올렉산드립스크 철강공장의 경우 노동자의 2/3가 러시아인들이었다.

1차대전 발발 전 10년 동안과 전쟁 기간 동안 노동자 중 우크라이나인이 차지하는 비율이 커지기는 했지만, 전체적 그림을 바꾸지는 못했다. 1905년 헌법 개정 이후 우크라이나의 노동자들을 선동하고 조직한 것은 우크라이나 민족운동 단체가 아니라 러시아 정당과 직능단체(trade union)였다. 도시노동자가 된 우크라이나 농민들은 러시아어를 사용하고, 러시아적 정체성을 갖도록 큰 압력을 받았다. 이러한 동화 압력에도 영향을 받아 우크라이나인들의 도시 이주는 활발히 이루어지지 않았다. 1861년 농노해방 때부터 1897년 인구조사 시기까지 도시 인구는 두 배 이상 늘어났지만, 우크라이나인들은 도시 인구의 30%정도만을 차지했다. 러시아인들이 도시 거주 비율은 34%, 유대인들은 27%였다. 러시아인들은 행정과 지적 분야에 많이 진출했고, 유대인들은 상업에 종사하는 비율이 월등이 높았다. 오랜 기간 동안의 경제적 후진성과 불리한 정책 때문에 우크라이나의 토박이 자본가 계급은 규모가 작았다. 동유럽국가에서 민족부흥을 이끈 상인과 장인 계급도 아주 미미했다. 1897년 조사에 의하면 투자, 자산 소득, 교역 등으로 수입을 올린 약 44만 명의 사업가 중 우크라이나인이 차지하는 비율은 17.5%에 불과했다. 전문 직업 분야에서도 우크라이나인들이 비율은 아주 낮았다. 변호사 중에 17%만이 우크라이나인이었고, 작가, 예술가에서의 비율은 10%에 불과했다. 이러한 불완전한 사회적 구조는 민족적 자각과 동원(mobilization)에 큰 장애가 되었다.

〈표 6. 러시아령 우크라이나의 민족구성〉

민족	인구	비율
우크라이나인	17,043,000	71.5%
러시아인	2,966,000	12.4%
유대인	2,033,000	8.5%
독일인	502,000	2.1%
폴란드인	406,000	1.7%
벨라루스인	222,000	0.9%
타타르인	220,000	0.9%
루마니아인(몰다비아인)	187,000	0.8%
그리스인	80,000	0.3%
불가리아인	68,000	0.3%
체코인	37,000	0.2%
기타	70,000	0.3%
전체	23,834,000	99.9%

• 러시아령 우크라이나의 정치와 문화

1890년대 우크라이나에서는 마르크스주의 결사와 '타라스형제회 Taras Brotherhood'(1891 – 1893년) 같은 학생민족단체가 나타났다. 1890년대 말 지하 정당들이 처음으로 모습을 나타냈다. '러시아사회민주노동당(Russian Social Democratic Workers Party)'(1898년)는 우크라이나의 사회주의 지식인들과 러시아노동자들 사이에 영향력을 확대했다. 이 정당의 급진파는 후에 볼셰비키가 되었다. 오랜 기간 동안 사회민주당원들은 민족문제를 짜르체제에 도전하는 별개의 과제로 보지 않았다. 이들은 노동자들을 민족구성에 따라 폴란드인, 유대인, 우크라이나인 정당으로 분리하는 것도 반대했다. 러시아제국 내의 최초의 우크라이나 정당인 '혁명우크라이나당(Revolutionary Ukrainian Party, RUP)'이 하르키프의 대학생들 주도로 1900년 결성되었다. 정부문서 자료에 대한 새로운 연구에 의하면 이 당은 우크라이나 전역에 세포조직을 가지고 있었고, 1901년과 1902년 폴타바와 하르키프의 농민 봉기를 선동했다. 사회주의와 민족주의를 모두 포용하려는 이 정당의 시도는 정당의 분열을 막지 못했다. 먼저 민족주의 노선을 표방하는 '우크라이나 민족당(Ukrainian National Party)'이 갈라져 나왔다. 그러나 '스필카Spilka('동맹'이라는 뜻)'라고 알려진 사회주의 그룹이 이탈하여 러시아 사회민주당과 손을 잡은 것은 더 큰 손실이었다. 당에 남아있던 멤버들은 당명을 '우크라이나사회민주노동당(Ukrainian Social Democratic Workers' Party)'으로 바꾸었다. 당에 남아있던 사람들 중에는 후에 우크라이나 민족운동의 주도적 역할을 하는 빈니첸코Volodymyr Vynnychenko와 페틀류라Symon Petliura가 포함되어 있었다. 이들은 민족주의 우크라이나 정당만이 미래의 러시아 거주 민족들의 사회주의 연

빈니첸코

페틀류라

방국가에서 우크라이나의 이익을 수호할 수 있다고 보았다. 중도파 민족주의 운동가들도 정치단체를 결성하기 시작했다. 먼저 1897년 정치색이 약한 '통합우크라이나조직(General Ukrainian Organization)'이 결성되어 흐로마다 조직의 문화활동을 통합하였다. 이 단체는 1904년에 '우크라이나급진민주당(Ukrainian Radical Democratic Party, URDP)'으로 변신하였다. 사회주의자와 마찬가지로 이 정당의 지도부는 러시아제국이 민주적 연방제로 바뀌는 것을 목표로 하였다. '우크라이나급진민주당'은 중도파 자유주의자들의 정당인 '러시아헌정민주당(Constitutional Democratic Party, 소위 Kadets)'과 협력관계를 수립했다.

1905년 1차 러시아혁명으로 우크라이나의 민족, 정치 운동은 새로운 기회를 맞게 되었다. 대규모 파업과 군대의 반란, 노동자의 봉기로 인해 정부는 일부 지역의 통제력을 상실했다. 우크라이나에서는 농민 반란이 여러 곳에서 일어났고, 지주의 영지 몰수 요구와 더불어 우크라이나어 학교 설립에 대한 요구도 제시되었다. 짜르 니콜라이 2세는 제한적 입헌제를 실시하였다. 언론의 자유와 의회 창설로 우크라이나 정당들은 지하에서 나와 두마 선거에 참여할 수 있었다. 사회주의자들이 1906년의 1차 두마선거를 보이콧하면서 '우크라이나급진민주당' 후보들이 다수 두마에 진출하였다. 이들은 우크라이나 의원단체를 조직하고 자치와 학교에서의 우크라이나어 교육 등을 요구하였다. 1907년의 2차 두마에는 사회주의자들이 본격적으로 참여하였지만, 1차 두마와 마찬가지로 곧 짜르에 의해 해산되었다. 1905년 혁명 당시 '스필카'는 러시아 사회민주당과 손을 잡고 당원 7천 명을 확보하여 우크라이나의 가장 영향력 있는 정당이 되었고, 2차 두

마에 여섯 명의 의원을 진출시켰다. 그러나 1905년 혁명을 진압한 정부는 보수적인 지주 귀족들이 두마를 장악하도록 만들었고, 급진주의자들의 민중적 조직들은 해체되었다.

흐로마다가 합법화되면서 우크라이나의 민족운동가들은 갈리시아의 성공을 모방해 백 개 이상의 '계몽회' 지부를 설치하고 농촌지역에 농민협동조합을 만들었다. 1905년 혁명 후 짧은 기간 동안 우크라이나어 언론과 출판도 되살아났다. 많은 사람들이 신문이나 정기간행물을 구독할 수 없었고, 언론의 자유는 1908년 이후 정부의 반동정책으로 축소되었지만 급진민주당의 우크라이나어 일간지 '라다(Rada)'는 1905년 발행을 시작하여 1914년까지 이어졌고, 호황기에는 4천 명의 구독자를 갖기도 했다. 이 신문은 발행인인 체칼렌코 Yevhen Chekalenko의 재정기부 덕에 계속 발행될 수 있었다.

1905년 혁명을 진압한 정부는 민족, 정치 운동을 다시 탄압하기 시작했다. 1907-1908년 경찰은 우크라이나 사회주의자들을 포함한 과격파 운동가들을 체포했다. 정부의 압박 아래 우크라이나의 정당과 단체들은 차례로 해체되었다. '급진민주당'은 다시 문화활동에 집중했고, 다른 정당들은 해체되거나 지하로 들어갔다. 1910년 당국은 '계몽회'를 폐쇄했고 우크라이나어 출판에 대한 이전의 금지조치를 부활시켰다. 러시아민족주의 언론의 과민반응은 이러한 억압 조치에 힘을 실어주었다. 이들은 우크라이나의 문화부흥을 오스트리아의 지원을 받은 분리주의 음모나 '마제파주의(Mazepism)'로 몰아부쳤다. 정부의 억압으로 인해 우크라이나 민족운동가들은 농민들을 민족주의적 목표아래 결집시키지 못했고, 이념적 차원에서 자치요구를 넘어 민족의 독립을 목표로 삼은 민족운동가도 극히 적었다.

정부가 우크라이나 민족운동을 억압하는 가운데도 민속학적 연구와 연극은 계속 발전했다. 작가들은 이전의 대중적 서사 사실주의에서 벗어나 새로운 영역을 추구했다. 코츄빈스키Mykhailo Kotsiubynsky의 단편 소설과 레샤 우크라인카Lesia Ukrainka의 시는 우크라이나 문학을 모더니즘으로 이끌었다. 이전에 러시아어 작품으로 성공을 거둔 빈니첸코는 우크라이나 문학을 택했다. 그의 심리 희곡과 소설들은 우크라이나 문학의 새로운 주인공인 전문직업인과 도시인들의 삶을 소재로 했다. 비록 우크라이나 작가들은 오스트리아-헝가리 지역에서 출판되는 정기간행물에 작품을 실었지만 현대적 주제를 다루기 시작했다.

레샤 우크라인카

코츄빈스키

• 오스트리아-헝가리령 우크라이나의 문화와 민족운동

1860년 이후 입헌군주국가가 된 오스트리아는 우크라이나인들이 정치에 참여하고 공민권을 행사할 수 있는 기회를 만들어주었다. 러시아와는 다르게 오스트리아는 민족문제의 폭발성과 중요성에 주의를 기울였다. 제국 내에서 소수파인 오스트리아 독일인들은 여타 민족을 동화시킬 수 없다는 것을 진작 깨달았기 때문에 소수민족끼리 경쟁을 시키거나, 강한 소수민족과는 타협하는 정책을 취했다. 갈리시아의 우크라이나인과 폴란드인은 각각 350만 명으로서 인구적으로는 대등한 세력을 형성했다. 우크라이나인들은 동부 갈리시아에서는 주류 민족이었지만, 오스트리아 정부는 폴란드인들이 다수를 차지하는 귀족들에게 지방행정을 위임했다.

20세기로 넘어오는 시점의 갈리시아는 산업 부문은 거의 발전하지 않은 농업사회였다. 우크라이나인의 95%는 농민이었고, 러시아령의 동족들과 마찬가지로 농촌지역의 인구과잉과 토지부족으로 힘겨운 생활을 하고 있었다. 오스트리아 정부는 이러한 문제를 해결하기 위해 해외이민의 문을 넓게 열어놓았다. 1890년부터 1914년 사이 717,000명의 우크라이나인이 미국, 캐나다, 라틴아메리카지역으로 이민을 갔다. 농촌 문제는 농민들의 과격화를 가져와 20세기 초 여러 번의 농민 봉기가 일어났다. 우크라이나인의 1% 정도만 식품, 임업, 석유산업 부문에서 일했다. 오스트리아는 갈리시아를 원료 공급지이자 제국 중심부에서 생산되는 공산품의 시장으로만 여겼다. 1870년대 이후 보리슬라브Boryslav와 드로고비치Drohovych의 유전에 외국자본이 활발하게 들어왔고, 1차대전 직전 전세계 원유생산량의 4%를 이 유전지역에서 생산했다. 우크라이나인들은 갈리시아 노동자 인구의 1/5미만을 차지했고, 폴란드인과 유대인이 노동자 계층의 주류를 이루었다. 몇 개 안되는 갈리시아의 도시, 특히 행정중심지에서는 폴란드어와 폴란드문화가 주도권을 잡았다. 인구 20만 명을 가진 르비프시는 두 번째 도시보다 4배의 인구를 가지고 있었지만 유럽적 기준으로 보면 작은 지방도시였다. 르비프 인구 중 우크라이나인은 20% 정도였고, 동부 갈리시아의 도시에서 우크라이나인이 차지하는 비율은 1/3을 넘지 못하였다.

1차대전 전 20여년 기간 동안 활발하게 진행된 우크라이나인들의 민족적 자각과 동원은 이념적 전환으로부터 시작되었다. 1890년대

셉티츠키 대주교 초상

민중주의 지식인들은 그때까지의 '루신'이라는 민족 정체성을 버리고 '우크라이나인'이란 용어를 썼다. 이 용어는 러시아령과 오스트리아령의 우크라이나어를 사용하는 사람들이 한 민족이라는 것을 강조하는 것이었다. 이 시기에 민족운동가들은 처음으로 우크라이나 독립 사상을 발전시켰다. 1893년 오스트리아 정부는 우크라이나어 구어를 표준어로 인정함으로써 우크라이나 민중주의자들이 친러시아주의자들과의 싸움에서 승리한 것을 암묵적으로 인정해 주었다. 쿨리쉬Panteleimon Kulish가 표준화한 표기법이 갈리시아의 우크라이나 학교에서 사용되었다. 1914년 기준으로 동부 갈리시아에는 2,500개의 우크라이나 초등학교가 있었고, 16개의 고등학교와 사립학교가 있었다. 우크라이나학교는 민족주의자들을 양성하는 요람이 되었다. 1900년 취임한 그리스카톨릭의 대주교 셉티츠키Andrei Sheptytsyky는 우크라이나 민족운동을 적극 지원하며 교회가 우크라이나 민족정체성의 중심적 역할을 하게 하였다.

1899년 민중주의자들은 '민족민주당(National Democratic Party)'을 결성하면서 적극적 정치노선을 취했다. 이들의 궁극적 목표는 우크라이나의 독립이었지만, 갈리시아를 폴란드지역과 우크라이나지역으로 분할하는 것을 단기적 목표로 삼았다. 민족민주당은 곧 갈리시아에서 영향력이 가장 큰 우크라이나 정당이 되었다. 1900년 결성된 '우크라이나사회민주당(Ukrainian Social Democratic Party)'은 좌파적 입장을 취했다. 갈리시아의 친러시아파는 1900년 '러시아민족당(Russian National Party)'을 결성했지만 정치적 논쟁에서 큰 힘을 발휘하지는 못했다. '계몽회', 협동조합, 신용조합, 독서실의 광범위한 연계망을 활용하면서 우크라이나 정당들은 농민들을 민족적 목표아래 단합시키려고 노력하였다. 1907년 남성 보통선거권이 도입된 이후 우크라이나 정당들은 비엔나 중앙의회에 22석을 확보했고, 친러시아 주의자들은 2석을 얻었다. 그러나 지방의회에서는 불평등한 선거제도로 인해 폴란드인들이 다수파를 차지했다. 1900년대와 1910년대에는 학생들의 집단 싸움과 테러가 확산되었다. 1908년 우크라이나 학생 한 명이 폴란드 총독인 포토츠키공Count Andrżej Potocki을 살해하는 사건도 일어났다.

20장 1차대전과 러시아 혁명기의 우크라이나

• 1차대전과 우크라이나

우크라이나 문제는 1차대전의 주원인은 아니었지만 러시아제국과 오스트리아제국의 높은 긴장의 원인이 되었다. 러시아는 오스트리아-헝가리 제국 안에 거주하는 슬라브인들의 운명에 특별한 관심을 가졌다. 짜르 정부는 '루스인(또는 러시아인)'들이 사는 갈리시아, 부코비나, 트랜스카르파티아를 병합할 꿈을 가지고 있었다. 1914년 8월 1차대전 개전 초기 러시아군은 서부로 거침없이 진격하여 9월 초에는 동부 갈리시아와 부코비나를 점령했다. 우크라이나 징집병도 다수 포함한 러시아군은 곧 독일군의 반격을 받고 밀렸지만, 르비프는 1915년 여름까지 러시아군 수중에 있었다. 양 제국의 우크라이나 민족주의자들은 나름의 이유를 가지고 전쟁을 환영했다. 동부 우크라이나인들은 러시아의 애국적 분위기를 감안하여 조심스러운 입장을 취했지만, 서부 지역의 우크라이나인들은 러시아가 붕괴하는 경우 맞게 될 새로운 정치적 기회를 기대했다. 오스트리아-헝가리제국 내의 우크라이나인들은 지체 없이 '우크라이나최고회의(Supreme Ukrainian Council)'를 수립하였고, 저명한 민족민주당원인 레비츠키 Kost Levytsky가 이 회의의 의장을 맡았다. 최고회의는 오스트리아 황제에 대한 충성을 맹세하고 우크라이나 전투부대의 구성을 서둘렀다. 자원자를 추려내어 2,500명으로 구성된 '우크라이나 시치소총부채(Ukrainain Sich Riflemen)'가 만들어졌다. 25만 명의 우크라이나 젊은이들은 오스트리아 정규군에 징집이 되었고, 러시아군에도 350만 명의 우크라이나인이 징집되었다.

러시아군의 반격으로 후퇴하는 오스트리아군은 많은 '루신' 농민들을 러시아인으로 착각하여 처형하거나 러시아를 위한 스파이혐의로 악명 높은 탈레호프Thalerhof의 수용소로 보냈다. 다음으로 서부 우크라이나에 들어온 러시아군은 우크라이나 민족운동가들을 탄압했다. 러시아 당국은 갈리시아를 어떤 방식으로 제국에 통합시킬 것인가에 대한 뚜렷한 계획이 없었다. 짜르 정부의 총독인 보브린스키공Count Georgii Bobrisnsky은 지체 없이 우크라이나 학교와 간행물, 협동조합을 폐쇄했다. 지역의 친러시아주의자들의 도움을 얻어 점령 당국은 우크라이나어 대신에 러시아어를 학교 교육언어로 채택하고, 그리스 카톨릭교회의 영향력을 축소시키려고 하였다. 러시아의 제국 언론들은 갈리시아와 부코비나가 다시 러시아 짜르의 통치 아래 들어온 것을 환영하고, 1915년 봄에는 니콜라이 2세가 직접 르비프를 방문했다. 오스트리아와 러시아의 반격으로 러시아의 동화정책은 짧게 끝났지만, 러시아제국 내의 민족문제의 중요성을 부각시켰다. 오스트리아 당국은 동부 우크라이나의 독립과 갈리시아의 자치를 전쟁 선전 도구로 사용했다. 전쟁이 진행되면서 민족문제는 양 제국에서 더욱 부각되었다. 러시아군의 후퇴로 갈리시아의 조직적 친러시아주의(Russophilism)는 막을 내리게 되었다. 친러시아주의자들은 러시아군과 함께 퇴각했거나 후에 오스트리아 당국에 의해 체포되었다. 이렇게 됨으로써 우크라이나 민족그룹들은 주도적 역할을 다시 찾고, 오스트리아 정부에 자신들의 요구를 제기했다. 오스트리아 당국은 전쟁 종료 후 개혁조치를 취하겠다는 이상의 약속을 하지는 않았다. 우크라이나 민족 문화 활동은 다시 공개적으로 진행되었지만 정치적 활동은 아직 금기였다.

• 2월 혁명, 10월 혁명과 우크라이나

1917－1920년에 진행된 러시아제국과 오스트리아－헝가리제국의 붕괴는 동부와 서부 우크라이나를 통합한 국가의 탄생을 가능하게 했다. 우크라이나 혁명은 우크라이나 민족운동의 결과였으며 1차 대전 이후 발생한 동유럽의 정치적 대변동의 한 부분이었다. 우크라이나에서의 혁명은 민족주의혁명과 사회주의혁명의 어느 하나라기보다는 두 혁명의 혼합이었다. 러시아제국과 오스트리아제국의 붕괴가 우크라이나혁명을 가능하게 만들었다면, 이어진 국제적 투쟁은 혁명의 결과를 좌우했다. 독일, 폴란드, 적국, 백군의 군사적 투쟁과 1차 대전 종결 후 연합국의 결정이 우크라이나의 운명을 결정했다.

1917년 3월 8일(구력 2월 23일) 러시아제국의 수도 페트로그라드 Petrograd(상트 페테르부르그)에서 발생한 혁명으로 로마노프 왕가의 제정러시아는 막을 내리게 되었다. 3월 15일 니콜라이 2세가 퇴위하자 르보프공Prince Gregorii Lvov을 수장으로 하는 임시정부와 '노동자 · 병사소비에트(Soviet of Workers and Soldiers)'의 '이중권력(dual power)'이 탄생했다. 이러한 조직은 다른 주요 도시에서도 만들어졌다. 다른 비러시아 지역에서와 마찬가지로 우크라이나의 상황은 더욱 복잡했다. 이중권력에 민족주의자까지 포함해 소위 '삼중권력(triple power)'이 형성되었다. 페트로그라드의 혁명 성공 소식이 전해지자마자 키예프시 관리들은 임시정부를 지지하는 '민간단체연합집행위원회(Executive Committee of United Civil Organizations)'를 구성했다. 사회주의자들은 하르키프(3월 16일), 키예프(3월 17일)을 필두로 우크라이나의 주요 도시에 소비에트를 구성했다. 3월 17일 우크라이나 민족운동가들은 '중앙라다(Central Rada)'를 결성했고, 역사학자인 미하일로 흐루셉스키가 의장에 취임했다.

중앙라다는 우크라이나의 정치, 문화의 부흥에 주도적 역할을 했다. 언론과 집회의 자유 덕분에 지하정당들이 공개적으로 활동을 시작했는데, 대부분 좌파로 기울었다. 중도적인 '우크라이나 진보주의자회(Society of Ukrainian Progressives)'는 '우크라이나 사회주의자-연방주의자(Ukrainian Party of Socialists-Federalists)'로 변신했다. 이들은 점진적 개혁을 선호하고 토지 몰수에 반대했다. 흐루셉스키는 연방주의자들과의 관계를 끊고 토지개혁 등 급진적 노선을 주창하여 농민들의 지지를 얻고 있는 우크라이나 사회혁명당에 가담했다. 사회혁명당은 곧 우크라이나의 가장 큰 정당이 되어 가장 많은 표를 얻었다. 우크라이나 사회민주노동자당에는 젊은 민족주의자들이 가담했는데, 빈닌첸코와 페틀류라도 여기 소속되었다. 최근에 발굴된

흐루셉스키

자료의 조사 결과 당시 대부분의 정파들은 연방제 러시아공화국 내에서 지역적 자치를 요구한 것으로 나타났다. 소수민족에 대한 짜르 정부의 억압이 사라지면서 계몽회, 협동조합, 문화클럽 등이 활동을 재개했다. 전쟁 전 가장 중요한 일간지였던 '라다'는 '신新라다Nova Rada'로 이름을 바꾸어 출간을 재개했고, 수십 개의 정기 간행물이 발간되기 시작했다. 새로운 정치적 환경을 맞은 민족운동가들은 대중을 '각성시킬(awaken)' 수 있다는 확신을 가졌다. 4월 1일에는 약 10만 명의 군중이 하늘색－노란색의 우크라이나국기를 앞세우고 키예프 중심가를 행진했다. 여름 임시정부가 민족 단위의 부대 창설을 허용하자, 해체되는 러시아군의 약 3만 명의 병사가 중앙라다에 충성을 맹세했다. 중앙라다의 토지개혁과 보편적 강화를 슬로건으로 한 민족주의적 메시지가 대중들을 끌어들이는 큰 힘이 되었다.

중앙라다는 연이어 의회를 개최함으로써 정통성과 체계를 갖추어 나갔다. 4월 1일에는 '전全우크라이나민족회의(All－Ukrainian National Congress)'가 열려 150명의 대표를 선출하여 중앙라다에 보냈다. 5월에는 군사회의, 6월에는 농민회의, 7월에는 노동자회의가 열려 대표를 선출했다. 중앙라다는 6백 명의 대표로 구성되었고, 실무를 담당하는 '소小라다(Small Rada)'를 구성했다. 대부분 지역의 소비에트들이 중앙라다를 우크라이나의 혁명의회로 인정했다. 그러나 중앙라다는 임시정부와의 관계를 설정하고 교섭하는데 많은 시간을 허비했다. 임시정부는 각 지역의 임시정부위원(commissioner)들을 통해 행정을 수행하려고 하였다. 중앙라다가 토지개혁과 행정체계 정부 등 좀 더 중요하고 시급한 문제에 집중하지 못한 것은 아쉬움으로 남았다. 그러나 중앙과의 관계를 어떻게 설정할 것인가도 당시에는 매우 중요한 문제였다. 중앙라다의 좌파와 중도파 모두 러시아 연방 안에서 우크라이나가 자치를 확보하는 것을 목표로 했다. 그러나 임시정부는 제헌의회가 개최되기 전까지는 소수민족들에게 어떠한 양보도 하려고 하지 않았다. 자치요구가 받아들여지지 않자 중앙라다는 6월 23일 일방적으로 자치를 선언하는 1차 우니베르살(Universal)을 발표했다.(우니베르살은 코자크 게트만의 포고령의 명칭이다) 중앙라다는 내각에 해당하는 '중앙위원회(General Secretariat)'를 구성하였고, 빈니첸코가 내각 수반이 되었다.

중앙라다 수뇌부

중앙라다 건물

갈리시아의 신용조합

우크라이나의 독자적 행동에 당황한 임시정부는 케렌스키Aleksander Kerensky를 단장으로 하는 대표단을 키예프에 파견하였다. 독일군과 오스트리아군의 공세에 러시아군이 연패하자 임시정부는 중앙라다와 쉽게 타협했다. 임시정부는 중앙라다는 인정하지 않았지만, '중앙위원회'가 우크라이나인들이 주민의 다수인 9개 주 중 5개 주(키예프, 체르니키프, 폴타바, 포돌리아, 볼히냐)를 직접 관할하는 것을 허용했다. 이 시점에 우크라이나 내 소수민족들도 중앙라다에 가담했다. 러시아인, 폴란드인, 유대인 대표들은 중앙라다의 822석 중 202석을 차지했고, 소라다에서는 58석 중 18석을 차지했다. 11월에 열린 전 러시아 제헌의회 대표 선거에서 우크라이나 정당들은 67.8%의 표를 얻었는데, 우크라이나사회민주당이 가장 많은 표를 얻었다. 볼셰비키는 10%밖에 얻지 못했다. 그러나 우크라이나 정당들은 키예프에서는 25%, 하르키프에서는 13%의 표를 얻는데 그쳤다. 이러한 결과는 중앙라다가 농민들이 가장 중요한 요구인 토지재분배를 이행하지 않았기 때문이다. 1917년 가을 초반 농민들은 직접 지주를 공격하거나, 귀족이나 황실 소유 토지를 무단으로 점유하기 시작했다. 중앙라다 정부는 주민들의 지지와 지방에 대한 통제를 동시에 잃기 시작했다. 당시의 많은 사회주의자와 마찬가지로 빈닌첸코를 비롯한 지도자들은 국가조직과 군대가 사라질 것이라고 보았다. 이러한 비현실적인 꿈에 취해서 이들은 러시아군에서 이탈하는 수십만 명의 우크라이나 병사들도 민족 군대를 조직하지도 못했고, 수천 명의 교사와 하급관리를 조직하여 효율적인 행정체계도 구축하지 못했다. '중앙위원회'의 권위가 추락하면서 각 도시의 소비에트와 농촌지역의 자경세력들은 중앙으로부터의 지시와 명령을 따르지 않게 되었다.

우크라이나 지도자들도 임시정부를 신뢰하지 않게 되었다. 11월 7일(구력 10월 25일) 볼셰비키가 임시정부를 전복한 후, 중앙라다의 군대는 키예프의 볼셰비키군과 함께 임시정부에 충성하는 군대를 제압하였다. 전투에서 승리한 후 중앙라다는 9개 주(앞의 5개 주 외에 하르키프, 카텔리노슬라브, 헤르손, 타우리다)에 대한 관할권을 선언하였다. 11월 20일에는 3차 우니베르살을 발표하여 '우크라이나국민공화국(Ukrainian People's Republic)'이 러시아 내 민족들로 구성되는 민주적 연방제 내에서 자치체가 될 것임을 선언하였다. 모스크바의 볼셰비키정권은 구 러시아제국의 산업, 농업 중심지를 포함하고 있는 우크라이나의 분리를 허용할 생각이 없었다. 12월 볼셰비키는 중앙라다정부를 퇴진시킬 목적으로 키예프에서 전우크라이나 소비에트대회를 개최하였다. 그러나 농민대표들이 대거 참여하면서 볼셰비키는 목적을 달성하지 못했다. 전체 회의 참가인원 2,500명 중 볼셰비키는 100명에 불과했다. 볼셰비키는 세력 근거지인 하르키프로 가서 별도의 소비에트 회의를 개최하고 12월 25일 소비에트우크라이나공화국 창설을 선언했다. 러시아에서 온 볼셰비키지원군과 적군은 키예프로 진격을 시작했다. 볼셰비키와의 전투는 중앙라다군의 패배로 끝났다. 중앙라다에 충성을 맹세했던 30만 명의 병사는 거의 고향으로 귀환한 상태였고, 전쟁 장관 페틀류라가 이끄는 중앙라다군은 비정규군인 '자유 코자크(Free Cossacks)'군과 지원자로 구성되어 있어서 전력이 약했다. 볼셰비키군은 8천 명밖에 되지 않았으나 잘 조직되었고 선전선동에 뛰어났다. 선동요원들은 불만에 찬 농민들에게 과감한 개혁을 약속하였다. 전투력보다 설득력이 전투에 큰 영향을 주었다. 선동에 설득된 우크라이나 지원병 부대는 대거 볼셰비키 진영으로 옮겨갔다.

중앙라다는 노동자들의 지지를 얻는데도 실패했다. 볼셰비키는 우크라이나의 도시지역에서 점점 더 영향력을 강화시켜 나갔다. 키예프의 무기고(Arsenal)에서 볼셰비키 노동자들이 일으킨 반란을 중앙

키예프의 무기고 건물

크루티 기념비

라다군이 진압했다. 그러나 1918년 1월 말 중앙라다 정부는 키예프를 버리고 서쪽으로 후퇴해야 했다. 1918년 1월 29일 키예프 동부의 크루티Kruty에서 키예프로 진격하는 볼셰비키군을 맞아 싸우던 3백 명의 학생지원병은 볼셰비키군에 포위되어 전원 전사했다.이 전사자들은 반소비에트 우크라이나인들의 순교자로 기림받고 있다. 키예프를 점령한 무라비예프Mikhail Muraiev가 지휘하는 볼셰비키군은 무자비한 학살을 감행하여 2천-5천 명의 주민을 '계급의 적(class enemies)'으로 몰아 처형했다. 그러나 볼셰비키 정권은 3주 밖에 지속되지 못하였다. 45만 명의 독일군-오스크리아군이 진격해 오자 볼셰비키는 키예프를 버리고 도주했다. 4월이 되자 9개 주에서 볼셰비키군은 모두 퇴각했다.

1917년 소비에트 정권과 우크라이나국민공화국은 동맹국과 각기 강화협상을 벌였다. 볼셰비키정권은 강화협상에 별도의 우크라이나 대표단이 참여하는 것을 막으려고 하였으나, 동맹국측은 러시아제국의 분해와 서부 변경에 별도의 민족공화국이 창설되는 것을 선호했다. 1월말 키예프의 전세가 극도로 불리해지자 중앙라다 정부는 동맹국의 보호를 받아들이는 것 이외의 선택이 남지 않게 되었다. 완전한 독립국만이 강화조약 당사자가 될 수 있으므로 1월 25일 중앙라다 정부는 4차 우니베르살을 발표하고 '우크라이나국민공화국'의 독립을 선언했다. 사실상 1917년 11월부터 우크라이나는 독립 상태에 있었지만, 우크라이나 지도자들은 러시아와의 연계를 완전히 끊을 준비가 되어 있지 않았다. 당시 4차 우니베르살을 준비한 빈닌첸코와 흐루셉스키는 외부 환경 때문에 이러한 조치가 취해졌다는 것을 감추지 않았다. 1918년 2월 9일 볼셰비키군이 키예프에 입성하는 날, 우크라이나 대표단은 브레스트－리톱스크Brest－Litovsk에서 동맹국과 별도의 강화조약을 체결했다. 동맹국은 9개 주와 홀름주에 대한 중앙라다정부의 관할권을 인정했다. 별도의 강화조약을 체결한 소비에트 정권은 우크라이나국민공화국을 인정할 수밖에 없었다. 그러나 강화조약의 가장 중요한 내용은 비밀조항에 포함되어 있었다. 독일과 오스트리아－헝가리는 우크라이나에 군사적 원조를 제공하는 대가로 식량을 동맹국 측에 제공하기로 하였다. 또한 동부 갈리시아는 부코비나와 병합되어 오스트리아에 귀속되는 조항도 들어있었다.

• 독일 점령과 게트만 정부

1918년 2월 급하게 키예프에서 후퇴하면서 중앙라다 정부는 1일 8시간 노동제와 토지의 사적 소유를 금지하는 법령을 발령했다. 그러나 이것은 농민들의 기대를 실망으로 바꾼 조치였다. 농민들은 농지의 '사회화(socialized)'가 아니라 재분배를 원하고 있었다. 중앙라다의 사회주의적 입법은 동맹국의 우크라이나 행정책임자들에게도 우려를 불러일으켰다. 중앙라다정부는 제대로 기능하는 행정체계를 가지고 있지 못했다. 이런 이유로 동맹국이 필요로 하는 식량 징발과 수합도 제대로 이루어지지 않았다. 1918년 3월-4월 점령당국은 철도를 장악하고 중앙라다의 입법을 무효화시킨 뒤 계엄령을 선포했다. 점령당국은 4월 23일 중앙라다정부와 식량과 원료 공급 협정을 체결하였다. 이 협정에 의하면 우크라이나는 7월말까지 100만 톤의 곡물과 600만 개의 달걀, 기타 물자를 동맹국에 공급해야 했다. 식량 공급 협정을 체결한 점령당국은 직접 식량 징발에 나섰고, 불필요한 존재가 된 중앙라다정부를 해체하기로 했다.

파블로 스코로파드스키

4월말 점령군 사령관 그뢰너Wilhelm Groener 장군은 보수주의 정치인인 파블로 스코로파드스키Pavlo Skoropadsky장군을 접촉했다. 그는 코자크 게트만 이반 스코로파드스키의 후손으로 짜르 군대에서 우크라이나 지원병단을 지휘하며 군지휘관으로 명성을 얻은 사람이었다. 독일측은 그에게 우크라이나에 군주제를 복귀시키고 그를 군주로 앉힐 계획임을 밝혔다. 스코로파드스키는 앞으로 그의 권력을 제한하는 비밀조건과 함께 이 제안을 받아들였다. 1918년 4월 29일 '우크리이나지주연합(Ukrainian Union of Landowners)'은 스코로파드스키를 우크라이나의 게트만으로 선포했다. 같은 날 중앙라다는 다른 건물에서 마지막 회의를 열고 두 가지 결정을 내렸다. 하나는 헌법의 채택이었고, 두 번째는 흐루셉스키를 우크라이나국민공화국의 초대 대통령으로 선출하는 것이었다. 그러나 그의 대통령 임기는 하루에 불과했다.

새로운 보수정권의 수립은 유혈충돌 없이 부드럽게 진행되었다.

역사가들은 종종 스코로파드스키를 독일군의 꼭두각시로 묘사하지만, 그는 혁명 이전의 우크라이나 지배층을 다시 권력에 복귀시킨 사람이었다. 짜르 정부의 관리, 장교, 지주, 산업가, 도시 중상류층이 다시 권력 중심에 섰다. 과거 권력을 되살리는 것은 새로운 국가 운영 체계를 만드는 것보다 쉬웠다. 각 부처는 다시 정비되었고 잘 운영되었다. 각 지방의 행정은 지방의 귀족지주나 과거 관리 중에서 임명된 '행정관(starosty, '원로'라는 뜻)'이 맡았다. 그러나 대부분의 관리들은 우크라이나어를 할 줄 몰랐고, 은밀히 러시아의 구체제의 부활을 바라는 사람도 많았다. 대부분의 우크라이나 정파들은 스코로파드스키 정부와 협력하는 것을 거부했다. 게트만 정부는 중앙라다 정부가 제정한 모든 법률과 개혁, 기관을 철폐했다. 또한 파업을 금지시켰고 검열제를 부활했다. 지식인과 노동자들의 반발을 염려한 게트만 정부는 부농을 정권 유지의 근간으로 삼기로 하고 특권적인 '코자크' 농지를 제공했다. 부농과의 연계와 독일의 농산물 착취로 인해 게트만 정부는 농민의 지지를 얻지 못했다. 농민 약탈자에 대한 독일군의 징벌과 강제적인 농산물 징발로 인해 농촌지역에서는 심각한 소요가 일어났다. 6월에는 키예프주에서 사회혁명당이 조직한 농민봉기에 3만 명의 농민이 참가했다. 소규모 봉기는 동시다발로 일어났다.

역설적이게도 1917－1920년 우크라이나에 들어선 정부 중 게트만 정부가 외교, 교육, 문화 부문에서 가장 큰 성공을 거두었다. 도로셴코Dmytro Doroshenko가 이끄는 외무부는 동맹국뿐만 아니라 주변국들, 스위스, 스웨덴 같은 중립국들과 외교관계를 수립하고 대사를 교환했다. 총 11개국 대사관이 키예프에 문을 열었다. 우크라이나어로 수업을 하는 중등학교가 150개나 되었고, 두 대학이 새로 설립되었다. 기존에 있던 대학에는 우크라이나어, 문학, 역사학과가 생겼다. 스코로파드스키는 우크라이나 과학아카데미, 국립도서관, 국립문서보관소, 예술아카데미 국립연극단과 다른 많은 문화기관들을 설립했고, 이 기관들의 상당수는 현재까지 존재한다. 1918년 가을 1차대전에서 동맹국의 패색이 짙어지자 스코로파드스키는 다른 권력 기반을 찾기 위해 필사의 노력을 기울였다. 그는 반대파들이 결집해 있는 '우크라이나민족연맹(Ukrainian National Union)'과 협상을 벌여 타협을 이끌어 내었으나, 11월 동맹국의 결정적 패배로 무위로 돌아갔다. 통합된 러시아의 부활을 원하는 연합국에 잘 보이기 위해 그는 친러시아 내각을 구성하고 '비볼셰비키 러시아연방'에 우크라이나가 속할 것이라는 선언을 발표했다. 그러나 그의 이러한 야합은 민족주의자들의 무장 반란을 촉발시켰다. 빈니첸코와 페틀류라는 5인으로 구성된 집정내각(Directory, 프랑스 혁명 후 통치기구)은 반란을 준비했다. 수십만 명의 농민들이 키예프 남쪽 빌라 체르크바Bila Tserkva로 집결했다. 1차대전 중 조직된 시치소총부대를 포함한 게트만 정부의 정예 부대들도 반란에 가담했다. 12월 14일 독일군은 키예프에서 철수하기 시작했다. 스코로파드스키는 게트만직 사임을 발표한 후 부상당한 독일군으로 변장하고 키예프를 탈출했다.

• 서부 우크라이나

동부 우크라이나가 고통 속에 국가 건설 과정을 밟고 있을 때 서부 우크라이나인들은 동정적인 관찰자로 남아있을 수밖에 없었다. 이들이 할 수 있는 일은 비엔나 연방의회에서 오스트리아의 정책을 비판하는 연설을 하는 것이었다. 오스트리아-헝가리제국도 큰 군사적 패배를 겪었지만 러시아제국보다 2년을 더 존속했다. 1918년 7월 브레스트-리톱스크조약이 체결된 뒤에도 오스트리아는 제국 내에 독립적인 우크라이나를 창설할 의사가 없음을 밝혔다. 우크라이나 정치인들은 오스트리아가 전쟁에서 완전히 패해서 새로운 기회가 생기기만을 기다렸다. 1918년 10월 16일 오스트리아의 새 황제 카를 1세 Charles I(재위 1916-1918년)은 연합국에 의해 오스트리아제국이 여러 국가로 분해되는 것을 막기 위해 모든 소수민족의 '자유연방국가(free federation)'로 변신하겠다고 선언했다. 10월 18일 연방의회 의원, 지방의회 의원, 주요 정당의 대표들은 르비프에서 '우크라이나민족회의(Ukrainian National Council)'를 창설했다. 민족회의는 동부 갈리시아, 북부 부코비나, 트랜스카르파티아를 포함하는 우크라이나국가를 오스트리아-헝가리제국 내에 창설할 것이라고 선언했다. 10월 31일 민족회의 지도자들이 비엔나와 협상을 진행하는 상황에서 르비프의 우크라이나 무장세력은 시의 권력을 장악했다. 11월 1일 우크라이나민족회의는 독립적인 우크라이나국가의 창설을 선언했고, 그 명칭을 '서부우크라이나국민공화국(Western Ukrainian People's Republic)'으로 정했다.

새 공화국은 국가가 부활된 폴란드의 강력한 반대를 받았다. 폴란드는 우크라이나인이 주로 거주하는 동부지역을 포함한 갈리시아 전체에 대한 소유권을 주장했다. 동부 갈리시아 지역에서 폴란드인들은 주로 도시에 거주했다. 11월 초 르비프에서는 양측의 시가전이 벌어졌다. 11월 22일 폴란드인들의 봉기로 우크라이나인들은 도시지역에서 피난나와야 했다. 양측의 충돌은 폴란드-우크라이나 전쟁으로 발전했다. 서부우크라이나공화국은 오스트리아-헝가리 내에서 형성된 정치, 공동체 전통의 덕을 크게 봤다. 동부 우크라이나와 달리 이곳에서는 효율적인 행정체계를 갖추고 질서를 유지하는데 큰 문제가 없었다. 서부 우크라이나 사회의 모든 사람이 숙적인 폴란드인들과의 투쟁에 집중했으므로 사회적 문제는 뒤로 미루어졌다. 11월말 우크라이나민족회의는 선거에 의해 재구성되었다. 다수파인 민족민주진영은 야당인 급진파와 협력을 했다. 공화국은 정치적 자유와 소수민족의 권리 옹호를 선언했다. 226석 중 66석은 폴란드인, 유대인, 독일인 대표를 위해 남겨두었다. 서부 우크라이나에서 우크라이나인과 유대인의 관계는 혁명 기간 내내 우호적이었다. 그러나 루마니아가 북부 부코비나 점령하고, 헝가리가 트랜스카르파치아를 장악하면서 서부우크라이나공화국의 행정권은 동부 갈리시아에 한정되었다.

처음 출발 때부터 서부우크라이나공화국은 동부 우크라이나와의 합병을 염두에 두었다. 1919년 1월 22일 두 우크라이나의 통합이 정식으로 선언되었다. 이로써 서부 지역은 우크라이나국민공화국의 '서부 지역(western province)'이 되었지만, 실질적인 자치권과 행정체계, 법률은 유지하였다. 중도적인 서부 우크라이나 지도자들은 동부의 사회주의 지도자들과 정치적 견해는 달랐지만, 이것이 통합의지에 큰 장애가 되지는 않았다. 정말 큰 문제는 두 전선에서의 독립 투쟁이었다. 동부에서는 볼셰비키와의 전쟁이 계속되었고, 서부에서는 폴란드와의 전쟁이 시작되었다. 이 두 세력이 신생 우크라이나 국가를 붕괴시킬 수 있는 진정한 위협이었다. 오랜 민족적 조직의 전통 덕분에 동부 갈리시아의 우크라이나인들은 키예프가 결코 해보지 못한 일을 달성했다. 그것은 '우크라이나 갈리시아부대(Ukrainian

Galician Unit)'라고 불리는 민족 부대를 창설한 것이었다. 만일 이 부대가 훨씬 강한 폴란드군과 치열한 투쟁만 하지 않았다면 동부 지역의 내전에 상당한 영향을 끼쳤을 수도 있었다. 장교의 부족으로 갈리시아부대의 고위 장교들은 독일인이나 오스트리아인이 많았지만, 이 부대의 전력의 핵심은 사병과 하위 장교들이었다. 약 6만 명의 우크라이나 농민들과 주민들이 이 부대를 구성하였다. 1919년 2월 우크라이나군은 반격을 펼쳐 르비프를 포위하였다. 그러나 폴란드에서 온 주력군이 전투의 결과를 좌우했다. 파리강화회의의 폴란드 대표는 공산주의의 유령이 우크라이나를 통해 유럽으로 들어올 수 있다고 경고하여 폴란드가 볼셰비키 러시아를 막아내는 보루가 되도록 폴란드를 강화했다. 연합국들은 동부 갈리시아에서는 윌슨대통령의 민족자결원칙을 포기하였다. 연합국은 프랑스에서 훈련되고 무장이 된 10만 병력의 할러Józef Haller 장군 부대를 갈리시아에 투입하도록 허락하였다. 이 부대가 파견된 이유는 볼셰비키를 상대하기 위함이었지만, 이 부대는 우크라이나인들과 전투를 벌였다. 6월 초르트키프Chortkiv 반격 이후 우크라이나군은 탄약이 떨어져서 동부로 후퇴할 수밖에 없었다.

• 집정 내각과 내전

게트만정부가 붕괴하고 키예프에 입성한 집정내각 정부는 우크라이나국민공화국을 부활시켰다. 그러나 중앙라다를 다시 소집하거나 대통령으로 선출된 흐루셉스키를 다시 초빙하지는 않았다. 5명으로 구성된 집정내각은 최고 행정사법기관 역할을 했다. 집정내각은 골수사회주의자인 빈니첸코와 민족주의적 경향인 페틀류라가 주도했다. 집정내각의 수반인 빈니첸코는 우크라이나는 대중선동을 위해 볼셰비키보다 더 사회주의적 노선을 취해야 한다고 주장했다. 이러한 주장에 따라 집정내각은 대규모 농지의 보상 없는 몰수, 산업국유화, 노동자에 의한 공장관리 등의 정책을 내놓았다. 1919년 1월말에는 노동자대회(Labor Congress)를 소집해 사실상 의회 역할을 하게 했다. 그러나 집정내각은 민족국가 건설 작업에도 나섰다. 먼저 우크라이나어를 공화국의 공식 언어로 인정하고 당시까지 러시아 정교회에 소속되어 있던 우크라이나 정교회의 독립(autocephaly)을 선언했다. 그러나 집정내각은 선언한 정책을 시행하기도 전에 키예프에서 철수해야 했다. 1918년 12월 독일군이 우크라이나에서 철수하면서 군사 상황은 아주 불리해졌다. 약 6만 명의 프랑스군이 오데사에 상륙했고, 남부의 다른 도시들도 통합된 반볼셰비키국가 복귀를 내건 백군白軍 편에 섰다. 이때 볼셰비키군은 북쪽에서 진격해 내려왔다. 빈니첸코는 볼셰비키와 협상을 하려 하였으나 볼셰비키군은 빠르게 키예프로 진격해왔다. 집정내각의 반란에 가담했던 농민들은 대부분 농촌으로 귀환했기 때문에 집정내각은 군대를 새로 조직해야 했다. 우크라이나는 백군과 적군이 공방전을 벌이는 전투지가 되었다. 그러나 우크라이나인들은 집정내각, 볼셰비키, 백군에 나뉘어 가담했기 때문에 사실상 우크라이나 내전이 진행되었다.

1919년 2월 키예프가 볼셰비키군에 점령당하자, 빈니첸코는 집정내각 수반직에서 물러났고, 민족주의적이며 연합국과의 우호관계를 추진하는 페틀류라가 집정내각을 이끌었다. 그는 비사회주의 내각을 구성하고 자신도 사회민주노동당을 탈퇴했다. 그러나 이 내각은 3개월 만에 해산되었다. 연합국은 통합된 러시아를 복귀시키려는 백군에 모든 희망을 걸고 있었다. 집정내각군은 계속 서쪽으로 후퇴하여 근거지를 빈니짜에서 리브네Rivne로, 다음으로는 카메네츠-포딜스키Kamenets-Podilsky로 옮겼다. 두 번째로 키예프를 장악한 볼셰비키 정권은 7개월간만 권력을 행사하였다. 볼셰비키정권은 행정, 선전, 교육에서 러시아어만을 사용함으로써 좌파 지식인들과 농민들의 지지를 잃었다. 도시와 마을에서는 비밀경찰인 '체카(Cheka)'가 '반혁명분자'와 '계급의 적'을 색출하면서 공포분위기가 조성되었고, 무장한 러시아 노동자 그룹이 시골로 와서 곡물을 강제 징발하면서 민심이 이반했다. 새 정권은 몰수한 토지를 분배하지 않고 국영농장으로 전환시켰다. 볼셰비키정권의 정책은 농민 반란을 부채질하여 외부에서 들어온 모든 세력에 대한 저항이 시작되었다. 농촌 지역 전체는 '오타만otaman'이라고 불리는 집단지도자가 이끄는 반란으로 무정부상태가 되었다. 몇 천 명이 가담한 농민집단도 있었다. 농민 반란 세력 중 가장 큰 집단은 그리고립Matvii Hryhoriv과 마흐노Nestor Makhno가 이끄는 집단이었다. 마흐노는 한때 4만 명의 추종자를 거느리고 있었다.

도시지역에서는 한 정권이 다른 정권으로 대체되고, 농촌지역은 무정부상태가 되어 가장 혼란스럽고 폭력이 난무한 해였다. 1919년의 우크라이나의 혼란 상황에서 가장 비극적인 일은 3만 명 이상의 유대인이 희생된 유대인학살(pogrom)이었다. 적군, 백군, 집정내각군, 농민반란군 등 내란 당사자 모두가 유대인학살을 감행하였다. 이념적 동기를 가진 일부 백군의 만행을 제외하고 거의 모든 유대인학살은 이성을 잃은 폭력집단에 의해 자행되었다. 집정내각군이 40% 이상의 유대인학살에 책임이 있어서 지도자인 페틀류라는 서방에서

잔인한 반유대주의자로 알려져 있지만, 대부분의 학살은 그의 통제를 벗어난 상태에서 일어났다. 우크라이나국민공화국은 소수민족에 대해 우호적 정책을 폈다. 새 정부는 유대인 전담부처를 만들고 유대인 문화 보존에 노력하였으나 단지 행정력과 권위가 없었다. 정부는 유대인학살을 금지시키고 가담자를 조사하라는 명령을 내렸지만, 폭력집단은 이를 거들떠보지도 않고 마을을 돌아다니며 만행을 저질렀다.

집정내각 정부와 마찬가지로 1919년 볼셰비키 정권은 우크라이나를 통치하는 것이 불가능하다는 것을 깨달았다. 연합군의 지원으로 잘 무장한 백군은 6월부터 돈 강 지역으로부터 동진해 왔고, 집정내각은 7월부터 갈리시아 병단과 함께 서쪽에서 진군하여 왔다. 양방향에서 협공을 받은 볼셰비키군은 8월말 백군의 데니킨Denikin 장군의 추격을 받으며 러시아로 도망쳤다. 갈리시아 부대와 백군은 거의 동시에 키예프에 입성하였다. 러시아의 복원를 원하는 백군은 우크라이나의 독립을 원하지 않았고 연합국도 우크라이나 독립에 회의적이었다. 백군이 우크라이나어의 사용을 금하고, 우크라이나 지식인들을 체포하면서 주민들의 불만이 높아갔다. 더 이상 참을 수 없게 된 집정내각은 백군에 선전포고를 하였다. 그러나 10월에 발진티푸스가 발발하여 백군 병력의 70%가 희생되고, 갈리시아 부대의 90%가 희생되자 갈리시아부대는 비밀리에 백군과 협상을 벌여 백군 휘하로 들어가기로 했다. 백군에 대항해야 하는 페틀류라는 폴란드의 도움을 요청했다. 폴란드군은 볼히냐와 포돌리아에 진입했다. 페틀류라는 기차를 타고 이동해 다니며 집정내각의 마지막 생명을 유지했는데 지방 무장집단에 공격을 당해 정부 금고를 탈취당하고 전쟁부 직원들은 낙오되었다. 페틀류라는 폴란드로 망명했다. 서부 지역의 또 다른 지도자 페트류세비치Petrushevych는 비엔나로 망명했다.

우크라이나의 중부 지역에서는 볼셰비키군이 백군에 다시 반격을 가해 1919년 12월에는 키예프를 세 번째로 점령하였다. 볼셰비키군은 농민의 반란을 유발시킨 이전의 잘못을 반복하지 않았다. 레닌은 소비에트 러시아와의 연방으로서 우크라이나의 독립을 인정하고, 우크라이나어를 공식 언어로 인정했으며 농지개혁에도 박차를 가했다. 이들은 전술적으로 우크라이나 사회혁명당의 일파인 '보로비츠Borobits('전사'라는 뜻)'집단과도 손을 잡았다. 농민들의 지지를 얻기 위해 볼셰비키는 국영농장의 건설과 집단공동체의 설립을 중단하고 토지 분배에 착수하여 1920년 봄 약 1,400만 헥타르의 몰수농지를 농민들에게 분배하였다. 그러나 곡물의 강제징수와 적군의 만행으로 이러한 노력은 큰 효과를 거두지 못했다. 1920년 여름부터 농민 반란이 계속 이어졌고, 이에 대한 징벌적 작전이 전개되었다. 그러나 1920년 후반과 1921년 적군은 백군과의 싸움에서 최종적으로 승리하여 우크라이나 전역의 권력을 잡았다. 백군은 1920년 11월 패퇴하여 크림반도로 후퇴했으며, 1921년 1월 마지막 부대가 프랑스로 철수했다.

페틀류라는 폴란드와 협상하여 반소비에트 원정을 개시하였다. 폴란드는 볼셰비키정권과 싸워서 몰락시킨다는 목표보다는 우크라이나에 볼셰비키에 대한 완충지대를 만든다는 의도가 강했다. 페틀류라가 동부 갈리시아와 서부 볼히냐에 대한 폴란드의 종주권을 인정하자 폴란드군은 1920년 4월 출정하여 5월 일시적으로 키예프를 점령하는데 성공한다. 그러나 6월 볼셰비키군은 반격을 시작하여 8월 키예프를 재점령했다. 1918–1920년 사이 키예프의 주인이 여섯 번이나 바뀔 정도로 우크라이나의 상황은 복잡했고 주민들의 희생도

켰다. 1921년 3월 폴란드와 볼셰비키정권은 리가협정을 맺고 전투를 종식하였다. 폴란드는 소비에트러시아의 우크라이나 점령을 인정하고 대신 동부 갈리시아와 서부 볼히냐를 얻었다. 볼셰비키정권 농민반란을 완전히 진압하기까지 오랜 시간이 걸렸으나 결국 우크라이나에 소비에트정권을 수립하는데 성공했다.

5부

소련 시대의 우크라이나

21장 1920년대의 우크라이나

소련의 일부가 된 우크라이나 땅은 '우크라이나사회주의소비에트공화국(Ukrainian Socialist Soviet Republic)'이란 명칭을 갖게 되었다. 1936년 크렘린이 '소비에트사회주의'로 단어 순서를 바꾸었지만 공화국의 성격은 이후 70년간 거의 바뀌지 않았다. 모스크바가 우크라이나와 관련된 모든 주요 정책을 결정했고, 중앙의 정치적 변화는 우크라이나공화국의 수도인 하르키프가 충실히 모방하였다. 그럼에도 불구하고 우크라이나의 국가성(statehood)은 큰 의미를 지닌다. 현대 역사에서 처음으로 동부 우크라이나인들은 우크라이나인 정착 지역과 거의 일치하는 국경을 갖게 되었다. 소련의 일부로서 우크라이나공화국은 몇 세대 동안 소비에트 우크라이나인들의 상징적 조국이 되었다.

우크라이나인들은 소비에트적이기는 하지만 현대적 정체성을 건설할 수 있는 영토적, 행정적 체계를 갖게 되었다. 소비에트 우크라이나 국가체계는 정치적 기구, 지도자들, 국가 상징, 민족언어와 문화에 대한 국가적 지원을 제공했다. 볼셰비키정권의 이러한 양보는

1917 – 1920년의 우크라이나 혁명에 대한 반응이었다. 우크라이나인들과 다른 소수민족들의 민족적 동원은 소련 정권 수립 이전에 시작되었지만, 볼셰비키정권은 자신들이 직접 민족동원의 선두에 섬으로써 민족주의의 힘을 약화시키려 하였다. 이것이 1920년대에 추진된 '우크라이나화(Ukrainization)' 정책의 이론적 배경이었다. 소비에트 정권의 가장 중요한 과제 중 하나는 비러시아계 민족들을 사회주의 체제로 통합시키는 것이었다. 변방지역의 산업적, 문화적 발전을 통해 모든 소수민족들을 사회주의로 인도하는 것이 목표였지만 전쟁과 내란으로 피폐해진 경제가 큰 걸림돌이 되었다.

• 전후 복구

1914 – 1917년의 1차대전으로 큰 피해를 입은 우크라이나는 3년간의 내전으로 경제가 완전히 파괴되었다. 산업생산은 거의 중단되었고 교통과 통신은 두절되었으며, 모든 도시들은 식량과 연료 부족에 시달렸다. 자신들이 장악한 거의 모든 지역의 파괴된 경제를 되살리기 위해 볼셰비키정권은 산업국유화, 곡물징발, 노동력징발을 주요 내용으로 하는 '전시공산주의(War Communism)'를 실시하였다. 국유화된 공장과 식량 배급을 위해 당국은 방대한 관료적 체계를 만들었으나, 새 관리체계는 극도로 비효율적으로 작동했다. 도시 주민들은 가진 모든 것을 식량과 교환했다. 우크라이나에서는 오래 지속된 내전으로 인해 소비에트 정권의 경제 정책이 시행되지 못하였다. 전시공산주의는 1919년 봄과 여름 시행되기 시작하였고, 백군이 완전히 패퇴한 1920년 초 본격적으로 시행되었다. 농민들은 새 정책에 거세게 저항했다. 1920년 농민들의 저항을 누그러뜨리기 위해 볼셰비키

정권은 토지분배를 서둘러 실시했다. 그러나 농민들의 저항이 다시 거세져서 곡물 징발은 제대로 이행되지 못하고 전시공산주의는 실패한 정책으로 끝났다. 1921년 우크라이나의 산업 생산은 전쟁 전의 1/10수준에 머물렀고, 주요 도시 간에 기차는 일주일에 한 번 운행되었다. 도시 지역 1일 빵 배급량은 1인당 100그램이었다. 전시공산주의는 최소한의 생산과 분배는 유지시켰지만 경제 회생은 가져오지 못했다.

1921년 3월 10차 공산당대회에서 레닌은 시장경제체제로의 일시적 회귀를 내용으로 하는 '신경제정책(New Economic Plan, NEP)'을 선언했다. 신경제정책에서는 '잉여'농산물을 모두 징발하지 않고 대신 일정 비율의 곡물 세금을 내게 하였고, 이것은 후에 현금세금으로 바뀌었다. 세금 납부 후 남은 농산물은 시장에 내다 팔 수 있게 하였다. 그러나 신경제정책은 우크라이나에 너무 늦게 도입되어 기근을 막지 못했다. 1920년과 1921년의 가혹한 강제징발과 1921년 우크라이나와 볼가 강 지역을 덮친 가뭄으로 심각한 기근이 발생했다. 당시 기록으로는 우크라이나공화국 내에서 235,000명이 기근으로 사망한 것으로 되어있으나, 최근 우크라이나 역사학자들은 사망자와 유산된 태아를 합쳐 100만 명 이상이 죽은 것으로 추산한다. 1921년 여름 소련 당국은 서방에 지원을 요청했고, 미국이 대규모 구호 원조를 하였다.

NEP 시기에 건설된 드리프로 강의 댐

농업 부문에서 시장경제로의 회귀는 고무적 결과를 가져왔다. 곡물세금이 현금세금으로 교체된 1923년 이후 농민들은 공산품을 구입할 수 있게 되었다. 볼셰비키정권의 '전술적 후퇴(tactical retreat)'는 경제 전반에 큰 도움을 주었다. 정부가 소규모 사업장에 대한 국유화를 중단하자 소비재 산업과 서비스업이 크게 활성화되었다. 짧은 기간 동안 우크라이나 당국은 공화국 전체 사업장의 절반에 해당하는 5,200개의 공장과 사업장을 민간에게 위탁경영하였다. 1923년 우크라이나 정부는 8억5천만 금루블(gold rouble)의 사업장 임대소득을 올렸다. 대규모 공장은 국유화되었지만, 중앙에서 관리하던 원료 공급도 일부는 기업간 계약에 의해 이루어지게 했다. 1926년 우크라이나 내 사적 기업의 수는 106,824개까지 늘어났다. 농업 생산, 상업, 소비재산업의 성장으로 1927년 우크라이나 GNP는 전쟁 전 수준을 회복했다. 신경제정책의 성공에도 불구하고 볼셰비키정권은 불안을 느끼기 시작했다. 1927–1928년 정부는 주요 곡물 생산자인 부농富農에 대한 공격을 시작했다. 부농을 '쿨락kulak'이라고 부르며, 가난한 농민을 착취하고 '계급 혐오(class hatred)' 때문에 곡물을 정부에 팔지 않는 국가의 적으로 비난했다. 또한 상인들과 중소기업인들에 대한 탄압도 시작되었다.

• 정치, 행정 체계의 수립

내전과 폴란드와의 전쟁에서 승리한 볼셰비키정권은 우크라이나 사회주의소비에트공화국을 노동자, 농민, 병사의 독립국가로 선언했다. 1934년까지 우크라이나공화국의 수도는 하르키프였다. 하르키프는 1917–1920년까지 존재한 민족주의정부와 아무런 연계가 없었고, 볼셰비키의 근거지 역할을 하였다. 1922년 소비에트연방이 공식적으로 수립되기까지 우크라이나는 1920년 12월 맺은 경제, 군사원

조협정에 의해 러시아사회주의연방소비에트공화국(Russian Socialist Federated Soviet Republic)과 연결되었다. 벨라루스와 트랜스코카사스소비에트공화국과 마찬가지로 우크라이나는 원칙적으로 러시아와 독립하여 외교 정책을 수행할 수 있었다. 예를 들어 소비에트러시아와 우크라이나는 폴란드-소비에트 전쟁을 종결지은 1921년의 리가 조약(Treaty of Riga)을 각각 체결했다. 1922년 볼셰비키는 중앙과 각 공화국의 권한의 경계를 명확하게 확정지으려고 했고, 이 과정에서 소비에트의 민족정책의 틀도 잡히기 시작했다. 민족문제 담당 서기를 맡고 있던 스탈린은 소비에트러시아에 내에서 다른 공화국들이 자치권을 보유하는 연방제를 추진하였다. 이러한 시도에 대해 당시의 우크라이나 공산당 지도자들은 주권을 지키려고 노력하였다. 최종적으로 레닌이 나서서 러시아연방, 우크라이나, 벨라루스, 트랜스코카사스연방이 대등한 자격으로 연방을 구성하는 '소비에트사회주의공화국연방(Union of Soviet Socialist Republics USSR)'을 설립하였다(1922년 12월).(1929년 러시아연방과 트랜스코카사스연방을 일부 분리하여 9개 공화국을 만들었고, 1936년에는 공화국 수가 11개로 늘어났다.)

연방조약안과 1924년의 연방헌법에 의하면 모든 군사, 외교, 대외무역, 교통, 통신 업무는 중앙정부가 관장하게 되었다. 각 공화국은 경제, 사회, 문화 업무를 관장하는 내각에 해당하는 인민위원회(commissariat)를 갖게 되었다. 그러나 중앙정부는 단계적으로 모든 업무를 중앙에서 통제하는 수직적 체계를 갖추었다. 헌법에는 각 공화국이 소연방에서 탈퇴할 권한을 명시했지만, 공산당과 적군이 모든 권력을 장악한 상태에서 분리독립은 불가능한 일이었다.

출발부터 우크라이나공산당이 당면한 가장 큰 문제는 토착적 권력 기반을 건설하는 것이었다. 1918년 당이 설립되었을 때 당원 수는 4,364명에 불과했다. 그러나 이 숫자는 1922년 56,000명까지 늘어났다. 그러나 이 당원 중 48%는 우크라이나에 주둔하는 적군이었다. 당원 중 우크라이나인이 차지하는 비율은 23%에 불과했고, 당원 중 우크라이나어를 구사할 줄 아는 사람은 11%에 불과했다. 혁명 전 우크라이나에서 활동하던 볼셰비키는 주로 러시아인과 유대인이었고, 혁명과정이나 이후에 우크라이나 농민들에게까지 당의 기반을 넓히는 데는 실패했다. 내전이 끝났을 때 우크라이나에는 20여 개의 정당이 난립해 있었다. 이 중 공산당이란 명칭을 쓴 정당이 세 개나 되었다. 볼셰비키당인 CP(B)U(Communist Party Bolshevik of Ukraine) 외에 소위 '보로트비츠'파는 사회혁명당에서 파생되었고, '우크라이나 공산당(Ukrainian Communist Party)'의 당원들은 '우카피스트Ukapist'라고 불렸다. 1921년부터 1924년 사이 대부분의 군소정당은 해체되거나 볼셰비키당에 흡수되었고, 우카피스트도 1915년 대부분 볼셰비키당에 가담함으로써 우크라이나에는 단일 볼셰비키 공산당 체제가 수립되었다.

• 우크라이나화와 민족공산주의

1923년 모스크바에서 열린 12차 공산당대회에서 소위 '토착화(ko-renizatsia)' 정책이 채택되었다. 이 정책의 핵심은 각 민족공화국의 지도부에 중간간부로 토착민족 출신을 기용하고, 민족어와 민족문화를 장려하는 것이었다. 1925년 토착화정책에 열의를 보이지 않은 당 제1서기 크비링Emmanual Kviring이 모스크바로 소환되고 우크라이나 출신 유대인인 카가노비치Lazar Kaganovich가 당서기장으로 취임하면서 우크라이나화 정책은 본격적으로 추진되기 시작했다. 카가노비치는 1926년 1월을 완결 시점으로 잡고 당, 행정기관, 교육, 언론 분야의 우크라이나화를 적극적으로 추진했다. 1925년 공화국 업무의 25% 정도만 우크라이나어로 수행된데 반해 1927년에는 이 비율이 70%까지 늘었다. 1927년에는 우크라이나인이 당과 정부 관리의 절반 이상을 차지하게 되었다. 그러나 당시의 자료를 연구한 역사학자들은 이러한 비율은 하급관리층에 우크라이나인들을 많이 채용함으로써 생긴 착시 효과라고 주장한다. 1926년 1,898명의 고위 볼셰비키 당원 중 러시아어를 사용할 줄 아는 사람은 345명에 불과했다. 1920년대 하반 우크라이나화 정책은 가속도를 내어 추진되었다. 이러한 성과에는 1927년부터 1933년까지 교육담당 인민위원이었던 스크립니크Mykola Skrypnyk의 공이 컸다. 1929년 초등학교의 83%, 중등학교의 66%는 우크라이나어로 수업을 진행하였다. 우크라이나 학생 97%가 우크라이나로 수업이 진행되는 학교에서 수학하였다. 출판 분야에서의 성과도 매우 컸다. 1922년 출판된 책의 29%만이 우크라이나어로 출간되었고, 우크라이나어 신문 30개, 러시아어 신문 102개였던 것에 반

스탈린과 카가노비치(스탈린 오른쪽이 카가노비치)

스크립니크

슘스키

해 1931－1932년에는 신문을 포함한 정기간행물의 88%, 출판된 책의 77%가 우크라이나어를 사용하였다. 그러나 우크라이나에서 판매되는 책의 3/4은 러시아에서 출간된 책이 차지하였고, 도시 주민들은 모스크바에서 발행되는 중앙일간지를 주로 구독했다. 전체적 상황은 우크라이나어가 러시아어를 대체했다고 보기 어렵고, 우크라이나어의 사용 영역이 많이 넓어져서 러시아어－우크라이나어 이중언어 사용 환경이 조성되었다고 보는 것이 옳다.

• 1920년대의 사회와 문화

우크라이나화가 도시에서는 높은 수준으로 진행되지는 않았지만, 도시지역의 사회적 변화는 컸다. 1920년 420만 명이었던 도시 거주 인구는 1928년 560만 명으로 늘어났다. 도시인구의 증가는 주로 농촌지역에서의 인구유입에 의해 이루어졌다. 1920년대 도시로 이주한 농민들은 일방적인 러시아화에 노출되지는 않았다. 이미 이중언어 사용이 확산되기 시작하여 도시에서는 우크라이나어로 된 간판, 포스터, 극장이 있었고, 우크라이나어를 쓰는 관리들과 경찰을 만날 수 있었다. 내전 기간 중 260,000명이었던 산업노동자의 수도 1927년에는 675,000명까지 늘어났다. 새로 늘어난 노동자의 대부분은 도시에서 직업을 찾은 우크라이나 농민들이었다. 통계 자료마다 차이가 있지만, 1920년대에 우크라이나인들은 산업노동자의 주류가 되었다. 당시 가장 큰 건설프로젝트였던 드니프로강 댐 건설에 투입된 노동자의 2/3는 우크라이나인들이었다. 우크라이나화 정책으로 노동자들의 러시아화 동화는 느리게 진행되었고, 우크라이나 노동 계층에도 어느 정도 민족의식이 형성되었다.

볼셰비키정권의 압박에 시달리기는 했지만, 정교회는 1920년대 대부분의 우크라이나인들에게 큰 영향을 발휘했다. 러시아정교회의 영향력을 감소시키기 위해 볼셰비키정권은 "살아있는 교회(Living Church)"나 '우크라이나 독립정교회(Ukrainian Autocephalous Orthodox Church, UAOC)'가 분리되어 활동하는 것을 인정했다. 집정내각 정부가 1919년 뒤늦게 독립정교회를 인정했기 때문에 독립정교회 조직은 1920년 5월에야 완성되었다. 독립정교회는 부족한 사제수를 빠른 시간에 늘리려고, 사제서품 규정을 유연하게 적용했기 때문에 이때 임명된 사제들의 정통성 문제가 제기되기도 했다. 독립정교회는 키예프의 성소피아 성당을 비롯한 교회 건물들을 인수했고, 예배 진행 언어로 교회슬라브어 대신 우크라이나어를 채택했다. 1920년대 후반 독립정교회가 세력이 커지고 신도수가 늘어나자 정부는 각 교구에 무거운 세금을 매기고, 독립정교회 지도자인 대주교 립킵스키 Lypkivsky를 해임시켰다.

소비에트 정부의 교육 강화와 우크라이나화 정책은 1920년대 중후반 괄목할만한 문화부흥의 결과를 가져왔다. 1927년까지 문맹률을 제로로 만든다는 볼셰비키정권의 정책은 너무 야심적이었지만 그래도 상당한 결실을 가져왔다. 1927년 도시 거주민의 70%, 농촌 인구의 50%가 문자해독이 가능했다. 이것은 1897년의 평균 문자해독률 28%에 비하면 큰 발전이었다. 1927년 우크라이나어 구사능력은 대학 입학과 졸업의 요건이 되었고, 1928년 42%의 대학생이 우크라이나어로 수업을 받았다. 우크라이나화 정책에 고무되어 저명한 학자들이 우크라이나로 돌아왔다. 1924년 러시아로 추방당했던 흐루셉스키는 키예프로 돌아와 우크라이나 과학아카데미의 역사-언어분과의 좌장을 맡았다.

신경제정책 기간 동안 소비에트 정권은 예술적 표현에 대해 관용적 정책을 취했다. 공식적인 '유연한 문화정책(soft line on culture)'은 우크라이나화 정책과 더불어 우크라이나 문화 역사상 가장 창조적이고 실험적인 시대를 만들었다. 티치나Pavlo Tychyna, 릴스키Maksym Rylsky, 소슈라Volodymyr Sosiura 같은 뛰어난 젊은 시인들은 독자들의 마음을 사로잡았으며, 보이축Mykhailo Boichuk, 페트리츠키Anatol Petrytsky 같은 화가들은 민족적이고 현대적인 미술 장르를 만들어냈다. 랴토신스키Borys Liatoshysky, 레부츠키Lev Revutsky는 이전에 우크라이나 음악에 없던 심포니 장르를 만들어냈다. 젊은 연출가 쿠르바스Les Kurbas의 연극은 대중들의 찬사를 받았으며 영화감독 도브젠코Alexandr Dovzhenko의 작품은 국제적으로 인정을 받았다. 그의 영화 '토지(Earth)'(1930년)는 1958년 브뤼셀 영화제에서 지금까지 가장 뛰어난 영화 10편에 들기도 했다.

볼셰비키정권의 노선에 충실하고 프롤레타리아 교화와 선전을 위해 봉사한 작가들도 있었다. 친볼셰비키 작가들은 '쟁기(Pluh)'라는 프롤레타리아 문학그룹을 조직하기도 했다. 1925년 흐빌로비Mykola Khvylovy는 '동반자(fellow travellers)' 그룹 작가들을 규합하여 프롤레타리아 문학 자유아카데미(약자 VAPLITE)를 결성했다. 여기에 속한 작가들은 러시아보다는 유럽적 모델을 문화적 모델로 삼으려고 했다. 이러한 경향은 흐빌로비가 내세운 슬로건 "모스크바로부터 벗어나라(Away from Moscow)"에 잘 나타나 있다. 볼셰비키정권은 흐빌로비를 규탄하고 '전소련프롤레타리아작가동맹(All－Union Association of Proletarian Writers)'의 우크라이나 지부를 지원하며 문화에 대한 정부의 통제를 강화해 나가기 시작했다.

22장 스탈린 시대의 우크라이나

1920년대 중반부터 신경제정책의 모호한 경제적, 사회적 성격에 불안을 느낀 볼셰비키 지도부는 새로운 노선을 찾기 시작했다. 스탈린은 처음에는 반대파를 제압하기 위한 전술적 목적으로 부하린Nikolai Bukharin, 리코프Aleksei Rykov 등의 중도파와 손을 잡았으나 곧 이들을 제거하고 농업의 희생을 바탕으로 한 신속한 공업화를 추구하는 좌파노선을 채택했다. 우크라이나의 지도부도 스탈린의 노선에 충실히 따랐다. 1928년 스탈린은 카가노비치를 모스크바로 소환하고 자신의 심복인 코쇼르Stanislav Kosior를 우크라이나 공산당지도자로 내려 보냈다. 당과 행정 분야에서의 우크라이나화 정책은 종식되고 민족공산주의자에 대한 숙청이 단행되었다. 1929년 우크라이나 공산당은 24,000명의 '우파 당원(rightists)'을 숙청했는데, 이것은 우크라이나 공산당원의 10%에 해당하는 수자였다.

스탈린은 대규모 산업화, 농업집단화, 부르주아 문화의 압제를 내용으로 하는 급진적 사회변형을 꾀하였다. 급격한 산업화와 도시화는 우크라이나의 사회적 구조를 바꾸어 놓았고, 농업집단화와 1932-1933년의 대기근은 정권에 도전할 수 있는 사회적 세력으로서의 농민층을 완전히 파괴하였다. 공포정치는 토착 정치 엘리트를 제거하였다. 1930년부터 지속적으로 진행된 우크라이나 지식인 숙청은 민족문화 발전을 정지시켰고, 러시아 문화의 영도적 지위를 내세운 스탈린주의의 문화적 가치를 침투시켰다.

• 1차 5개년 계획

신경제정책이 철폐되면서 정부는 경제체제 거대한 중앙통제 체제로 바꾸고 모든 상품의 생산과 분배를 독점 관리하였다. 정부가 주도하는 '통제경제(command economy)'는 거대한 관료제도를 만들어냈고, 상품의 질을 향상시키거나 혁신을 가져오지는 못했다.

정부는 1차 경제5개년계획(1928−1932년)을 수립하였다. 1차 5개년 계획은 중공업 발전에 초점이 맞춰졌는데, 우크라이나공화국이 시범 대상이 되었다. 우크라이나 지도부는 우크라이나가 우선산업화 지역으로 선정될 수 있도록 로비를 벌였고, 목표한 바를 얻어내어 중앙정부로부터 집중적 재정지원을 받게 되었다. 1929년 4억3천만 루블이었던 산업화 투자는 1932년 12억2천만 루블로 3배 가까이 늘어났다. 1차 5개년 기간 중 건설되기로 한 1,500개의 산업시설 중 400개가 우크라이나에 건설되었다. 드니프로 강에 건설된 수력발전소는 유럽에서 가장 큰 규모였고 소비에트 산업화의 상징이 되었다. 하르키프의 트랙터공장과 자포로지아의 철강공장도 1차 5개년계획의 일환으로 건설되었다. 자포로지아 공장은 2차대전 전까지 가장 큰 재원이 투입된 건설프로젝트였다. 폴란드나 독일과 전쟁을 하는 경우 전쟁 지역이 될 가능성이 높은 우안지역에는 산업화가 거의 이루어지지 않았다. 돈바스 지역과 드니프로 강 하류 지역이 산업화의 중심지역이 되었다. 드니프로페트롭스크, 크리비이 리그, 자포로지아가 산업화의 혜택을 가장 많이 보았다. 그러나 경제학자들은 우크라이나의 자원이 러시아로 공급되고, 러시아로부터 완성품이 수입되는 산업구조에 우려를 나타내기도 했다. 중앙정부는 우크라이나를 소련 전체를 위한 석탄과 철광석의 생산중심지로 보았다. 1932년 우크라이나는 소련에서 소비되는 석탄, 철광석, 선철의 70%를 생산한 대신, 최종 철강제품 생산비율은 23%에 불과했다. 전반적으로 스탈린의 통제경제 시스템은 우크라이나의 경제가 모스크바에 직접적으로 종속되도록 만들었다. 1927년 우크라이나공화국은 공화국 내 산업의 81%를 통제했는데, 1932년 이 비율은 38%로 떨어졌다. 맹렬한 산업화 속도와 시장경제체제의 정지, 총생산 목표제는 비효율과 생산품의 저질화를 가져왔다. 결함투성이의 건설, 기계, 생산의 병목현상은 짜르 시대에 교육을 받은 구체제 기술자들의 태업 탓으로 돌렸다. 합리적인 산업화 속도를 주장하는 관리자와 기술자는 침묵을 강요당했다. 1933년 초 스탈린이 1차 5개년계획의 목표가 충실히 달성되었다고 선언했을 때 아무도 공식 통계자료에 토를 달지 못했다. 공식 자료가 많이 부풀려지기는 했지만, 서방 학자들은 1차 5개년계획 기간을 통틀어 산업생산이 50% 증가하여 2차대전 후 일본이나 독일이 거둔 눈부신 성과에 버금가는 산업발전이 이루어졌다고 인정했다. 1차 5개년계획 기간 이후 우크라이나는 주요한 산업 기지로 탈바꿈했다.

2차 5개년계획기간(1933－1937년)과 3차 5개년계획기간(1938－1941년, 2차대전 발발로 완수되지 못함) 동안 크렘린이 시베리아 지역의 산업시설 건설에 많은 재원을 투입했기 때문에 우크라이나에 대한 투자 비율은 줄어들었다. 우크라이나의 산업화는 교통, 기계제작, 화학공업에 초점이 맞춰졌다. 1932년 이후 우크라이나의 산업생산 증가는 러시아에 뒤떨어졌다. 1940년 우크라이나의 산업 생산은 1913년과 비교하여 7.3배 증가하였고, 소련 전체는 7.6배, 러시아연방은 8.9배 증가하였다. 2차 대전 직전 우크라이나는 유럽의 가장 큰 산업중심지 중 하나가 되었다. 생산품의 질을 따지지 않고 양으로만 보면, 우크라이나의 철강과 기계 생산량은 프랑스와 이태리를 앞섰고, 영국과 거의 비슷한 수준이 되었다.

• 농업집단화

노동자의 당을 주창하고 나선 볼셰비키당은 농민들을 소부르주아 본능이 있는 소규모 생산자로 보고 불신했다. 혁명가들은 러시아보다 사적 농지 소유 전통이 강하고, 농촌 공동체가 농촌 생활에 큰 영향력을 가지고 있는 우크라이나에서 농민들을 대상으로 한 전쟁을 준비하였다. 신경제정책의 추진으로 농촌 개혁은 일시 미루어졌지만 볼셰비키는 자신들이 계획을 결코 포기하지 않았다. 1920년대 초 자발적 참여를 바탕으로 진행된 집단농장과 국영농장 조성 사업에는 전체 농가의 3%에 해당하는 가장 빈곤한 일부 농민들만 참여하였다. 1927년과 1928년 정부는 자발적 집단화정책을 추진하였지만 6% 미만의 농가만 집단화에 참여하였고, 이들이 집단화에 내놓은 농지는 전체 농지의 4%에도 미치지 못하였다. 이런 상황을 생각하면 1차 5개년계획 기간 동안 경제계획가들이 농촌집단화 목표율을 12%로 잡은 것은 놀라운 일이 아니었다. 그러나 스탈린은 이런 조심스러운 정책을 버리고 강제적 집단화를 추진하기로 했다. 인위적으로 곡물수매가격을 낮게 책정하여 곡물을 수출에서 발생하는 이익을 최대화하고, 곡물 배급량을 최소화함으로써 산업발전에 필요한 자본을 충당한다는 것이 정부의 계획이었다. 1927년부터 농민들은 징발 대상이 아닌 다른 작물들을 경작하고, 생산된 곡물 일부를 스스로 비축하

집단농장

부농(Kulak)

기 시작했다. 1929년 2월 부하린 등 중도파를 제거한 스탈린은 농촌에 대한 사회주의 공격을 시작했다. 이러한 공격으로 소련의 '빵바구니(breadbasket)' 역할을 하는 우크라이나는 가장 큰 희생을 치렀다. 이미 강제 곡물 징발로 곡물수집량을 늘린 정부는 1929년 가을 전면적인 강제 농업집단화를 시작했다. 우크라이나에 대한 집단화 목표는 두 번 수정되었다. 처음에는 1932년까지 농가의 30%를 집단화하는 것을 목표로 하였으나, 1930년까지 100% 집단화를 달성하는 것으로 목표를 바꾸었다. 1929년 가을 수십만 명의 노동자, 병사, 당원들이 우크라이나 농촌으로 파견되어 마을들을 하나씩 집단화시켰다. 농민들은 집단화 명령에 복종하지 않는 경우 받게 될 탄압과 높은 세금, 곡물 징발 때문에 집단화 명령에 복종할 수밖에 없었다.

당시의 전형적인 선전언어와 같이, 집단화는 '부농'에 대한 '계급전쟁'이라는 명분으로 수행되었다. 그러나 부농의 기준이 명확하게 정의되지 않고 집단화에 대항하는 모든 농민은 부농으로 낙인찍혔다. 1934년까지 약 20만 농가, 인구로는 100만 명 정도가 부농으로 낙인찍혀서 탄압을 받고 농지를 잃었다. 부농은 세 단계로 분류되었다. 반소비에트 활동가로 낙인찍힌 부농은 사형되거나, 투옥되거나,

오지로 추방되었다. 단순히 부가 많은 부농은 모든 재산을 잃고 추방되었다. 정치적으로 해가 되지 않는 부농은 집단농장에 들어가지 못하고, 자신의 농지를 빼앗기고 척박한 농지를 받았다. 1930년에만 약 75,000가구의 부농이 시베리아, 중앙아시아, 태평양 지역으로 추방된 것으로 추정된다. 부농 척결 운동만으로 농민들의 저항의 씨를 제거할 수는 없었다. 체르니기프에서 발생한 농민 봉기에는 지역 주둔 적군 부대도 가담하였다. 1930년 2월 20일부터 4월 2일까지 기간에만 우크라이나에서는 1,716건의 농민 소요와 반란이 보고되었다. 대부분의 농민들은 가축을 스스로 도륙하거나 도시로 도망침으로써 수동적으로라도 농업집단화에 반기를 들었다. 1차 5개년 기간 동안 우크라이나의 가축 수는 절반으로 줄어들었고, 돼지는 700만 마리에서 200만 마리로 줄어들었다. 1930년 전반 갑작스런 스탈린의 명령으로 강제적 농업집단화가 일시 중지되었지만, 가을이 되자 집단화 작업은 다시 시작되었다. 고율의 세금과 강제적 곡물할당량으로 사적인 영농은 사실상 불가능하게 되었다. 1932년 세금은 농가의 평균 이익 수준을 넘어섰다. 1932년 농가 집단화율은 70%에 달했고, 집단화된 농지 비율은 80%가 되었다. 1930년대 중반 우크라이나의 모든 농지는 집단화되거나 국유화되었다.

이념적 이유로 정부는 국영농장(sobkhoz)을 선호하였지만 1930년대 정부는 도처에 국영농장을 만들고 유지할 재원이 없었다. 국영농장은 근본적으로 농업공장이나 마찬가지였고, 농민들은 농업에 종사하는 노동자로 분류되었다. 우크라이나 농민의 대부분은 집단농장(kolkhoz)에 가담하였다. 1932년에 우크라이나에는 23,000개의 집단농장이 있었다. 집단농장은 정부에서 정한 목표량의 농산물을 생산하고, 나머지 농산물은 집단농장 구성원 사이에 '노동일수(labor days)'에 따라 분배되었다. 정부 공식 선전매체는 농업집단화로 인한 높은 농업기계화율과 높아진 생산성을 선전하였다. 그러나 2차대전 전까지 농업 생산성은 거의 증가하지 않았다. 기계화율의 상징이라고 할 수 있는 트랙터도 평균 한 집단농장에 하나가 있는 정도였고, 그나마도 잦은 고장으로 사용이 불가능한 경우가 많았다. 1932년 8월 드니프로페트롭스크의 트랙터 중 70%는 고장으로 사용할 수 없었다. 정부는 '기계트랙터센터(MTS, machine and tractor station)'를 만들고 농기계를 집단 관리했다. 1932년 말 우크라이나의 MTS의 수는 594개가 되었는데, MTS는 소련 농업기계화의 상징으로 선전되었다.

소련의 다른 지역보다 우크라이나에서 집중적으로 실시된 강압적 농업집단화는 농업에 큰 혼란을 일으켰다. 좋은 기후 여건 때문에 1930년 우크라이나의 곡물 생산량은 2,310만 톤에 이르렀다. 이것은 소련 전체 곡물 생산량의 27%를 차지하는 수확량이었다. 그러나 이러한 풍족한 작황 뒤에는 집단화로 인해 쇠약해진 농업잠재력이 숨겨져 있었었다. 정부는 우크라이나에서 770만 톤의 곡물을 징발하였는데, 이것은 소련 전체 징발량의 38%에 이르는 것이었다. 1931년의 수확량은 1,830만 톤으로 크게 줄었지만, 정부는 징발량을 전년도와 같이 정하고 곡물 강제 징발을 위해 군대와 경찰을 파견했다. 정부는 약 700만 톤의 곡물 징발에 성공했지만, 이로 인해 농민들은 겨울을 날 식량도 부족하게 되었고, 이듬해 파종용 곡물도 절반밖에 확보하지 못했다. 1932년의 작황은 훨씬 나빠져서 1,460만 톤에 그쳤다. 학자들은 이러한 수확 감소의 원인으로 1931년의 가뭄, 집단화로 인한 농업 기반 파괴, 집단농장에서의 농민들의 노동 의욕 감소, 당시 사람들은 인지하지 못한 병충해 피해 등을 들고 있다. 이러한 원인들이 1932－1933년의 대기근의 원인이 된 것은 사실이지만, 서방 및 우크라이나 학자들은 이구동성으로 강제적 곡물 징발을 주원인으로 꼽고 있다. 소련 정부가 수확예상량을 과도하게 높게 잡아서 지방 관리들에게 실제 징발 가능한 양 이상의 곡물을 징발하도록 압박을 준 것은 사실이지만, 곡물 징발에 대한 농민들의 반발을 무조건 제압하려는 정부의 욕구도 대기근을 촉발시킨 원인이 되었다. 정부의 징발할당량을 강제적으로 채우기 위해 군인들과 당원들이 농촌지역에 들이닥친 1932년 가을부터 농민들은 기아에 시달리고 있었다. 최근의 고문서 자료 조사와 구술 증언에 의해 농가를 하나하나 수색하며 농가가 보관한 마지막 곡식 낱알까지 징발한 잔인한 실태가 드러났다. 아동들은 기아와 영양부족으로 죽어갔고, 인육을 먹는 상황도 발생했다. 당국은 농민들이 대량으로 곡물을 숨기고 있다고 하며 수색을 계속하여 마을 전체가 기아 상태에 빠지게 하였다. 1932년 8월부터는 집단농장의 곡물을 조금만 훔쳐도 사형에 처했다. 같은 해에 시작된 국내여권제도 때문에 농민들은 도시로 도망을 갈수도 없었고, 농민들이 러시아로 넘어가는 것을 막기 위해 우크라이나와 러시아의 국경도 폐쇄되었다. 굶주린 농민들은 인근 도시로 탈출하려고 시도하였고, 도시로 통하는 길에는 농민들의 시체가 줄지어 방치되어 있었다. 대기근은 1933년 초 절정에 달했다. 크렘린은 공화국 지도부의 '주의 부족(lack of vigilance)'을 비난했다. 최근 연구에 의하면 스탈린은 곡물징발 위기를 우크라이나화 정책으로 공산당에 들어온 우크라이나 민족주의자들의 책임으로 돌렸다. 스탈린주의자들은

대기근 희생자

우크라이나의 농민 저항의 원인을 우크라이나 민족주의에서 찾으려고 하였다. 1932－1933년 소련은 우크라이나 곡물을 계속 서방에 수출하였고, 서방국가의 원조 제안을 거절했다. 정부는 대기근에 대한 언론보도를 일체 금지시켰다. 대표적인 20세기 우크라이나 경제사가인 쿨치츠키Stanislav Kulchytsky는 300만－350만 명이 기아와 영양부족으로 사망하였고, 태아유산을 포함한 인구 상실은 450만－480만 명으로 잡고 있다. 현재 우크라이나에서는 1932－1933년의 대기근(우크라이나어 Holodomor)을 국가적 비극으로 공식 추모하고 있다.

• 대숙청

스탈린이 대숙청은 1937년에 절정에 이르렀지만, 우크라이나는 1933년, 1937년 두 번 숙청의 회오리바람을 맞았다. 우크라이나에서의 숙청의 역사는 1930년부터 시작되었다. 당국이 적발했다고 발표한 '우크라이나해방동맹(Union for the Liberation of Ukraine)'에 대한 공개 재판이 하르키프 오페라 극장에서 열렸고, 재판과정은 라디오로 중계되었다. 이 재판은 구 우크라이나 지식인층을 제거하기 위한 목적으로 열렸다. 검찰은 이 지식인 그룹이 우크라이나의 분리독립, 집단화에 대한 조직적 저항 등을 획책했고, 심지어는 스탈린을 암살할 음모를 꾸몄다고 혐의를 씌었다. 지식인 45명이 기소되어 이 중 36명이 유죄판결을 받았다. 우크라이나 독립정교회 지도자들에 대한 공격도 시작되었다. 독립정교회는 자체적으로 해산하도록 압력을 받았고 1930-1934년 34명의 주교가 체포되었다. 과학아카데미도 숙청 대상이 되었다. 흐루솁스키가 이끌던 역사연구소를 비롯하여 과학아카데미 소속 여러 연구소가 폐쇄되었다. 흐루솁스키와 야보르스키Matvii Yavorsky는 실체가 모호한 '우크라이나민족센터'를 세운 혐의로 체포되었다. 흐루솁스키의 제자들과 갈리시아에서 온 학자들도 상당수 기소되었다. 흐루솁스키는 압력에 굴복하여 가상적 조직의 회원임을 자백했는데, 당국은 흐루솁스키를 기소대상자에서 제외하고 모스크바로 보냈다. 그는 모스크바에서 감시 속에 계속 연구를 하다가 1934년 사망하였다. 야보르스키는 용감하게 스탈린주의를 비판하는 공개 편지를 썼다가 1937년 처형당했다.

1932년 말 우크라이나에서 곡물 징발이 제대로 이루어지지 않는 것은 민족주의자들의 저항 때문이라고 생각한 스탈린은 우크라이나화 정책을 중지시키고, 포스티셰프Postyshev를 당 제2서기로 파견하여 숙청을 지휘하도록 했다. 그는 각 지역의 공산당 지도자 237명을 해임하고, 이들 대부분을 체포하였다. 1933년 2월에는 우크라이나화 정책의 기수였던 교육장관 스크립니크를 해임하였다. 그에 대한 공개적 비판이 이어지자 스크립니크는 1933년 2월 권총으로 자살했다. 두 달 뒤에는 작가 흐빌로비가 자살했다. 1933년 동안 약 10만 명의 공산당원이 당에서 추방되었고, 수십 명의 작가가 체포되었다. 이전에 교육담당 인민위원을 맡았던 슘스키Oleksandr Shumsky도 가공적인 '우크라이나군사조직'을 만든

흐빌로비

혐의로 투옥되었다.

소련의 다른 지역에서와 마찬가지로 우크라이나에서 대숙청과 공포정치는 1937－1938년에 절정에 이르렀다. 이 기간 중 우크라이나에서는 총 267,579명이 체포되어 이중 122,237명이 처형되었다. '인민의 적'으로 낙인 찍혀 처형된 사람들 중에는 전 당 지도자 코쇼르와 포스티셰프도 포함되어 있었다. 1937년 당 중앙위원으로 선출된 62명 중 55명이 처형되었다. 정치국원 11명 중 한 명 만이 숙청되지 않고 살아남았다. 우크라이나 내 소수민족의 희생도 컸다. 1937년 체포된 사람 중 폴란드계와 독일계 주민의 비율은 각각 18.9%와 10.2%였는데, 이들이 인구에서 차지하는 비율은 각각 1.5%와 1.4%에 불과했다.

학자들은 대숙청의 배경을 다양하게 해석한다. 대숙청을 선거제도가 없는 스탈린체제의 자연적 인적 교체 매커니즘으로 보는 학자들은 각 지역의 토착 당간부 세력과 구 볼셰비키 당원들과 부르주아 지식인들을 스탈린의 추종자들로 교체하는 과정으로 본다. 대부분의 학자들은 처음에 소수의 정치적 반대자들을 제거하기 위하여 시작된 숙청작업이 눈사태처럼 통제하기 어렵게 확산되어 도처에서 체제의 적들을 찾아내는 광범위한 대숙청으로 확대되었다고 본다. 소련이 적들에게 포위되어 있다는 인식과 거대한 비밀경찰 조직에 내려진 숙청 할당량으로 인해 당 간부와 실무자, 지식인, 일반 주민을 공포의 숙청 매커니즘으로 밀어넣었다. 대숙청으로 우크라이나에서는 사상적 노선을 떠나 1917－1920년 혁명에 참가한 정치 세대가 완전히 제거되고, 새로운 소비에트 엘리트인 소위 '38그룹(class of 38)'이 탄생하게 되었다. 이 집단은 혁명이나 국가가 아니라 크렘린의 최고 지도자에게 충성하고, 상황에 따라 노선을 바꾸는 정치 세대였다. 후에 소련의 지도자가 되는 레오니드 브레즈네프Leonid Brezhnev도 드니프로페트롭스크에서 '38그룹'의 일원으로 당의 출세 계단을 오르게 되었다. 1938년에는 우크라이나에서 당 경력을 시작하고 모스크바 시당에서 경력을 쌓은 니키타 흐루시초프Nikita Khrushchev가 우크라이나의 당 지도자로 내려왔다.

흐루시초프

브레즈네프

1930년대에는 우크라이나 정책의 철폐와 러시아화 정책의 추진으로 교육, 문화 부문에도 큰 변화가 일어났다. 출판시장에서 우크라이나어 책인 차지하는 비중은 79%에서 42%로 줄어들었고, 우크라이나어로 발행되는 신문의 비율도 89%에서 69%로 감소했다. 우크라이나어 학교 비중은 89%(1932년)에서 82%(1939년)로 외형적으로 크게 줄지는 않았지만, 모든 학교에서 러시아어가 필수과목이 되었다. 1930년대 중반부터 언론은 러시아어를 소련의 공용어(lingua franca)이자 공산주의 미래의 언어로 치켜세웠다.

23장 1차대전과 2차대전 사이의 서부 우크라이나

1차대전에서 승리한 연합국은 파리에서 열린 여러 차례의 강화회의를 통해 유럽의 지도를 새로 그렸다. 연합국은 외형적으로는 윌슨 대통령이 주창한 민족자결주의를 지지하였지만, 유럽의 모든 민족이 민족국가(nation-state)를 수립하는데 성공한 것은 아니었다. 오스트리아-헝가리제국이 분해되면서 제국 내에 있던 우크라이나인들은 폴란드, 체코슬로바키아, 루마니아로 분산되어 거주하게 되었다. 폴란드와 루마니아는 러시아제국에 속했던 영토의 일부를 얻었고, 여기에 살던 우크라이나인들도 이 두 국가에 속하게 되었다. 소련 밖에 우크라이나인들이 거주하는 영역은 오스트리아-헝가리제국 시절보다 확대되었다. 1930년대 초 7백만 명이 넘는 역외 거주 우크라이나인들은 2차대전 전까지 유럽에서 가장 큰 국가 없는 소수민족을 이루었다.

파리강화회의는 소수민족 권리 보호를 위한 규정을 만들었다. 새로 수립된 국가들은 국가 내의 모든 시민을 동동하게 대우해야 하고, 소수민족 언어, 학교를 보호하는 조치를 마련해야 했으며, 규모가 큰 소수민족의 경우는 자치권까지도 보장해야할 의무가 있었지만, 대부분의 사항은 약속에 그치고 말았다. 1차 대전 후 '민족화가 강화되는 국가(nationalizing state)'였던 폴란드와 루마니아는 토착민족의 지위 향상과 소수민족의 동화 또는 세력약화에 국가권력을 사용하였다. 그러나 오히려 이러한 경향이 우크라이나인들의 독자적 민족적 정체성을 갖도록 만드는 효과도 있었다. 민족주의가 주된 정치적 담화가 되면서 서부 우크라이나에서 사회주의는 영향력을 잃기 시작했다. 우크라이나인들은 시민적 민족주의보다는 급진적 민족주의사상에 더 끌렸다. 1930년대에는 서부 우크라이나의 젊은 민족운동가들은 테러도 마다하지 않는 지하 민족주의 운동에 끌렸지만, 이러한 분리 운동은 압제적인 폴란드 국가의 붕괴라는 목적을 달성하지 못하였다. 1939년 유럽에 다시 전쟁이 발발할 때까지 서부 우크라이나인들의 운명은 당시의 주요 국가들에 의해 결정되었다.

• 폴란드의 우크라이나인들

1795년 주변 강대국의 분할점령으로 주권을 상실하였다가 다시 복원된 폴란드는 우크라이나인들이 주민의 다수를 차지하는 동부 갈리시아와 서부 볼히냐를 영토 안에 포함하게 되었다. 사실상 1919년부터 폴란드가 갈리시아 전체를 장악하고 있었지만, 연합국은 1923년이 되어서야 폴란드의 관할권을 정식으로 인정했다. 이러한 조치는 연합국의 결정에 희망을 걸고 있던 우크라이나인들을 크게 실망시켰고, 1922년 지역 선거에 불참함으로써 불만을 표현했다. 동부 갈리시아에서는 그리스카톨릭교회와 다양한 민간단체들이 민족운동의 중심 역할을 계속하였다. 이와 대조적으로 1920년 폴란드가 획득한 서부 볼히냐는 주민 대부분이 정교회 신자인 후진적 농업지역이었다. 교육 수준이 낮고 민족운동의 영향을 거의 받지 않은 서부 볼히냐의 주민들은 민족적 정체성에 대한 의식이 낮았다.

소련의 우크라이나가 급속한 공업화와 도시화를 겪는 동안, 폴란드에 속한 우크라이나 지역은 후진적 농업지역으로서의 전통적 성격을 계속 유지하고 있었다. 갈리시아의 석유 채굴량은 저장량 고갈과 높은 채굴 비용으로 감소하였고, 갈리시아와 볼히냐의 소수의 노동자들은 임가공업과 식품공업에 종사했다. 그러나 세계대공황으로 농산물 가격이 폭락하고, 농촌인구를 흡수할 산업도 제대로 발달하지 않은 상태에서 경제적 위기에 처한 농민들은 해외 이민을 탈출구로 생각했다. 그러나 2차대전 전까지 미국과 캐나다가 동유럽과 남유럽, 아시아로부터의 이주민 유입을 제한했지만 15만 명의 우크라이나인들은 아르헨티나, 프랑스, 캐나다로 이주하는데 성공했다. 고향에 남아있는 우크라이나인들은 작은 농지를 가지고 하루하루 연명에 매달려야 했다. 갈리시아 농민의 절반 이상은 2헥타르(약 6천 평)에 미치지 못하는 농지를 가지고 있었다. 농지 개혁은 지지부진하였고, 폴란드 정부가 대영지를 분해하여 농민들에게 분배하기 시작했을 때 이 농지는 대부분 폴란드 농민들에게 돌아갔다. 서부 우크라이나에서 유일한 성공적인 경제 활동 사례는 협동조합이었다. 1930년대 말 약 4천개의 협동조합에 70만 명의 우크라이나인들이 가입하여 혜택을 받았다. 협동조합 중 가장 중요한 것은 유제품협동조합(Maslosoiuz)였다. 약 20만 명의 농민들이 이 협동조합을 통하여 유제품을 폴란드와 국외 시장에 팔았다.

우크라이나의 문화기관도 공격을 받았다. 폴란드 정부는 계몽회의 독서실 절반 이상을 폐쇄하고 르비프대학의 우크라이나어과도 폐지했다. 1924년 폴란드 정부는 우크라이나어를 정부 기관에서 사용하지 못하게 하였고, 우크라이나어로 수업을 하는 초등학교들은 폴란드어–우크라이나어 이중언어 학교로 만들었는데, 당연히 폴란드어가 주도적 위치를 차지하였다. 갈리시아와 볼히냐의 경제적 어려움과 함께 폴란드 정부의 언어, 교육, 종교 권리 침해로 서부 우크라이나인들의 불만은 고조되었고, 일부 정당의 활동이 이러한 불만 폭발의 안전판이 되었다.

• 우크라이나 정당들과 OUN의 부상

1920년대 중반 주류 우크라이나 정치 세력들은 폴란드의 동부 갈리시아 병합을 마지못해 인정하고 폴란드 정치에 참여하기 시작했다. 1925년 몇 개의 군소정당이 모여 '우크라이나 민족민주동맹(UNDO, Ukrainian National Democratic Alliance)'을 창설했다. 이 정당은 전쟁 전의 민족민주주의자(National Democrats)그룹이 다시 탄생한 것으로 볼 수 있다. UNDO는 우크라이나인들의 지지를 받는 중도자유정당이었다, 민족독립 목표를 포기하지 않은 상태에서 UNDO는 시민사회 발전에 초점을 맞추었다. 계몽회, 협동조합, 일간지 '일(Dilo)' 모두 UNDO를 지지했고, 그리스카톨릭교회의 셉티츠키 대주교와 '우크라이나여성연합(Union of Ukrainian Women)'의 지도자인 루드니츠카Milena Rudnytska도 UNDO를 지원했다. 1921년 여성 지위향상을 위해 세워진 우크라이나여성연합은 1930년대 중반 45,000명의 회원을 확보하고 있었다. 광범위한 대중적 지지와 거대한 연계망을 가진 UNDO는 1928년 선거에서 큰 어려움 없이 50%를 득표하였고, 폴란드 하원(Sejm)과 상원에 진출한 우크라이나 의원들의 다수가 UNDO출신일 정도로 영향력을 행사했다. 그러나 세계대공황의 영향으로 민족주의적 성향과 좌파에 의한 폭력이 확산되었다. 폴란드 정부가 우크라이나 민족 조직들을 압제하면서 UNDO는 합법적 절차에 의한 우크라이나인들의 보호에 실패했다. 1935년 UNDO는 폴란드 정부와 협상하여 의회에 일정한 지분을 얻는데 성공했지만, 폴란드의 영향력 있는 지도자 피워수드스키 원수Marshal Józef Piłsudski가 사망하면서 폴란드의 정부의 정책은 우경으로 급선회하였다. 폴란드는 자국 내 소수민족들을 포용할 여유가 없었으므로 소소민족들을 동화시키거나 변경지역을 식민화하는 정책을 취했다. 1930년대 후반 우크라이나의 젊은 세대는 UNDO의 '협력주의(collaborationism)' 노선에 불만을 품었다. 이러한 불만은 당을 분열시켰다.

친러시아적 좌파는 서부 우크라이나아가 소비에트 우크라이나와 합병하는 것을 목표로 삼았다. 1920년대 폴란드의 우크라이나인들 사이에는 친러시아 경향이 일어났다. 이들은 소비에트 우크라이나의 우크라이나화 정책의 성공을 부러워했다. 1990년대 공개된 공산당 자료에 의하면 계몽회, 사립학교, 출판소, 민속학박물관, 심지어 셰브첸코 학술회조차도 소련 정부의 비밀스런 재정 지원을 받았다. 이 기관 중 어느 곳도 친공산당적이지는 않았지만, 소련은 폴란드에 제5열을 조성해 소비에트우크라이나공화국의 확대를 도모하고 있었다. 공개적으로 친러시아 성향을 보인 단체도 있었다. 1923년 지역 공산주의자들은 '서부우크라이나공산당(Communist Party of Western Ukraine)'을 결성하고 폴란드 공산당의 지부가 되었다. 그러나 이러한 '민족공산주의자(national Communists)'들은 소련 당국과 충돌하고, 1932-33년 대기근으로 소련을 비난하게 되었다. 1938년 스탈린은 서부우크라이나공산당을 '스파이와 선동자 집단'으로 탄핵하고 해산을 명령하였다.

중도파와 급진좌파가 사라진 공간은 극우민족주의자들(ultranationalists)이 채웠다. 1920년대 초 우크라이나-폴란드 전쟁 참가자들이 극우민족주의자들의 원조가 되었다. 이들의 지도자인 코노발레츠Yevhen Konovaliets 대령은 '우크라이나군사기구(Ukrainian Military

Organization)'를 만들었다. 출범 때부터 이 기구는 테러행위를 무기로 폴란드의 지배를 와해시키고자 노력했다. 이들은 1921년 르비프를 방문한 피워수드스키 암살을 시도하였다. 1929년 비엔나에서 개최된 회의에서 우크라이나군사기구는 망명중인 민족주의자들과 학생들과 연합하여 '우크라이나민족주의자기구(OUN, Organization of Ukrainian Nationalists)'를 결성하였다. 코노발레츠은 OUN의 형식적 지도자고, 실제 막강한 영향력을 행사한 것은 '통합적 민족주의(integral nationalism)'를 내세운 돈쪼프Dmytro Dontsov였다. 그는 니체, 쇼펜하우어, 이태리 파시즘의 영향을 받아 '민족지상주의(Nation above all)'를 내세웠는데, 인종적으로 단일하고 최고 지도자에 의해 통치되는 우크라이나국가상을 제시했다. OUN은 이러한 선동적 사상을 우크라이나 독립과 혁명적 테러의 이념으로 내세웠다.

극우주의는 대중 동원으로 확산되었다. 퇴역군인, 가난한 농민, 폴란드에서 일자리를 찾지 못한 교육받은 우크라이나 젊은이들이 OUN에 가담하였다. 의회민주제도를 불신하는 대학생과 고등학생들이 지하 OUN조직의 선봉이 되었다. 폴란드 정부가 OUN을 압제하자, 이에 대해 테러행위와 파업으로 맞섰다. OUN는 동족에 대한 테러행위도 서슴지 않았다. 1934년 내무장관 피에라츠키Brinisław Pieracki를 암살하고, 학생들의 OUN 가입을 금지시켰다는 이유로 존경받는 고등학교 교장 바비Ivan Babii를 살해했다. UNDO와 그리스카톨릭교회는 극우파의 테러행위를 비난했고, 폴란드 당국은 수백 명의 민족주의 운동가들을 체포했다. 일부 OUN 멤버들은 독일의 반폴란드 운동과 1920년대 후반 나치세력의 권력 장악을 환영했다. 그러나 독일의 지원을 확보하려는 중도적 OUN 해외 지도부와 폭력과 테러에 의존하는 폴란드 내 OUN 멤버 사이에 균열이 일어났다. 1938년 코노발레츠가 암스테르담에서 소련 스파이에 의해 암살되자 OUN은 멜닉Andrii Melnyk이 이끄는 중도적 OUN－M과 반데라Stephan Bandera가 이끄는 급진적 OUN－B로 나뉘었다. 1938－1941년 두 파의 대립으로 OUN은 혼란스러운 상태에 빠졌다.

• 루마니아와 체코슬로바키아의 우크라이나인들

1차대전이 끝나고 루마니아왕국은 100만 명 가까운 우크라이나인들이 거주하는 두 지역을 얻게 되었다. 한 지역은 빈궁한 농업지역인 러시아령 베사라비아이고, 다른 한 지역은 오스트리아령 부코비나였다. 2차대전 전까지 루마니아는 폴란드보다 더 집중적인 동화정책을 취했다. 루마니아 지배 첫 10년(1918－1928년) 간 부코비나는 계엄령에 의해 통치되었다. 우크라이나 문화단체와 신문은 폐지되고 우크라이나어 학교도 폐교되었다. 체르놉찌대학교의 우크라이나어 강좌도 폐지되고, 우크라이나인들이 신도의 대부분을 차지하는 정교회는 루마니아정교회에 예속되었다. 폴란드에서와 마찬가지로 농지개혁으로 재분배된 땅은 우크라이나 농민들이 아니라 루마니아 이주민들에게 돌아갔다.

루마니아에서 민족자유당을 대신하여 민족농민당이 집권하면서 부코비나의 우크라이나 정치, 문화는 1928년부터 1933년까지 짧은 부흥기간을 맞았다. 우크라이나민족민주당은 1927년 당명을 우크라이나민족당으로 바꾸고 갈리시아의 UNDO의 정치 노선을 따르며 민족적 가치 아래 부코비나 우크라이나인들을 단합시켰다. 그러나 1933년 루마니아에서 민족자유당이 재집권하면서 민족 운동의 자유는 짧게 끝났다. 1930년대 이후 민족운동가들은 지하로 들어가 급진적 민족주의 노선을 걷게 되었다. 1938년 루마니아가 국왕 카롤 2세(Carol II)의 군사독재를 선언하며 기존의 모든 정당과 우크라이나 사회 조직을 해산하자 이러한 경향은 더욱 강화되었다.

신생 체코슬로바키아에 속하게 된 트랜스카르파티아의 우크라이나인들의 상황은 크게 향상되었다. 동유럽 국가 중 체코슬로바키아 공화국은 1차대전과 2차대전 사이 전 기간 동안 유일하게 자유민주제를 유지하였다. 또한 소련 외부 지역의 정부가 교육, 문화, 지방행정에서 우크라이나어 사용을 장려한 유일한 국가였다. 이것은 체코슬로바키아의 전반적인 친슬라브 정책과 트랜스코카사스에서 헝가리의 영향을 제거하려는 노력에 힘입은 바 컸다. 트랜스코카사스의 약 50만 명에 달하는 '루신인들(Rusyns)'은 체코슬로바키아에 대해 특별한 선호가 없었지만, 1929년 미국 루신 이민사회에서 진행된 투표에서 루신인들은 자발적으로 자신들의 고향이 체코슬로바키아에 포함되기를 원했다. 루신인들은 1920년대에 진행된 농지개혁의 혜택을 받기는 하였지만, 경제 사정은 매우 어려웠다. 가장 긍정적인 변화는 교육 부문에서 일어났다. 체코슬로바키아 정부는 출범 첫 10년 동안 루신어나 러시아어로 교육을 진행하는 학교의 수를 34개에서 425개로 늘렸다. 고등교육기관으로는 프라하 우크라이나자유대학과 우크라이나 동물아카데미가 프라하 정부의 지원을 받았고, 자카르파티아의 루신국립국장을 포함한 문화기관도 지원을 받았다.

• 전쟁 위기의 고조

1938년 9월 영국과 프랑스가 뮌헨회담으로 나치 독일이 체코슬로바키아의 서부 지역을 병합하도록 허용하면서 트랜스카르파티아의 지위에도 큰 변화가 생겼다. 10월 프라하 정부는 슬로바키아와 트랜스카르파티아의 자치를 허용하고, 브로디Andrei Brodii를 트랜스카르파티아 자치 정부 수장으로 임명했다. 그러나 브로디가 공개적으로 친헝가리 성향을 보이자 그를 체포하고 친우크라이나주의자로 알려진 볼로쉰Avhustyn Voloshyn을 새 수장으로 임명했다. 11월 히틀러가 동맹국인 헝가리에 트랜스카르파티아의 수도 우즈고로드Uzhorod를 포함한 남서부 지역을 헝가리에 넘겨주자 볼로쉰 정부는 쿠스트Khust로 수도를 옮기고 정부명을 카르파티아-우크라이나(Carpatho-Ukraine)로 바꿨다. 1939년 3월 14일 히틀러가 체코를 침공하자 헝가리군은 트랜스카르파티아로 진격했다. 대부분 OUN 출신의 자원병사로 이루어진 '카르파티아시치(Carpathian Sich)' 부대는 헝가리군의 진격을 막으려고 했으나 헝가리군은 이틀 만에 트랜스카르파티아를 점령하고 1944년까지 이 지역을 관할했다.

1939년 8월 23일 나치 독일과 소련은 상호불가침조약을 맺고 비밀조항으로 동유럽 지역을 분할하는 합의를 했다. 폴란드의 서부 지역은 독일이, 동부 지역은 소련이 차지하기로 했다. 9월 1일 독일군이 폴란드를 침공하면서 2차 세계대전이 시작되었고, 독일군이 폴란드의 저항을 무력화시킨 뒤인 9월 17일 소련군은 폴란드로 진격하여 큰 저항을 받지 않고 미리 약속한 동부지역을 점령했다. 10월 소련 점령 당국의 감독 하에 갈리시아 지방 선거가 치러져 새 의회를 구성했고, 이 의회의 요청 형식으로 갈리시아를 소비에트 우크라이나에 합병시키는 안이 11월 1일 통과되었다. 소련은 같은 방식으로 에스토이나, 라트비아, 리투아니아가 "자발적"으로 소련에 통합되게 하였다. 소련은 루마니아를 위협하여 베사라비아와 북부 부코비나도 병합했다.

폴란드 점령군 사령관인 우크라이나 출신 티모셴코Semen Tymoshenko 장군은 갈리시아, 베사라비아 남부, 북부 부코비나의 병합을 '대우크라이나 민족의 역사적 재통합(historic reunification of the great Ukrainian people)'이라고 선언했다. '재통합'이라는 공식 수사에 맞춰 점령지역의 교육과 문화에 우크라이나화 정책이 실시되었다. 동부 우크라이나는 점령 지역의 표본으로 이중언어 학교가 우크라이나어 학교로 전환되고, 1940년 가을 통계로 총 5,789개의 우크라이나어 학교가 새로 만들어졌다. 르비프대학도 저명한 극작가이자 시민운동가 이반 프랑코의 이름을 따서 개명되었다. 우크라이나 극단들과 우크라이나과학아카데미 지부도 새로 설립되었다. 많은 서부 우크라이나 지식인들은 새로운 문화기관에서 일자리를 찾았고, 계몽회와 셰브첸코과학아카데미의 폐쇄 등에 두려움을 느낀 나머지 지식인들은 독일이 점령한 폴란드 지역으로 이주했다.

점령 초기 소련 당국의 정책은 주민들의 두려움을 불러일으키지 않았다. 우크라이나 주민들은 폴란드 자본가들이 소유한 대규모 농장의 몰수를 환영했다. 그러나 몰수된 토지의 절반은 국영농장이나 집단농장으로 재편되었고, 농민들도 여기에 참여하도록 독려 받았다. 협동조합은 재편되거나 해산되었다. 그리스카톨릭교회가 소유한 토지는 몰수되었고, 학교에서의 종교 교육은 철폐되었다. 모든 우크라이나 정당은 해산되고, '부르주아' 신문들도 폐간되었다. 소련 점령당국의 진정한 면모는 1940년 대량 체포와 추방과 함께 드러났다. 대부분의 우크라이나 정치 운동가들은 1939년 9월 독일 점령지역으로 이주해 갔지만, 남아있던 민족주의자, 자본가, 관리들은 대부분 체포되었다. 우크라이나인뿐 아니라 폴란드인, 유대인도 체포 대상이 되었다. 1940년 폴란드인들에 대한 대규모 검거 선풍이 불었다. 당시 비밀경찰인 NKVD의 자료를 분석한 결과에 따르면 1939-1940년 약 312,000가구, 인구로는 1,170,000-1,250,000명이 체포되어 시베리아, 북극지역, 중앙아시아로 추방되었고, 이중 우크라이나인이 차지하는 비율은 20%정도였다. 소련 점령 지역을 탈출한 대부분의 우크라이나인들은 이미 우크라이나인들이 많이 살고 있는 렘코Lemko나 콜름(폴란드령 체움Chełm)에 정착하였다. 나치 점령 당국은 주류인 폴란드인들을 견제하기 위해 우크라이나 사회, 문화적 생활을 일정 부분 허용하였다. 우크라이나인 지도부는 크라코우에 '우크라이나중앙위원회(UCC, Ukrainian Central Committee)'를 설치했다. 지리학자인 쿠비요비치Volodymyr Kubijovyč가 이 단체를 이끌었다. 짧은 기간 동안에 UCC는 우크라이나어 학교, 협동조합, 청년조직 등을 만들었다. 콜름에 다시 세워진 우크라이나 독립정교회는 주민들의 종교 생활을 이끌었다.

24장 2차대전 시기의 우크라이나

• 우크라이나 전투

1941년 6월 22일 나치 독일의 전면 공격이 시작되자 소련 지도부는 크게 당황했다. 대숙청 때 경험 있는 유능한 지휘관들이 대부분 처형되고, 제대로 훈련되지 않은 신병들로 구성된 소련군은 독일군의 공격을 막아낼 수 없었다. 소련군 최고사령부는 키예프와 오데사 군관구를 각각 남서부, 남부 군관구로 개편하였다. 그러나 3개 군(army)과 팬저탱크군으로 구성된 독일군의 남부방면군은 빠른 속도로 진격해 들어왔다. 루마니아 2개 군과 슬로바키아, 헝가리 여단도 독일군과 함께 우크라이나 침공 작전에 참가했다. 6월 30일 르비프가 독일군에 점령되었고, 7월 9일 지토미르Zhytomyr가 함락되었다. 독일군은 키예프 지근거리까지 왔지만 부대 재편성과 보급을 위해 잠시 진격을 멈추었다. 8월에 키로보그라도Kirovograd, 크리비이 리그, 드니프로페트롭스크 등 남동부 지역이 독일군에 점령되었다. 9월 초 키예프에 대한 본격적인 공격을 시작한 독일군은 9월 19일 키예프를 점령했다. 1941년 7월부터 9월까지 지속된 키예프 방어전에서 소련군 61만 명이 전사하고, 66만 명이 독일군의 포로가 되었다. 10월 16일 오데사가 루마이나군에 점령당하고, 10월 25일 하르키프가 독일군에 점령당하면서 우크라이나 전투는 사실상 종결되었다.

2차대전 중의 키예프

1942년 봄 소련군은 우크라이나를 탈환하기 위해 반격을 펼쳤으나 큰 손실을 입고 퇴각하였다. 1942년 7월 독일군은 세바스토폴 전투에서 승리하여 소련군을 크림반도에서 몰아내었다. 전쟁 발발 시부터 치열한 전투와 독일 공군의 공습으로 우크라이나는 막대한 인명과 물적 손실을 입었다. 300만 명 이상의 우크라이나인들이 소련군에 가담하여 싸웠다. 그러나 전쟁 초기 많은 수가 전사하거나 독일군이 포로가 되었다. 1941년 말까지 독일군은 360만 명의 소련군을 포로로 잡았는데 이중 130만 명은 우크라이나 병사였던 것으로 추정된다. 포로가 된 병사들은 질병과 강제노동으로 살아남을 확률이 50%도 되지 않았다. 소련군은 퇴각하면서 3년 이상 형을 받은 약 9,000명의 죄수와 정치범을 처형하였고, 사상이 의심되는 민간인도 체포하여 처형하였다. 소련 당국은 약 350만 명의 관리, 지식인, 노동자와 그 가족들은 러시아와 중앙아시아 지역으로 이주시켰다. 당국은 주민들을 이주하도록 권고했지만, 많은 주민들은 나치 점령 치하도 살 만할 것이라고 생각했다. 특히 1918년 독일군 점령 시절의 안정적 분위기를 기억한 유대인들은 나치 정권의 반유대인정책이 얼마나 잔혹한 지를 깨닫지 못하고 피난을 가지 않은 경우가 많았다. 소련 당국은 주민 이주보다 산업 시설 이전에 총력을 기울였다. 키예프의 170개 공장 시설을 포함하여 800개의 산업 시설이 분해되어 후방으로 옮겨졌다. 이전시킬 수 없는 시설은 '초토화(scorched earth)' 작전에 따라 모두 파괴되었다. 크리비이 리그의 대형 용광로는 폭파시켰고, 돈바스의 광산들은 물에 잠기게 했다. 드니프로 강의 댐은 잘못 폭파되어 자포로지아시에 크 피해를 가져왔고 많은 사상자를 내었다. 키예프에서 철수하면서 소련군은 드니프로 강 위의 다리 네 개를 모두 폭파했다. 키예프시 자체는 방어전에서 크게 파괴되지 않았지만 소련군이 철수하면서 주요 건물에 설치한 폭발물이 폭발하면서 대형 화재를 일으켜 시내 중심부가 크게 파괴되었다.

• 나치 점령 시기의 우크라이나

우크라이나 민족주의자들은 독일의 승리가 우크라이나 국가의 창설을 가져올 것이라고 생각했지만, 나치 독일은 전혀 그러한 계획을 가지고 있지 않았다. 우크라이나는 몇 개의 행정 단위로 나뉘었다. 갈리시아는 폴란드의 '통합정부(General Government)' 관할로 들어가고, 동부 우크라이나는 제3제국의 식민정부인 '제국정부(Reichkommissariat)'가 관할했다. 전선과 가까운 하르키프를 포함한 동부 지역은 독일군 군사령부 관할지역이 되었다. 루마니아는 부코비나를 되찾았고 오데사를 포함한 남서부 지역을 점령했다. 이 지역은 트랜스니스트리아Transnistria('드네스트르 강 너머 지역'이라는 뜻)가 되었다.

1939년 소련 점령 후 강압적 정책으로 민심이 떠났던 서부 우크라이나인들은 처음에 독일군을 해방군으로 환영했다. 점령 초기 독일군은 자치를 일부 허용하고 토지 사유화 조치 등을 통해 민심을 얻었지만, 우크라이나에 대한 미래의 계획을 밝히지 않았다. 나치의 인종 이론에 의하면 슬라브인은 '하위민족(subhuman)'으로서 '지배민족(master race)'인 아리안족의 노예가 되어야 했다. 히틀러는 우크라이나를 독일인의 휴식을 위한 '전원국가(Lebensraum)'이자 농업식민지로 보았다. 이 결과 독일군 점령 당국의 정책은 약탈, 주민노예화, 인종말살로 이어졌다. 1941년 9월 29－30일 33,771명의 유대인을 이주를 명분으로 키예프 외곽의 '바비 야르(Babi Yar)'에 집결시켜 기관총으로 몰살시켰다. 다른 도시에서는 유대인들은 게토ghetto에 집결시켜 살게 했으며 단계적으로 이들을 수용소로 보내 제거하였다. 독일군 점령 시기에 희생된 우크라이나 유대인 수는 140만－150만 명으로 추산된다. 우크라이나 주민들은 독일군에 협력하여 유대인

바비 야르 희생자 기념비

을 색출하기도 하고, 단순한 방관자가 되기도 했지만 유대인을 숨기고 보호한 주민들도 많다. 2차 대전 후 이스라엘 정부는 1,984명의 우크라이나인을 '정의로운 신사(Righteous Gentiles)'로 표창하였다. 그리스카톨릭 대주교 셉티츠키Andrei Sheptytsky는 150여 명의 유대인을 갈리시아의 수도원에 숨겨주었다. 우크라이나인들도 인종차별과 인종말살 정책의 희생자가 되었다. 독일인 전용 상점, 식당, 전차 등이 나타났고, 지역 주민들을 위한 의료혜택이 중단되었으며, 모든 대학과 4학년 이상의 교육 과정이 폐지되었다. 우크라이나를 농업생산기지로 보고 대도시가 필요 없다고 생각한 점령당국은 대도시에 식량공급을 중단하였다. 이로 인해 많은 주민들이 기아에 시달렸고 대거 농촌지역으로 이주하였다. 독일 점령당국은 잔혹한 정책으로 주민의 적대감을 불러일으켰다. 독일군에 대한 저항은 몇 배의 보복으로 응징했다. 시내에는 교수대가 설치되어 공개 처형이 진행되었다. '바비 야르'에서는 유대인 이외에도 약 10만 명의 우크라이나인 포로와 민간인이 처형되었다. 디나모Dynamo 축구팀은 독일공군팀과의 친선경기에서 승리하였다는 이유로 선수 전원이 처형당했다. 독일 당국은 약 230만 명의 우크라이나인을 소위 '동방노동자(Ostarbeiter)'로 독일과 후방 지역으로 보내 무기공장과 산업시설에 투입하였다.

• 소련 정권의 복귀

우크라이나 민족주의자들은 1차대전에서 충돌한 러시아제국과 오스트리아-헝가리제국의 붕괴로 잠시나마 독립과 자치를 얻은 기억을 가지고 나치 독일에 희망을 걸고 군사적 협력을 하였다. OUN은 우크라이나 민족 부대를 편성하여 독일군과 함께 전선에 나가 싸우기를 원했다. 1941년 4월 OUN-B 멤버들을 주력으로 나흐티갈Nachtigall대대와 롤란드Roland대대가 창설되어 독일군과 함께 전선에 나가 소련군과 싸웠다. 나흐티갈대대는 르비프를 점령한 독일군 부대에 소속되었다. 1941년 6월 30일 르비프가 점령되자 OUN-B는 우크라이나국가 독립을 선언했다. 독립 선언은 솁티츠키 대주교와 일부 갈리시아 지도자들의 지지를 받았지만, 독일 당국은 반데라를 체포하고 독립선언 포기를 종용하였다. 이를 거부한 반데라는 다른 간부들과 함께 독일 수용소로 이송되어 수감되었다.

나치 당국의 압제가 심화되자 민족주의 진영은 '우크라이나저항군(UPA, Ukrainska povstanska armiia/Ukrainian Insurgent Army)'을 조직하여 독일군에 대한 게릴라전을 벌였다. 슈케비치Roman Shukhevych를 지휘관으로 한 UPA는 4만 명의 병력을 보유했다. UPA는 독일군뿐만 아니라, 소련 게릴라, 폴란드 게릴라, 소련 정규군을 대상으로 전투를 벌였다. 1943년 여름 볼히냐 지역의 UPA는 폴란드 주민들을 공격했다. 1943년-1944년 볼히냐와 체웜 지역에서는 약 35,000명의 폴란드 주민들과 우크라이나 주민들이 UPA와 폴란드 게릴라부대의 상호보복적 인종청소에 의해 희생되었다.

1943년 1월 볼고그라드(당시 스탈린그라드) 전투의 승리로 전세를 역전한 소련군은, 7-8월 쿠르스크 전투의 승리로 완전히 승기를 잡고 우크라이나를 비롯한 점령 지역 해방에 나섰다. 우크라이나의 소비에트 파트티잔partisan들은 우안 지역의 독일군 철도, 통신 라인을 공격하였다. 최소 4만 명에서 최대 20만 명까지 추산되는 파르티잔들 중 가장 큰 공을 세운 부대는 코브팍(Sydir Kovpak)이 이끄는 부대였다. 약 1,600명의 대원을 가진 코브팍 부대는 폴리시아와 갈리시아 지역과 카르파티아 산악 지역에서 독일군을 상대로 게릴라전을 벌였다. 최근 연구에 의하면 파르티잔 구성원 중 약 55%는 우크라이나인이었던 것으로 추산된다.

1943년 8월 소련군은 하르키프를 해방시키고 드니프로 강에 이르렀다. 독일군과의 치열한 전투 끝에 11월 6일에는 키예프를 해방시켰다. 1944년 1－2월 코르순 전투에서 승리를 거둔 소련군은 1939년 이전의 영토를 거의 되찾았다. 1944년 7월 소련군이 동부 갈리시아를 회복하고 10월 카르파티아 산맥에 진입하자 소련군은 모든 우크라이나 땅이 해방되었다고 선언했다.

2차 대전으로 인한 인적, 물적 손실은 엄청났다. 소련 전체로는 약 1,100만 명의 소련군이 전사하고 민간인도 700만 명이 사망하였다. 우크라이나에서는 410만 명의 민간인이 사망하고, 약 140만 명의 군인이 전사하거나 전쟁포로가 되었다. 또한 약 220만 명의 동방노동자로 징발되어 독일본토나 점령지역으로 징발되었다.

서부 우크라이나의 저항군(UPA)는 소비에트 정권의 재수립에 유일한 장애가 되었다. 저항군은 소련군의 진격을 방해했을 뿐만 아니라 러시아군 사령관인 바투닌Nikolai Vatutin에게 치명상을 입히기도 했다. 1944 겨울부터 1945년에 걸쳐 소련군은 서부 우크라이나 농촌, 산악 지역을 대대적으로 수색하며 저항군 소탕에 나섰다. 해제된 기밀 자료에 의하면 1944년부터 1945년 상반기까지 91,615명의 민족주의 게릴라를 사살했고, 96,466명을 체포한 것으로 기록되어 있다. 소련군이 갈리시아에 진주하자, 많은 지식인들이 후퇴하는 독일군과 함께 갈리시아를 떠났다. 이들 중 독일 점령 당국에 협조한 사람은 극소수였지만 소련 정권에 의한 탄압을 예상하고 피신한 것이다. 종전 후 대부분의 우크라이나 지식인들과 동방노동자들이 소련으로 송환되었지만, 16만-20만 명의 우크라이나인들은 연합국 점령지역에 남아 있다가 북아메리카, 오스트레일리아, 영국으로 이주하였다.

2차대전 승리를 기념하는 조국어머니 동상

• 서부 우크라이나의 소비에트화

2차 대전의 승전국이 된 소련은 1939-1940년의 영토를 회복했을 뿐만 아니라 루마니아로부터 북부 부코비나를 얻고, 체코슬로바키아에 압력을 가해 트랜스카르파티아를 획득했다. 이렇게 해서 근현대사에서 처음으로 우크라이나인들이 거주하는 모든 지역이 우크라이나 소비에트사회주의공화국에 포함되게 되었다. 부지중에 스탈린 정권의 정복과 영토 통합은 우크라이나의 영토를 1/4정도 확대시켜서 현재의 우크라이나가 60만km²가 넘는 영토를 가지고 독립하게 만들어 주었다.

서부 우크라이나를 완전히 장악하려는 소련의 계획으로 폴란드와 대규모 인구 교환이 진행되었다. 약 81만 명의 폴란드인이 서부 우크라이나를 떠났고, 약 48만 명의 우크라이나인들이 유입 정착하였다. 소련은 폴란드와의 국경을 약 200마일 정도 서쪽으로 이동시켰고, 폴란드는 대신 독일 동부 지역을 획득했다. 이로써 수세기 동안 우크라이나에 머물렀던 폴란드인들이 물러났고, 갈리시아에서의 폴란드인과 우크라이나인 사이의 갈등이 막을 내리게 되었다. 서부 우크라이나인들의 정치적 충성에 의구심을 가진 소련 당국은 1944년－1950년 약 20만 명의 주민을 시베리아로 유형시켰다. 이들 대부분은 민족주의 게릴라의 가족이었다. 종전 후에도 저항군은 산악지대와 삼림지대로 이동해 소련군과 폴란드군을 상대로 게릴라전을 벌였다. 1947년 봄과 여름 폴란드군, 소련군, 체코슬로바키아군은 폴란드 동부 지역의 저항군 게릴라 소탕 작전을 벌였고, 이 지역에 남아있던 약 15만 명의 우크라이나인들을 북서부 지역으로 이주시켰다. 1948년이 되자 소련 내의 게릴라 활동은 거의 소멸되었지만, 일부 독립 집단들은 1950년대 초까지 산발적인 전투를 벌였다.

1949년 서부 우크라이나의 정권 장악을 확신한 소련 당국은 농업 집단화 작업을 시작하여 1951년 이를 완수하였다. 산업과 광업 분야의 개발에도 힘을 써서 종전 후 10년 동안 산업생산은 네 배로 증가하였다. 르비프에서 생산되는 버스와 라디오는 소련 전역에서 사용되었다. 전통적으로 농업 사회였던 서부 우크라이나에 노동자 계층과 기술전문가 집단이 생겨나기 시작했다. 민족주의를 자극하지 않기 위해 소련 당국은 강제적인 언어 동화나 러시아인의 집단 이주를 시도하지 않았다. 민족주의 공동체 전통을 계속 유지한 서부 우크라이나인들은 우크라이나어를 계속 사용했고, 인구 비례 공산당 가입율도 가장 낮았다. 서부 우크라이나는 소련에서 가장 소비에트화가 진행되지 않은 지역으로 남았고, 흐루시초프는 1956년 비밀 연설에서 체첸인이나 크림타타르인들처럼 서부 우크라이나인들을 강제 이주시키지 못한 이유를 '수자가 너무 많고 이들을 이주시킬 지역도 없기'때문이라고 말했다.

동부 우크라이나에서도 전쟁으로 파괴된 경제와 산업시설 부흥에 노력이 집중되었다. 4차 5개년계획(1946–1950년)이 성공적으로 진행되어 1950년 동부 우크라이나의 산업 생산은 2차대전 발발 이전 수준을 회복하였고, 5차 5개년계획(1951–1955년)이 종결되었을 때 산업생산은 전전 수준의 두 배로 늘어났다. 농업 부문은 공업, 광업 부문만큼 투자가 이루어지지 않았다. 1946년의 가뭄으로 농촌지역에는 기근이 발생했다. 기근에 의한 희생자 수는 정확히 밝혀지지 않았지만 1947년 약 110만 명의 주민이 '영양장애(dystrophy)' 진단을 받았고, 최소한 10만 명 이상이 기아로 사망한 것으로 추정되었다. 흐루시초프는 기근에 대한 구제조치를 건의하였다가 스탈린의 노여움을 사서 일시적으로 실각하였으나 1947년 말 다시 복귀했다.

1953년 3월 스탈린이 사망하자 그의 후계자들은 세계 육지 면적의 1/6을 차지하고, 동유럽과아시아에 위성국가를 거느린 세계 2대 강국인 다민족 사회주의국가를 이끌고 나가야 하는 역할을 맡게 되었다. 스탈린의 후계자들은 더 이상 국민들에게 더 나은 삶을 제공하지 않으면서 희생만을 강요할 수는 없다는 것을 깨달았다. 더 이상 전쟁, 재건, 숙청이 없는 '정상적인(nomalcy)' 소비에트 사회를 건설하는 것이 이들의 과제였다.

우크라이나로서는 2차대전 후의 '정상적 생활'로의 복귀는 산업 발전, 도시화, 현대적 사회 건설을 의미했지만, 모스크바에 의한 엄격한 정치적 통제와 우크라이나 문화의 소외 현상도 피할 수 없었다. 우크라이나는 인종적으로 좀 더 단일적 사회가 되었지만, 동시에 러시아인들의 유입과 우크라이나어 대신 러시아어 교육, 사용의 확대 압력에도 직면했다. 우크라이나 공화국은 다민족적인 과거의 다양한 문화를 잃은 대신 좀 더 '우크라이나적(Ukrainian)'이 되었지만 동시에 문화적으로는 '러시아화(Russian)'되기 시작했다.

스탈린 사후 투쟁에서 베리아Lavrentii Beria는 비러시아계 민족 출신 정치 엘리트의 힘을 빌리고자 하였다. 그는 흐루시초프의 뒤를 이어 우크라이나 당 제1서기를 맡고 있던 멜니코프Leonid Melnikov를 제거했다. 러시아인인 멜니코프는 서부 우크라이나에 대한 강압적 러시아화 정책의 책임을 지고 물러났다. 그의 후임으로 임명된 흐루시초프의 심복 키리첸코Oleksii Kyrychenko는 1920년대 이후 우크라이나인으로는 최초로 당 지도자가 되었다. 흐루시초프가 후계 경쟁에서 승리하여 소련의 지도자가 되자 우크라이나 출신들의 출세는 가속화되었다. 10년 이상 우크라이나를 이끌어 온 흐루시초프는 우크라이나를 자신의 권력 기반으로 생각했다. 1954년 페레야슬라브 조약 300주년을 기념하여 이 조약이 우크라이나가 러시아와 '재결합(reunite)'하고자 하는 우크라이나인들의 희망을 반영한 것이라는 공식 해석을 내리고, '선물'로서 크림반도의 관할권을 우크라이나공화국에 넘겨주었다. 크림타타르들의 역사적 고향인 크림반도는 1921년부터 1945년까지 러시아공화국 내 크림타타르자치공화국(Crimean Tatar Autonomous Soviet Socialist Republic) 지위를 유지하고 있었다. 그러나 1944년 봄 스탈린은 독일군에게 협력하였다는 이유로 약 20만 명의 크림타타르인들을 중앙아시아로 강제 이주시켰다. 1945년 소련 당국은 크림의 자치 지위를 없애고 러시아공화국의 한 주로 편입시켰다. 2차 대전 후 퇴역군인을 비롯한 많은 러시아인들이 크림반도에 유입되었고, 세바스토폴에는 흑해함대가 주둔하였다. 육로로 러시아와 연결되지 않은 크림반도는 러시아보다는 우크라이나와 밀접한 경제 관계를 맺었다. 1954년 이후 우크라이나와의 경제 관계가 강화되면서 우크라이나인들도 크림반도에 많이 이주했지만 문화적으로는 우크라이나화가 일어나지 않았고, 러시아인이 다수를 유지하면서 러시아문화가 주도권을 유지했다.

25장 1960년대－1970년대의 우크라이나

• 흐루시초프의 개혁

1950년대 말 흐루시초프가 권력을 공고화하면서 흐루시초프의 심복을 포함한 우크라이나 출신 당관료들은 모스크바와 소련 각 지역의 주요 직위에 올랐다. 1954년과 1957년 흐루시초프에게 중요한 권력투쟁 시점에서 우크라이나 출신들은 흐루시초프를 전적으로 지원했다. 이에 대한 보상으로 1957년 키리첸코는 당중앙위원회 서기로 승진하고 후임으로 포드고르니Mykola Pidhorny/Nikolai Podgorny가 임명되었다. 우크라이나의 당과 행정 요직도 우크라이나인들이 차지했다. 1954년 우크라이나 공산당의 서기는 전원 우크라이나인이었고, 여덟 명의 정치국원도 모두 우크라이나 출신이 맡았다. 1950년대 후반과 1960년대 당과 행정 요직의 3/4은 우크라이나인이 차지했다. 그러나 우크라이나 출신 당료들은 모스크바를 비롯한 소련의 다른 지역에서 출세하려는 욕구가 강했기 때문에 이러한 인적 장악이 우크라이나에 대한 애국심이나 민족주의 성향의 확대로 이어지지는 않았다.

1956년 20차 공산당대회에서 흐루시초프는 스탈린의 개인우상화와 국가테러는 마르크시즘에서 이탈한 노선이었다고 비판했다. 정치범에 대한 사면과 복권이 시작되었고 오지로 추방당한 사람들도 귀환하기 시작했다. 1929년부터 1953년까지 961,645명의 우크라이나인이 숙청되거나 정치적 탄압을 받았는데, 이중 290,967명이 복권되었다. 1956년부터 저항군과 가족들은 추방지에서 고향으로 돌아올 수 있게 되었다. 1956년에만 약 6만 명이 서부 우크라이나로 귀환했다. 스크립니크를 필두로 대숙청의 희생자가 된 작가들과 문화인들의 복권도 시작되었다. 경제 정책에도 변화가 일어났다. 중공업 건설을 최우선으로 하였던 스탈린의 정책은 만성적인 식량과 소비재의 부족을 가져왔다. 흐루시초프는 공산주의 사회에서는 주민들이 자본주의 국가보다 더 높은 생활수준을 누려야 한다고 선언하고, 1957년에는 육류, 우유, 버터 생산에서 미국을 앞지르겠다고 공언했다. 1950년대 후반 정부 곡물 구매가격이 7배, 감자 가격이 5배, 육류 가격이 5배 오르면서 우크라이나 농민들은 큰 혜택을 보았다. 1950년대 후반부터 농업 생산은 연평균 8%씩 증가하기 시작했다. 도시의 식량 사정이 개선되었고 농민들의 생활수준도 향상되었다. 수천 명의 우크라이나 농업전문가들이 흐루시초프의 '처녀지(virgin lands)' 개척을 위해 카자흐스탄과 동시베리아로 떠났다. 흐루시초프는 잘못된 실험적 정책도 펼쳤다. 1955년 개인 텃밭의 면적을 절반으로 줄였는데, 이는 농민과 도시민에 타격을 주었다. 개인 텃밭에서 생산되는 잉여농산물은 시장에 내다 팔 수 있어서 농가 수입을 증대시켰고, 도시의 식량 공급에도 크게 이바지하였었다. 미국 방문 후 우크라이나 농경지의 20%를 밀 대신 옥수수 생산 용지로 전용했는데, 이 조치도 식량 생산의 악화를 가져왔다. 1960년과 1963년의 가뭄으로 농산물 공급은 큰 타격을 입었고, 1963년 소련은 사상 처음으로 서방국가로부터 곡물을 수입하였다. 산업 구조에서는 관료적 중앙집중제를 개혁하여 분권화를 추진하였다. 1953년－1956년 기간 동안 약 만 개의 산업체와 작업장이 우크라이나 부처의 직접 관할로 들어갔다. 이로써 우크라이나공화국 부처가 관할하는 산업 비율은 36%에서 76%로 늘어났다. 흐루시초프는 지방 당 조직도 산업 구조와 농업 구조에 맞춰 개혁하였다. 또한 한 직위의 연임도 3번으로 제한하였다. 이러한 조치는 지방 당 간부들의 불만을 야기했고, 1964년 흐루시초프가 후원하고 승진시킨 당 간부들이 흐루시초프의 실각 음모에 앞장서서 가담하였다.

• 셸레스트와 쉬체르비츠키 집권기

흐루시초프가 실각하자 소련에는 3두 체제가 형성되었다. 브레즈네프가 당 제1서기(1966년부터 서기장으로 명칭이 바뀜), 코쉬긴Aleksey Kosygin이 내각 수상, 포드고르니가 최고회의 간부회의 의장(헌법상 국가원수)을 맡았다. 이 체제는 브레즈네프가 실질적 1인자의 자리를 차지한 60년대 말까지 지속되었다. 흐루시초프와 마찬가지로 브레즈네프는 러시아인이지만 우크라이나에서 초기 당 경력을 쌓았다. 드니프로페트롭스크에서 태어난 그는 소위 '38년 세대'로서 흐루시초프의 후견을 받으며 빠르게 출세했다. 2차대전 후 드니프로페트롭스

셸레스트

쉬체르비츠키

크 당서기를 거쳐, 몰도바 당 제1서기, 카자흐스탄 당 제1서기를 맡은 후 모스크바로 진출했다.

셸레스트Petro Shelest는 1963년 우크라이나 당 지도자가 되었다. 카리스마적 기질을 지닌 셸레스트는 공장관리자를 거쳐 당 제1서기에 오르기 전까지 당에서 산업과 건설 부문을 담당했다. 그는 발전된 경제와 민족문화를 갖춘 강한 우크라이나가 소비에트 우크라이나의 궁극적 지향점이라고 보았다. 그는 모스크바의 관리자들이 우크라이나의 수요를 무시하고 있다고 비판하고, 전 소련 예산에 대한 기여도만큼 우크라이나에 대한 투자가 이루어져야한다고 주장했다. 우크라이나어를 능숙하게 구사하는 셸레스트는 대부분의 연설을 우크라이나어로 하였고, 당 중앙위원회의 회의록도 우크라이나어로 작성하도록 하였다. 셸레스트가 당 제1서기를 맡고 있는 동안 우크라이나 공산당은 더욱 '우크라이나화'되었다. 총 당원 수는 1958년 110만 명에서 1972년 250만 명으로 늘어났는데, 당원 중 우크라이나인 비율은 최고 65%까지 올랐다. 1971년 10명의 당 정치국원 중 9명, 후보정치국원 5명 전원이 우크라이나인일 정도로 당 지도부는 우크라이나화되었다. 그러나 셸레스트는 1968년 '프라하의 봄'을 강력히 비난하였고, 소비재 생산 대신 중공업을 중시하는 정책을 취했다.

1972년 셸레스트는 쉬체르비츠키Volodymyr Shcherbytsky로 교체되었다. 그는 드니프로페르롭스크 태생으로 젊어서부터 브레즈네프의 친구였다. 드니프로페트롭스크 당서기를 거쳐 브레즈네프의 도움으로 셸레스트 시기 우크라이나의 내각수상직을 맡았다. 역사학자들은 그를 모스크바에 충성하는 꼭두각시로 평가하지만, 60년대 초반까지는 셸레스트와 마찬가지로 우크라이나어를 사용하는 토착 공산당원이었다. 시간이 가면서 그는 모스크바의 후원을 받고 셸레스트와 대비되기 위해 친러시아 경향으로 변했다. 1972－1974년 쉬체르비츠키는 반체제 운동가와 지식인들에 대한 탄압을 단행하였다. 1973년에는 당원증 교체를 계기로 약 37,000명의 공산당원을 사상적 이유로 당에서 추방했다. 쉬체르비츠키는 셸레스트만큼 중앙정부의 정책을 반대하지는 않았지만 예산 배정과 소비재 확보를 위해 많은 노력을 기울였다. 그러나 쉬체르비츠키 시기는 브레즈네프 통치 아래 정체기를 맞은 소련 경제 흐름을 벗어날 수 없었다. 1960년대 전반 6.9%, 후반 6.7%였던 산업 생산 증가율은 70년대 전반 5.6%, 후반 3.4%로 떨어졌다. 60년대 중반 3.2%였던 농업 생산 증가율도 80년대 초반에는 0.5%로 떨어졌다.

• 소비에트식 우크라이나의 현대화

브레즈네프 집권 시기 우크라이나 경제는 침체에 빠졌다. 경제분권화 정책은 흐루시초프 실각 후인 1965년 번복되어 중앙관리체제가 복원되었다. 1965년 경제 분야의 작은 실험이 시행되었다. 하르키프의 경제학자인 리베르만Yevsei Liberman이 제안한 개혁 조치는 총생산량 대신 판매와 이익을 목표 지표로 삼는 것이었다. 공업 부문에만 적용된 소위 '리베르만 방식'으로 60년대 소련의 생산량은 일시 증가하였으나, 시장체제가 작동하지 않고 중앙관리제가 지속하는 상황에서 장기적 효과를 거두지는 못하였다. 1960년대 후반부터 생산 증가 정지와 경제 침체는 고착화되기 시작했다. 중공업 위주의 투자 정책은 더 이상 경제 발전의 견인차 역할을 하지 못했다. 육체노동과 낡은 장비에 의존한 생산방식은 생산성 증가를 가져오지 못했다. 투자가 집중된 기계공업 분야는 주로 무기 생산에 자원을 썼다. 1970년대 초반 소비재 생산 증가가 처음으로 중공업 분야 생산증가율을 앞섰다. 서부 우크라이나 지역에는 경공업 공장들이 들어서기 시작했다. 농업 분야도 집단농장 체제의 비효율성으로 인해 정체 상태를 벗어나지 못했다. 1980년대 초반 미국의 농민들이 1인당 평균 105헥타르의 경작지를 소유한데 반해 우크라이나 농민들은 평균 5.8헥타르의 농지를 경작했다. 열악한 인프라와 집단농장 농민들의 동기 결여로 생산 농산물의 40%가 운송이나 저장 과정에서 손실되었다. 그러나 농민들은 개인 텃밭 경작에는 노력을 집중해서 전체 농경지의 3%에 불과한 개인 텃밭에서 전체 농산물의 1/3이 생산되었다.

1960년대와 1970년대 사회적, 인구학적 변화도 크게 일어났다. 급속한 산업화와 도시로의 인구 이동으로 인구 구성 변화가 일어났다. 1966년 도시인구가 농촌인구를 처음으로 앞질렀고, 1979년에는 인구의 53%가 도시에 거주해서 전통적으로 농업지역이었던 우크라이나의 성격을 변화시켰다. 급속한 도시화로 인한 주택문제를 해결하기 위해 주택건설이 집중적으로 이루어졌다. 흐루시초프 집권기인 1954년부터 1964년까지 건설된 아파트, 주택 건설면적은 1918년–1955년의 건설 면적을 앞섰다. 그러나 주택건설 속도가 주택수요를 따라잡지 못해 1974년에는 130만 가구가 주택 대기 리스트에 올라있었다. 대량으로 생산되는 건설 자재를 이용해 단기간에 건설한 주택이 질도 떨어져서 주민들은 이 시기에 건설된 아파트를 '투르시초프(투르드(노동)에 흐루시초프를 합친 말)'라는 별명으로 불렀다. 브레즈네프 시기에 소위 특권층과 일반 주민의 생활수준 격차도 크게 벌어졌다. 당간부와 관료 등 특권층은 별도의 상점에서 질좋은 상품을 구입할 수 있었지만, 일반 주민들은 식품, 의복, 가구 등을 얻기 위해 몇 시간씩 줄을 서거나 오랜 기간 대기자 명단에 있어야 했다. 정부는 생필품 가격을 인위적으로 낮게 유지했지만, 공급이 절대적으로 부족한 상태에서 일부 소비재는 '살 수 없는 것(unable to afford)'이 아니라 '손에 넣을 수(deprived of access)' 없게 되었다.

교육과 언어정책에서 러시아화정책이 뚜렷이 부각되었다. 1954년 우크라이나어는 필수 대학 입시 과목에서 제외되었다. 1959년 모든 학교에서 러시아어 교육이 의무화되고, 우크라이나어 교육은 선택과목으로 바뀌었다. 또한 학부모들이 우크라이나어 학교와 러시아어 학교 중 선택해서 자녀를 입학시키게 함으로써 러시아어 학교 수학 학생 수가 자연적으로 늘어나게 하였다. 1958년 30%였던 러시아어 학교 선택 학생 비율이 1970년대 말에는 50%로 늘었다. 1980년대 말 도네츠크, 하르키프, 오데사 같은 대도시에도 우크라이나어 학교는 한 곳도 존재하지 않았다. 언론 분야에서의 우크라이나어 사용도 계속 감소하여 1970년대 우크라이나어 정기 간행물 비율은 49%에서 19%로 감소하였고, 우크라이나어로 출판되는 서적 비율도 49%에서 24%로 감소하였다. 우크라이나인들이 모국어를 제1언어로 사용하는 비율도 93.5%(1959년), 89.1%(1970년), 87.7%(1989년)으로 계속 감소하였다. 그러나 이 수치는 우크라이나어를 모국어로 여긴다는 주관적 응답을 반영한 것이고, 실생활에서 우크라이나어를 사용하는 비율은 40% 정도에 그쳤다. 대부분의 주민들은 사실상 러시아어-우크라이나어 이중언어 사용자가 되었고, 실생활에서는 우크라이나어보다 러시아어를 사용하는 비율이 점점 높아졌다.

• '60년대 세대'와 반체제 운동

문화 분야에서는 당에 의해 통제된 문화정책과 러시아동화정책에 반발하는 젊은 세대의 문화예술인들이 나타났다. 이들을 집합적으로 '60년대 세대(shistdesiatnyky)'라고 부른다. 시인으로는 이반 드라흐Ivan Drah, 리나 코스텐코Lina Kostenko, 소설가로는 볼로디미르 드로즈Volodymyr Drozd, 발레리 셰브축Valerii Shevchuk 등이 대표적이었다. 평론가 이반 쥬바Ivan Dziuba는 우크라이나 반체제 그룹의 성명서가 된 '국제주의냐 러시아동화냐(Internationalism or Russification)'를 저술하였고, 셸레스트에게 문화적 압제와 러시아동화정책을 비판하는 편지를 썼다. 기성세대 작가로는 우크라이나 작가연맹 회장인 올레스 혼차르Oles Honchar가 '성당(The Cathedral)'이라는 소설을 써서 코자크 전통을 간직한 문화유산의 보존을 소재로 다뤘다. 문화운동은 초기 반체제운동으로 연결되었다. 초기 반체제운동가들(dissidents)은 정치적 문제보다는 우크라이나어와 문화의 보존에 논의를 집중했다. 키예프의 젊은 지식인들의 모임인 '창조적 청년클럽(Club of

60년 세대 작가들

Creative Youth)'은 1963년 당국에 의해 해산되었고, 같은 해 '60년대 세대'에 대한 당국의 공식적 비판이 있었다. 이러한 압제 정책으로 인해 '지하출판(samvydav, 러시아어 samizdat)'이 확산되었다. 1965년 KGB는 지하출판에 관여한 약 60명의 지식인을 체포했다. 당시 재판을 취재했던 초르노빌Viacheslav Chornovil은 재판과정을 기록한 지하출판물을 출간했고 이로 인해 체포되었다. 그는 70년대, 80년대 대표적 반체제운동가로 활동하다가 우크라이나 독립 이후 대통령 선거에 출마했고, 1999년 3월 대통령 선거운동 중 의문의 사고로 사망한다. 1960년대 후반 반체제 지식인들은 여러 차례 지식인 탄압과 러시아동화정책에 항의하는 편지를 크렘린 지도부에 보냈다. 매년 3월 셰브첸코 생일에 맞춰 열리는 문화 축제는 자주 반체제 시위로 발전했다. 1972년에는 또한 차례 반체제 지식인 검거 선풍이 일었고, 이들에게 무거운 형량이 내려졌다.

리나 코스텐코

바체슬라브 초르노빌

1975년 소련이 35개국이 서명한 소위 헬싱키선언에 서명함으로써 반체제운동은 새로운 전기를 맞게 되었다. 1976년 헬싱키선언의 인권헌장의 준수를 감시하는 모니터 그룹이 사하로프Andrei Sakharov의 주도하에 모스크바에 결성되었다. 1976년에는 '우크라이나 헬싱키그룹(UHG, Ukrainian Helsinki Group)'이 결성되어 루덴코Mykola Rudenko가 의장을 맡았다. 헬싱키그룹에는 스탈린 시대의 정치범, 60년대 반체제 인사, 우크라이나 독립정교회 인사, 유대교와 침례교 지도자 등이 참여하였다. 인권과 민족적 권리 보장을 목표로 한 헬싱키그룹은 러시아, 리투아니아, 조지아, 아르메니아의 헬싱키그룹과 협력 체제를 수립하였다. 1980년까지 우크라이나 헬싱키그룹은 약 60개의 성명과 탄원, 공지문을 냈다. 인권과 민족의 권리 침해 사례에 대한 항의가 주를 이루었다. 39명의 헬싱키그룹 회원 중 24명은 투옥되었고, 루덴코를 비롯한 6명은 해외로 추방되었다. 그리스카톨릭교회도 지하에서 활동하며 반체제운동에 가담했다. 주교와 사제들은 사무원이나 노동자로 일하며 비밀리에 예배를 주도하고 세례를 집전했다.

26장 페레스트로이카와 소련의 붕괴

1917년부터 1920년까지의 혁명과 마찬가지로 1985년부터 1991년까지의 격동기는 우크라이나 역사의 내부적 동력에 의해 진행되지 않았다. 1991년의 우크라이나의 독립은 대규모 민족주의적 대중동원이나 공산정권에 대한 시민혁명에 의해서 성취된 것이 아니라 예상치 못한 소련의 붕괴로 쉽게 얻어진 것이었다. 따라서 우크라이나가 어떤 길을 거쳐 주권독립국가가 되었는가는 넓은 맥락에서 조명되어야 한다. 이러한 과정은 1985년 고르바초프의 개혁 정책으로부터 시작되어 발트 국가에서의 시민전선의 결성, 1989년 동유럽 공산정권의 붕괴로 이어지고 1991년 소련의 붕괴로 귀결되었다.

• 체르노빌 사고와 글라스노스찌(glasnost')

1985년 3월 고르바초프가 54세의 나이에 공산당서기장에 취임했을 때 그는 젊고 활력 넘치는 체제 관리자로 인식되었다. 고르바초프는 소련 사회를 개혁할 필요성은 느꼈지만 개혁을 위한 구체적 계획을 가지고 있지는 못했다. 후에 그가 회고한대로 1985년 그는 경제적 구조개혁이 필요하다는 생각을 가졌지만, 정치적 변혁의 필요성을 느끼지는 못했다. 그는 단계적으로 소련 체제의 근간을 흔드는 개혁의 길로 들어섰고, 최종적으로 소련을 어디로 이끌고 갈 것인가에 대한 뚜렷한 지향점을 가지고 있지 못하면서 상황에 따른 즉흥적인 개혁 조치를 남발하다가 결국 소련 체제의 붕괴를 가져왔다. 그는 민족문제의 폭발성도 인식하지 못한 상태에서 각 공화국에서 일어나는 민주화, 자치 요구 물결에 사후적으로 대응했다.

1985년 6월 키예프를 방문한 고르바초프는 소련 경제에서 우크라이나가 차지하는 역할을 강조했지만 정치적 변화의 가능성은 암시하지 않았다. 고르바초프의 소위 페레스트로이카 정책은 우크라이나 경제에 큰 영향을 미치지 못했다. 공업 생산은 1% 미만 성장했고, 농업은 3% 정도 성장했지만, 이는 구조개혁보다는 근로규율의 강화를 통해 달성되었다. 고르바초프가 1986년 경제 활성화를 위해 도입한 협동기업(cooperative) 제도에 부응해 약 24,000개의 협동기업이 생겼지만, 주로 상업과 서비스업에 집중되어서 우크라이나의 국영산업체의 경쟁력 제고로 이어지지 않았다. 쉬체르비츠키를 비롯한 우크라이나 지도부가 고르바초프의 개혁 정책을 경원시한 것도 개혁의 진행을 더디게 한 요인이었다.

1986년 4월 26일 키예프 북쪽 130km 지점에 위치한 체르노빌 Chernobyl 원자력발전소의 4번 원자로가 폭발하는 재앙적인 사건이 발생했다. 정부는 3일간 사고 소식을 숨기다가 비정상적 방사능 수

체르노빌 원전 사고

치의 상승을 인지한 스웨덴 당국의 항의를 받고 나서야 사고 발생 사실을 공지했다. 키예프 시민들을 대피시키는 대신 5월 1일 노동절 기념 대규모 시가행진은 예정대로 진행되었다. 사고 지점 30km 이내 135,000명의 주민이 소개되었지만 이미 수 천 명이 방사능에 노출되었다. 사고 수습에 투입되었던 소방대원과 주민 등 약 4,000여명이 사망한 것으로 발표되었지만, 방사능 노출에 의한 장기적 희생자의 수자는 정확히 측정할 수가 없다. 후에 발표된 자료에 따르면 35,000명의 성인과 1,400명의 어린이가 직접적 방사능 피해를 입었고, 약 240만 명의 주민이 사는 지역이 방사능에 노출되었다. 이 사건의 은폐와 처리과정은 '글라스노스찌glasnost'(정보공개)'를 개혁의 근간으로 내세운 고르바초프 정권의 국내외적 신뢰를 크게 추락시켰다.

우크라이나 문화인들과 반체제운동가들은 글라스노스찌 정책을 적극 활용하였다. 우크라이나 작가동맹과 기관지 '문학 우크라이나(Literaturna Ukraina)'가 주도적 역할을 담당했다. 1986년 일군의 작가들은 교육과 출판에서 우크라이나어 사용 축소에 대해 항의했다. 그동안 출판이 금지되었던 작품들이 출간되기 시작하였고, 흐빌로비와 빈니첸코처럼 스탈린 시대에 사망한 작가들이 복권되었다. 1987년 12월에는 환경단체인 '녹색세계(Green World)'가 만들어졌고, 1989년 2월에는 '타라스셰브첸코 우크라이나어협회(Taras Shevchenko

Ukrainian Language Society)'가 결성되었다. 창립 때에는 만 명이었던 회원이 1989년 말에는 15만 명으로 늘어났다. 1989년 3월 설립된 '기억(Memorial)'집단의 우크라이나 지부는 스탈린 시대의 범죄를 조사하고 희생자들을 기념하는 활동을 했다. 그러나 가장 중요한 대중 집단은 발트 공화국들의 '시민전선(Popular Front)'을 닮은 우크라이나 단체인 '루흐(Rukh, '운동'이라는 뜻)'였다. 작가들과 민주주의 운동가들이 대거 참여한 '루흐'는 1988년 10월과 11월 작가동맹회관에서 여러 차례 회의를 가졌다. 각 지방에 지역 조직이 연이어 결성되고 1989년 9월 창립총회를 열었을 때 '루흐'는 28만 명의 회원을 확보하고 있었다. '루흐'는 모든 시민운동을 포괄하는 기구가 되었다. 우크라이나 민족주의자, 환경운동가, 소수민족 운동가, 동남부의 러시아어를 사용하는 민주주의자도 루흐에 가담하였다. 루흐가 영향력을 확대해 가면서 공산당은 급속히 영향력을 잃어갔다. 1989년 7월에는 돈바스 지역의 광부 46만 명이 파업을 벌였다. 그러나 시민운동 그룹은 광부들과의 연대를 만들지 못했고, 광부들의 시위운동은 폴란드의 '솔리대러티(Solidarity)'같은 정치단체로 발전하지 못했다.

종교분야의 개혁도 진행되었다. 고르바초프는 1989년 그리스카톨릭교회와 우크라이나 독립정교회를 합법화시켰다. 러시아정교회는 우크라이나정교회(Ukrainian Orthodox Church)로 명칭을 바꿨다. 세 교파는 교구 관할과 교회 건물 확보를 놓고 서로 경쟁을 벌였다. 공산당에 대한 비판도 점차 거세졌다. 당시까지 금기시되었던 레닌에 대한 비판이 제기되었고, 1932-1933년의 대기근에 대한 공산당의 책임도 거론되었다. 반역자로 취급되었던 이반 마제파, 흐루셉스키에 대한 칭송도 언론에 확대되었다. 1989년 르비프와 키예프에는 수만 명이 모인 대중집회가 개최되었다. 공식 자료에 의하면 1989년 1월-10월 사이 927회의 대중집회가 열렸고, 약 50만 명이 집회에 참가했다. 1990년 1월 루흐는 1919년의 서부와 동부 우크라이나의 연합을 기념하여 르비프부터 키예프까지 인간띠를 연결하였는데, 45만 명이 여기에 참여하였다.

• 대중정치의 탄생

1989년 우크라이나 당 제1서기 쉬체르비츠키는 은퇴하고 후임으로 이바쉬코Volodymyr Ivashko(재임 1989-1990년)가 임명되었다. 그러나 카리스마를 결여한 그는 공산당을 활성화시키지도 못하고, 개혁 정책을 과감히 추진하지도 못했다. 공산당으로부터의 이탈도 가속화되었다. 1990년에는 29만 명의 당원이 공산당을 탈당하였다. 1990년 중반 의회격인 최고회의의 구성은 450석 중 민주블록 125명, 공산당 239명, 나머지는 독립적 의원들이었다. 1990년 이바쉬코는 소련 공산당 부서기장을 맡아 모스크바로 이동하였다. 이바쉬코가 겸직하였던 당 제1서기와 최고회의 의장직은 분리되었다. 후렌코Stanislav Hurenko가 당 제1서기가 되었고, 최고회의 의장은 크라프추크Leonid Kravchuk가 맡았다. 폴란드가 지배하던 볼히냐에서 태어난 크라프추크는 우크라이나어를 능숙히 구사하고 민족문제 전문가로 경력을 쌓았다. 1990년 7월 16일 최고회의는 주권 선언을 하였다. 상징적인 이 선언은 우크라이나의 독립을 공식으로 선언한 것은 아니었지만, 공화국 법률이 소연방에 앞선다는 원칙을 천명했다. 1990년 중반 다양한 정당들이 형성되기 시작했다. 헬싱키그룹의 멤버들이 주도하여 '우크라이나공화당(Ukrainian Republican Party)'을 만들었고, 온건중도파 지식인들은 '우크라이나민주당(Democratic Party of Ukraine)'을 창당했다. '녹색세계'는 '녹색당(Green Party)'을 창당했다.

1991년 1월 크림의 공산당 보수파들은 러시아인계 주민들의 불안심리를 이용하여 크림자치공화국 지위 복원에 대한 주민투표를 실시하여 93%의 찬성을 얻어냈다. 크림에서 러시아인이 차지하는 비율은 67%였지만, 중앙아시아로 추방되었던 크림타타르인들이 귀환하면서 러시아인이 상대적 비중은 줄어들고 있었다. 몇몇 정파는 크림을 우크라이나로 이양한 1954년의 결정을 번복할 것을 주장했다. 크림의 강경보수파들은 우크라이나가 소련에서 분리독립하는 경우 크림도 분리할 수 있다는 경고를 키예프에 보냈다. 그러나 분리파들은 여론을 확실하게 자기편으로 만들지는 못했다.

• 소련의 붕괴와 독립 우크라이나의 탄생

1991년 여름 고르바초프는 새 연방조약안을 만들고 각 공화국의 지지를 얻어내려고 필사적인 노력을 했다. 15개 연방공화국 중 여섯 공화국은 이미 분리독립 의사를 확실히 표명했고, 우크라이나를 포함한 9개 공화국은 주권 유지와 범위를 놓고 모스크바와 협상을 계속하고 있었다. 1991년 8월 1일 소련을 방문한 미국의 부시대통령은 키예프를 방문하였다. 우크라이나 시민들은 부시로부터 독립 지지를 기대했지만 부시는 '희망 없는 고립의 노선'을 탈피하도록 권고하고, 미국은 '인종적 혐오에 바탕을 둔 자살적 민족주의를 추구하는 집단은 지원하지 않을 것'을 천명하여 시민들을 실망시켰다. 새로운 연방조약안에 대한 국민투표는 8월 20일로 예정되었다. 그러나 8월 19일 보수파에 의한 쿠테타가 일어나서 고르바초프를 크림반도의 별장에 연금시키고 쿠테타 세력은 '비상위원회'를 구성했다. 3일간 지속된 쿠테타 동안 크라프추크는 신중한 입장을 취하며 쿠테타에 대한 찬반 의사를 표시하지 않았다. 루흐와 다른 야당 정파들은 쿠테타를 비난하고 총파업을 호소했다. 8월 20일 쿠테타에 반대하는 대규모 시민 집회가 키예프 중심가인 흐레샤칙 거리에서 열렸다. 8월 22일 쿠테타는 실패로 끝나고 고르바초프는 모스크바로 귀환했다. 8월 24일 최고회의는 찬성 346표, 반대 1표 기권 3표의 압도적 표수로 우크라이나의 독립을 선언했다. 다른 공화국의 뒤를 따라 8월 30일 최고회의는 공산당을 불법화했다. 1991년 12월 1일 우크라이나의 독립여부를 묻는 주민투표가 실시되어 84.2%의 유권자가 투표에 참가하여 투표자 90.3%가 독립에 찬성했다. 러시아인이 다수를 차지하는 크림에서도 54.1%가 독립에 찬성했다. 같은 날 치러진 대통령 선거에서 크라프추크는 61.5%를 얻어 2차 선거 없이 대통령에 당선되었다. 루흐의 지도자인 초르노빌과 다른 네 명의 후보자가 대통령 선거에 참가하였으나 크라프추크의 상대가 되지는 못하였다. 초르노빌은 23.3%의 지지를 얻었다. 우크라이나의 독립이 확정된 다음날 폴란드는 신생 우크라이나를 승인하였고, G-7 국가 중에는 우크라이나계 주민이 많은 캐나다가 처음으로 우크라이나를 승인하였다. 12월 8일 러시아, 우크라이나, 벨라루스의 지도자들은 벨라루스의 벨로베즈스카야 숲(Belovezhskaia Pushcha)의 별장에 모여 소련의 해체를 선언하고 대신 '독립국가연합(CIS, Commonwealth of Independent States)' 출범을 선언했다. 12월 31일 고르바초프는 소련의 종식을 선언하고 크렘린 종각의 소련국기가 하양되면서 소련은 역사 속으로 사라졌다.

6부

독립 우크라이나

27장 크라프추크 정권

우크라이나의 관점에서 보면 1991년 소련의 붕괴는 분명한 승자와 확실한 체제변환을 수반한 혁명이 아니었다. 우크라이나공화국은 소련이 분해되면서 평화적으로 독립을 얻었고, 수십 년 동안 사회주의 건설에 종사해온 정치가와 산업관리자들이 독립국가 우크라이나의 '국부(founding fathers)'가 되었다. 민족주의 우파 진영의 지원을 받고 공산당이 불법화된 상태에서 크라프추크 정부는 집권 초기 아무런 정치 반대세력을 만나지 않았다. 독립 후 우크라이나가 겪은 수많은 어려움은 정부가 추진한 민주적 개혁에 대한 공산당의 반대가 아니라 우크라이나의 발전 과정을 설계한 구소련 엘리트들과 이들의 개혁에 대한 소극적 태도 때문에 야기되었다. 서방의 관측가들과 민주 야당 진영은 우크라이나가 소비에트 사회주의에서 정치적 민주화와 시장 경제 체제로 '이행(transition)'할 것이라고 보았다. 그러나 '패거리 자본주의(crony capitalism)'와 '과두제(oligarchy)'가 부상하면서 이들은 우크라이나가 어디로 가는지에 대해 의구심을 갖지 않을 수가 없었다.

국가 건설 과정에 우크라이나인들은 좁은 의미의 우크라이나인들을 위한 국가보다는 새로운 우크라이나에 거주하는 모든 시민들을 포용하는 시민적 모델을 선택했다. 따라서 국가의 기초가 되는 '국민(natsiia)'의 외연은 '우크라이나의 시민들(people of Ukraine)' 또는 '다민족적인 우크라이나 국민(multinational Ukrainian people)'을 뜻하게 되었다.

크라프추크 대통령

우크라이나 국기

트리주브

크라프추크대통령(1934년-)은 1992년 초 우크라이나국민공화국(1918-1920년) 시절의 국기와 '트리주브Trizhub'라고 불리는 국가문양, '우크라이나는 아직 죽지 않았다...'라는 구절로 시작되는 국가國歌를 채택하였다. 신생 우크라이나는 소련 시절의 기관을 그대로 물려받았다. 1990년 선거로 구성된 의회인 '베르호브나 라다Verhovna Rada'는 1994년까지 임기를 채우기로 했다. 포킨Vitold Fokin이 이끄는 내각도 계속 임무를 수행했다.

다른 신생공화국들과 마찬가지로 우크라이나는 주권과 국경에 대해 국제사회의 인정을 받으려고 노력했다. 러시아와의 분리를 최종적으로 확정하기 위해서는 국제적 인정이 필요했

베르호브나 라다 건물

다. 소련의 와해에 결정적 역할을 한 러시아의 옐친 정권은 일단 소련 제국이 사라지자, 구소련 지역에 대한 지배적 영향력을 강화하려고 노력했다. 러시아는 신생공화국들을 CIS틀 안에 묶어놓고, 소위 '근외지역(near abroad)'에서 러시아의 이익을 확충하려고 노력했다. 우크라이나 의회가 CIS가입 인준을 하지 않음으로써 우크라이나는 CIS의 정회원이 되지 않았고, CIS 시민권, 공동방위조약, 공동의회 설립을 반대했다. 우크라이나의 이러한 반대로 CIS는 국제법의 지배를 받는 초국가적 구조로 발전하지 못하였다. 그러나 우크라이나와 러시아 사이의 가장 큰 긴장은 크림과 흑해함대의 지위와 관할권을 둘러싸고 일어났다.

1991－1992년 많은 러시아 정치인들은 우크라이나가 크림반도를 관할하는 것의 정당성에 대해 의문을 표시했다. 1992년 크림 의회선거에서 러시아의 지원을 받은 분리주의자들이 다수파를 형성하고 크림의 독립을 선언했다. 독립 선언은 곧 철회되었지만, 러시아 의회는 1954년 크림 이양 조치가 위헌이고 무효임을 선언했다. 크림은 소련 붕괴 후 러시아 민족주의자들의 자존심을 자극할 여러 요소를 안고 있었다. 우선 크림은 러시아인이 주민의 주류를 형성하고 있고, 흑해함대의 기지이며 러시아 전쟁, 군사역사의 주요 사건들의 무대였다. 따라서 크림 문제는 러시아의 국가적 통합성, 군사력, 국가적 자존심과 관련된 문제였다. 러시아 민족주의자들은 흑해함대와 크림전쟁과 2차대전에서 영웅적으로 방어한 세바스토폴시를 장악하려는 우크라이나의 시도에 우려를 나타냈다. 1992년 두 번에 걸친 크라프추크와 옐친의 긴급 회동으로 긴장은 다소 완화되었다. 두 대통령은 흑해함대를 양국이 3년 간 공동 관리하고 최종 귀속 문제는 그 이후에 결정

하기로 했다.

흑해함대 말고도 우크라이나와 러시아는 다른 군사력도 배분해야 했다. 우크라이나 국방부는 역내에 주둔하는 80만 명의 병력과 6,500대 이상의 탱크, 1,500대의 항공기와 5,000개의 핵무기를 관할하려고 했다. 대부분이 전술핵무기이기는 하지만 우크라이나의 핵전력은 세계 3위였다. 일부 핵무기는 미소간 군축협정과 미국의 압력에 의해 해체과정에 들어가 있었다. 그러나 우크라이나는 176개의 대륙간탄도미사일과 1,240개의 핵탄두를 보유하고 있었다. 우크라이나 정부는 핵무기를 무조건 러시아에 넘기는 것보다는 서방과 핵무기 처리에 대한 협상을 진행하기를 원했다. 또한 핵무기 해체에 대한 미국의 재정적 지원과 안전보장도 얻어내려고 하였다. 우크라이나 정부의 불분명한 태도와 일부 의원들의 핵무기 보유 주장은 서방을 당혹하게 했다. 일부 의원들은 핵무기를 보유하는 것이 독립을 보장하는 유일한 길이며 서방의 지원을 이끌어낼 수 있는 수단이라고 주장했다. 우크라이나는 잠시 핵확산금지의 '문제아(problem child)' 취급을 받았지만, 핵무기를 보유하고, 유지 · 관리하는 것이 어렵다는 사실을 깨달았다. 1994년 1월 미국, 러시아, 우크라이나 사이에 핵무기 해체에 대한 합의가 이루어졌다. 러시아는 우크라이나의 원자력발전소에 원료를 공급하고, 미국은 약 2억달러의 재정지원을 제공하기로 약속했다. 3개국은 우크라이나의 영토 보장도 합의했다. 그러나 이 모든 합의가 양해각서 형식으로 체결되어 후일 문제의 소지를 남겨놓았다. 프랑스와 중국도 우크라이나의 안전보장을 선언하였다. 1994년 우크라이나 의회는 전략무기제한협정과 핵확산금지조약을 비준하였다. 1996년 우크라이나의 마지막 핵탄두가 제거됨으로써 우크라이나는 핵 보유국가의 지위를 포기하였다.

핵무기 해체 과정에서 미국이 보여준 태도에는 90년대 초반 구소련 지역에 대한 미국의 정책이 그대로 반영되어 있다. 미국의 부시정권은 구소련 지역의 안정을 담보할 수 있는 유일한 국가는 러시아라고 보고 러시아 편들기 정책을 폈다. 그러나 극심한 사회 혼란에 빠진 러시아의 경제개혁과 민주주의 정착은 제자리걸음을 했고, 종종 국제사회에서 강한 주장을 내세우기도 했다. 1994년 클린턴 정권이 들어서면서 미국은 우크라이나의 지정학적 중요성을 인식하기 시작했다. 우크라이나는 소련의 부활과 러시아가 다시 동유럽으로 진출하는 것을 막을 수 있는 방책이라는 것을 깨닫기 시작했다. 브레진스키는 '외교정책(Foreign Affairs)'에 기고한 글에서 "우크라이나 없이는 러시아는 제국이 될 수 없고, 우크라이나를 매수하고 복종시키면 러시아는 자동적으로 제국이 된다"라고 썼다. 미국과 우크라이나의 관계가 증진되면 이것은 미국–러시아 관계의 악화로 이어지게 되었다.

우크라이나와 접경국가인 폴란드, 헝가리, 슬로바키아, 루마니아는 우크라이나의 부상을 예측할 수 없는 러시아로부터 자국을 보호하는 방책으로 환영했다. 충돌이 잦았던 폴란드–우크라이나 관계와 1939년의 영토 상실에도 불구하고 폴란드는 우크라이나의 독립을 가장 먼저 승인했고, 일관되게 우크라이나를 옹호하는 국가가 되었다. 이와 대조적으로 1940년 소련이 획득한 남부 베사라비아, 북부 부코비나, 흑해의 석유 매장 지역인 세르판트Serpent 섬 때문에 루마니아와의 관계는 긴장 상태를 유지했다. 루마니아는 NATO와 EU 가입 조건으로 영토 관할권에 대한 주장을 포기하였지만 90년대 내내 양국관계는 불편하였다. 유럽 국가들은 우크라이나와의 양자관계는 활발히 맺었지만 우크라이나를 유럽에 통합시키려는 의지를 보여주지는 않았다. 크라프추크 정권은 '비非블럭(non-block)'원칙을 외교정책의 기본으로 내세우기는 했지만 '유럽으로의 회귀(return to Europe)'를 과거의 러시아와의 밀접한 관계를 대체하는 이상적 대안으로 보았다. 그러나 1994년까지 유럽은 우크라이나에 큰 관심을 기울이지 않았다.

1991년부터 1994년까지 서방으로부터 지원 부족은 우크라이나의 체제 전환을 더욱 어렵게 했다. 소련의 각 공화국간의 경제적 연계가 와해되면서 경제는 큰 어려움에 빠졌다. 중공업과 군산 복합 산업시설이 기간을 이룬 우크라이나 경제는 더 큰 타격을 받았다. 우크라이나 내 대기업의 80% 정도는 원료, 부품물자 생산에 관여하고 있었다. 우크라이나 생산품의 주요 시장이었던 러시아도 경제적 어려움에 빠지면서 수출길이 막혔고, 국제가격보다는 훨씬 낮은 가격에 공급을 받고 있기는 했지만 석유, 가스의 러시아 의존도 경제회생을 어렵게 했다.

'국가 건설(state building)'에 주력하고 있던 크라프추크 대통령은 경제 개혁을 적극 추진하지 않았다. 개혁에 대한 소극적 태도는 의도적이었을 수도 있다. 폴란드식의 '충격요법(shock theraphy)'은 사회적 불안을 조성해 반대파에게 유리한 상황을 만들 수 있고, 동부의 러시아어 사용 산업지역의 반발을 불러일으킬 수 있었다. 사유화와 민영화를 적극 추진하는 대신 포킨 내각은 대규모 실업 사태를 초래하지 않기 위해 이익을 내지 못하는 국영 공장들에게 계속 보조금을 지급했다. 우크라이나는 러시아와 화폐, 재정 제도를 완전히 분리하지 않았기 때문에 기업에 대한 신용공여는 루블로 이루어졌다. 1992년 우크라이나의 신용 남발이 러시아의 초인플레이션의 일부 원인이라는 것을 인지한 러시아 중앙은행은 우크라이나 국영은행이 발행하는 루블화 신용을 더 이상 인정하지 않았다. 우크라이나 내부에서는 1992년 2,500%에 달한 초인플레이션과 생필품 부족으로 정부에 대한 원성이 높아갔다. 의회는 9월 포킨 내각을 해임했다. 1992년 11월 우크라이나는 루블존에서 탈퇴하고 임시 자체 화폐인 카르보바네츠(karbovanets)를 발행했다.

포킨의 뒤를 이어 총리에 임명된 쿠치마Leonid Kuchma(1938년－)은 세계에서 가장 큰 미사일 공장인 드니프로페트롭스크의 피브덴마쉬Pivdenmash 공장장을 거쳐 드니프로페트롭스크 주지사을 지낸 인물이었다. 그는 화폐 발행을 억제하고, 세수를 늘리며 민영화를 추진하였다. 그러나 그의 긴축정책은 불만을 더 고조시켰다. 1993년 6월 돈바스의 광부들이 대규모 파업을 일으키면서 경제는 거의 작동을 멈추었다. 광부들의 요구를 들어주기 위해 정부는 다시 대량으로 화폐를 발행하였고, 이 결과 명목 GDP는 82%나 늘어났다. 19993년 9월 쿠치마가 사임하고 돈바스 광산 관리자 출신 즈뱌힐스키Yukhym Zviahilsky가 총리에 취임하였다. 그는 쿠치마가 추진한 모든 개혁을 원점으로 돌려놓고, 공장과 집단농장에 대한 보조금을 남발하였다. 다시 초인플레이션이 시작되어 1993년 인플레이션은 10,115%에 달했다.

임금 상승이 인플레이션을 따라 가지 못하고 식품을 비롯한 생활용품 구입이 어려워지면서 주민들은 원시적 교환경제로 물품을 구입하고, 농촌 별장인 다차dacha의 개인텃밭에서 채소 등 식품을 공급했다. 1990년대 초반부터 중반까지 우크라이나 국민 3/4이 빈곤선 이하에서 생활을 했다. 복지와 의료 체계가 붕괴되면서 평균 수명이 줄어들고 인구가 감소하기 시작했다. 1989년 5,200만 명에 달했던 인구는 2001년 조사에서는 4,850만 명으로 줄어들었다. 해외 이주도 인구 감소에 큰 역할을 했다. 유대인들이 대거 이스라엘, 미국, 독일로 이주했다. 소련 시대 기업에서 관리자 역할을 했던 유능한 유대인들이 대거 떠난 것은 경제 운영에도 악영향을 주었다. 우크라이나인들도 더 나은 생활을 위해 북아메리카와 서유럽으로 이민을 갔다. 새로운 경제 환경은 '신흥부자층(new rich)'도 만들어냈다. 암거래를 주도하는 정부 관리들과 마피아는 정부의 묵인 하에 큰 재산을 모았다. 이들은 정부 자산을 헐값에 인수하거나 러시아 석유와 가스를 유럽에 국제가격으로 판매하는 방법으로 엄청난 부를 축적했다.

소련 시대 당관료 출신이 대부분인 우크라이나의 신생 지도부는 자신들의 권력의 정당성을 위해 민족주의 사상을 빌려왔다. 크라프추크는 우크라이나 역사를 러시아의 압제에 대한 투쟁의 역사로 그림으로써 민족주의 노선을 강화했다. 그가 우크라이나의 민족적 정체성을 강화하기 위해 취한 조치들은 우파 동조자들의 지지를 받았으나, 유권자가 많은 동부 지역에서는 논란을 일으켰다. 크라프추크 정권은 강제적인 우크라이나화 정책은 취하지 않았지만, 정부 업무와 교육에서 우크라이나어의 사용을 강화했다. 우크라이나의 주권을 강화하기 위해 사용한 국기, 국장, 국가 등의 국가 상징도 동부 지역에서 처음에는 민족주의적이라고 거부당했다. 그는 우크라이나정교회를 다른 정교회 분파, 특히 러시아정교회보다 우대했다. 전반적으로 국가 공식 언어로서 우크라이나어의 사용을 장려한 그의 정책은 러시아어를 사용하는 동남부 지역에서 반발을 일으켰고, 이로 인한 정치적 대가를 치러야 했다. 1994년 크림에서는 러시아주의자인 멘쉬코프Yurii Menshikov를 자치공화국 대통령으로 선출함으로써 분리

운동이 다시 점화되었다. 우크라이나화 정책의 부작용을 깨달은 크라프추크 정권은 1994년 의회 선거를 앞두고 민족주의적 노선에서 한 발 후퇴했다. 경제 위기와 만연한 부패에 염증을 느낀 유권자들에게 민족주의적 열정을 내세우는 것은 효과가 없었다. 총선거에서 1993년 다시 합법화되어 부활한 공산당이 25%의 의석을 얻어 제1당이 되었고, 루흐는 6%, 우파는 9%의 의석을 얻었다. 극우파는 2.5%의 의석을 얻었다. 대부분 중도파에 속하는 무소속 후보들이 50%에 가까운 의석을 차지했다.

1994년 6월-7월의 대통령 선거에서 크라프추크는 여섯 명의 후보와 싸웠고, 결선 투표에서는 쿠치마와 대결했다. 경제 개혁의 성과를 내세울 수 없었던 크라츠추크는 국가 건설의 공로와 핵무기 철폐와 원조 확보, EU와의 파트너십 협정 체결 등 최근의 외교성과를 치적으로 내세웠다. 쿠치마는 경제 파탄과 분열적 우크라이나화 정책을 비판하며 유권자를 끌어들였다. 결선 투표에서 쿠치마는 52%의 득표로 45%를 얻은 크라프추크를 꺾고 대통령에 당선되었다. 대통령 선거는 크라프추크가 우크라이나어를 사용하는 서부를 석권하고, 쿠치마가 러시아 사용 지역인 동남부에서 압승함으로써 동-서 대립의 양상을 보여주었다.

28장 쿠치마 정권

• 쿠치마 정권의 개혁 정책

쿠치마대통령(재임 1994-2004년)은 러시아와의 관계를 복원하고 러시아어를 보호한다는 공약을 내세우고 당선되었지만 그는 독자적 외교 노선을 추구했고 문화적 우크라이나화 정책도 계속 추진했다. 이러한 정책은 새로운 우크라이나 지배 엘리트에게 정당성을 부여해 주었다. 그는 러시아의 조종을 받는 장기판의 말이 되기보다 독립국가의 대통령이 되기를 원했다. 그는 미국과 밀접하고도 우호적인 관계를 유지하여 우크라이나는 이스라엘, 이집트 다음으로 미국의 원조를 많이 받는 국가가 되었다. 쿠치마대통령과 클린턴 미국 대통령은 각각 두 차례 상호 교환 방문하고, 쿠치마와 미국 부통령이 주재하는 미국-우크라이나위원회를 창설하였다. 1995년 쿠치마는 크라프추크 대통령의 '비블럭' 정책을 벗어나 CIS국가 중 최초로 NATO와 '협력협정(Partnership for Peace Program)'을 체결하였다. 1997년 NATO와 우크라이나는 '특별동반자헌장(Charter on a Distinctive Partnership)'을 체결하며 협력을 강화하였다. 쿠치마는 서방과 러시아를 경쟁시켜 보다 많은 지원을 이끌어내는 것이 유리하다는 것을 깨달았다. 쿠치마 정부는 친서방적인 선언을 자주 발표했지만, 실제에서는 러시아를 멀리하고 서방에 너무 밀착하지는 않았다. 우크라이나가 공식적으로 EU에 가입하겠다는 의사를 표명한 것은 공개적으로 반러시아적인 노선을 걸었던 크라프추크 정권 때가 아니라 쿠치마 정권 때였다는 것을 기억할 필요가 있다. 쿠치마는 미국과의 밀접한 관계를 지렛대로 러시아의 관계도 정상화하였다. 우크라이나의 NATO 접근과 크림에서의 우크라이나-NATO 공동 군사훈련에 크게 동요한 러시아의 옐친 대통령은 1997년 5월 31일 우크라이나와 '우호협력협정(Treaty on Friendship and Partnership)'을 체결하였다. 이 협정으로 러시아는 우크라이나의 영토 주권을 인정하고 흑해함대를

쿠치마 대통령

분할하기로 하였다. 우크라이나와 러시아는 18대82 비율로 흑해함대 함정을 나누고, 러시아는 세바스토폴항을 20년간 임차하기로 하였다. 쿠치마는 크림의 분리 운동도 성공적으로 제압하였다. 크림 지도부 내부에서의 분열을 이용하여 쿠치마는 1995년 멘쉬코프를 제거하였고, 1996년 크림대통령직을 철폐하였다.

전임 크라프추크대통령과 마찬가지로 쿠치마는 집권 1기 동안 의회와의 싸움에 많은 시간과 노력을 쏟았다. 좌파가 다수를 차지하고 중도파가 단결이 되어 있지 않은 의회는 개혁 정책을 반대하였다. 쿠치마는 크라프추크와 마찬가지로 대통령의 권한을 확대하는 데 힘을 쏟았다. 1995년 '대통령권한법(Law on Power)'을 둘러싸고 의회와 오랜 기간 대립을 했다. 쿠치마는 국민투표 부의를 무기로 의회를 압박하여 1996년 6월 28일 헌법개정안을 통과시키는 데 성공했다. 개정헌법에서는 대통령의 권한이 강화되기는 했지만, 우크라이나는 대통령제-의원내각제의 혼합형태의 정체를 갖게 되었다. 쿠치마는 대통령실을 사실상 작은 내각의 역할을 하도록 확대 개편했다.

1994년 10월 쿠치마대통령은 국영기업의 민영화, 엄격한 재정통제, 새 화폐 도입을 주요 내용으로 하는 경제개혁 정책을 발표했다. 쿠치마의 개혁정책은 두 진영으로부터 큰 반대에 부딪혔다. 하나는 공산당을 중심으로 한 좌파진영이고 다른 하나는 보조금의 철폐를 두려워한 산업 관리자들이었다. 그는 공개적으로 좌파를 비판했지만, 자신을 선거에서 지원해 준 동부 지역의 산업관리자들과 대립할 수는 없었다. 국영기업에 대한 보조금 제도를 이용하여 부를 축적한 소위 소련스타일의 '산업관리자들(industialists)'은 국영기업의 민영화를 강력히 반대했다. 이러한 이유로 1995년부터 1997년 사이 주로 중소기업이나 소비재 생산 기업만이 민영화되었다. 쿠치마는 개혁 드라이브를 늦출 수밖에 없었다. 쿠치마 집권 1기 동안 네 명의 총리(마솔, 마르추크, 라자렌코, 푸스토보이첸코)가 거쳐 갔는데, 이중 세 번째 총리인 라자렌코Pavlo Lazarenko(재임 1996년 5월-1997년 7월)는 당시 발아하고 있던 '패거리 자본주의(crony capitalism)'의 전형을 보여주었다. 소련 시절 집단농장 관리자와 당 실무진을 거친 라자렌코는 독립 후 고향인 드니프로페트롭스크에서 정치적으로 크게 성장했다. 에너지 부문에서 여러 가지 부당거래로 상당한 부를 쌓은 그는 1995년 9월 에너지 담당 부총리에 임명되었다. 그는 1996년 5월 총리가 된 다음 에너지, 곡물, 통신 분야에 타인을 내세운 회사를 통해 막대한 부를 쌓았고, 기업 강탈과 경쟁 사업가에 대한 청부살인도 서슴지 않았다. 짧은 총리 재임 기간 동안 그는 수억 달러의 수입을 올리고 이를 미국, 스위스, 안티구와의 비밀계좌에 보관해 온 것으로 추정되었다. 1997년 총리에서 해임된 그는 해외를 떠돌다가 1999년 그는 미국에서 돈 세탁혐의로 체포되어 8년 형을 선고받고 복역 중이다.

라자렌코의 부패와 몰락은 언론의 집중 조명을 받은 대표적 사건이었지만 쿠치마 재임 시절 수백 명의 측근과 정치적 후원자가 이와 유사한 방법으로 부를 쌓았다. 이 시절 주요 '경제재벌집단(clan)'이 형성되고, 우크라이나 정치는 올리가르히(oligarchy)의 영향력이 점점 커지는 형태로 변했다. 우크라이나의 가장 강력한 두 경제재벌은 아흐메토프Rinat Akhmetov와 핀추크Viktor Pinchuk가 이끌었다. 타타르인인 아흐메토프는 도네츠크에서 은행업으로 부를 축적한 다음 철강과 기계, 통신 분야로 사업을 확장했다. 그는 샤흐타르Shakhtar축구단도 소유하고 있다. 도네츠크 재벌집단을 이끌고 있는 아흐메토프는 도네츠크 주지사이자 후에 대통령이 되는 야누코비치의 재정 후원자가 되었다. 핀추크는 드니프로페트롭스크 재벌집단의 대표주자이다. 쿠치마 대통령의 딸과 결혼한 그는 석유, 가스, 철강, 미디어 분야로 사업을 확장했다. 쿠치마 정권의 이너써클(inner circle)과 밀접한 관계를 맺고 있는 핀추크는 1999년 쿠치마 재선을 재정적으로 후원하였다.

올리가르히와 정부가 공생하는 상태에서 개혁 정책이 제대로 추진될 리가 없었다. 1996년 도입한 새 화폐 '흐리브나(hryvna)'는 쿠치마 경제 개혁 정책의 유일한 성공 사례였다. 정부는 연금과 보조금의 과도한 지급으로 인해 재정 적자가 누적되었고, 러시아에 대한 석유, 가스 채무는 눈덩이처럼 불어나고 있었다. 1994년 개혁 정책 추진 발표 이후 우크라이나는 국제통화기금(IMF)의 신용공여를 받을 수 있는 지위를 획득하였다. 그러나 우크라이나는 서방으로부터의 차입과 신용 개설에 중독되다시피 했다. IMF는 인플레이션 통제, 이자율, 세수 등에 대한 목표치를 제공하며 우크라이나의 경제 개혁을 독려해 나갔다. 한 경제학자는 우크라이나 현실 상황에 대한 깊은 고려 없이 신자유주의적인 정책을 남발하기는 하였지만 IMF만이 우크라이나의 유일한 '개혁당(party of reform)'이었다고 평가하기도 했다. 우크라이나의 정부 부처들이 IMF가 제시한 단기 경제 목표를 달성하기는 하였지만 효율적 시장경제체제를 만들어내지는 못하였다. 농업에서는 소련 시대의 집단농장이 '집단농장기업(collective agricultural enterprise)'으로 이름을 바꾸기는 하였지만, 농업 발전을 가로막고 있었다. 육류, 유제품, 과일 생산의 주요한 부분을 담당하고 있던 개인 농민들의 수는 크게 늘어나지 못했다. 이는 공산당과 좌파 정당이 토지 사유화를 막고 있었기 때문이다. 농민들은 정부로부터 농지를 임차할 수만 있었다. 2001년 의회는 농지사유화에 대한 결의안을 통과시켰지만, 농지사유화 실행은 2007년 이후로 미루어졌다. 중소기업은 때로는 90%에 육박하는 과도한 세금으로 질식 상태에 있었다. 이런 상황 때문에 대부분의 경제 활동은 '지하'에서 이루어졌다. 정식으로 등록된 대기업도 현금으로 임금을 지급하며 소득세와 연금기금 부담금 지급을 회피했다. 1996년부터 1998년 사이에 시행된 대규모 국영기업 민영화에서도 기업가들과 올리가르히들은 공장노동자로부터 민영화바우처를 헐값에 사들여 적은 비용으로 기업을 소유했다. 이들은 기업을 소유한 후에도 정부 보조금과 세금 특혜에서 얻는 것이 더 많았기 때문에 생산성을 향상시키는 데는 힘을 기울이지 않았다. 그러나 90년대 말이 되면서 철강 분야 수출 호조로 경제 회복의 기운이 일어났다.

쿠치마 정권 1기 말이 되자 그의 정책에 대한 실망이 총선 결과로 나타났다. 1998년 총선에서 공산당은 27%의 의석을 차지하여 제1당이 되었고, 루흐는 10%의 의식을 얻는데 그쳤다. 다양한 명칭을 가지 중도파 정당들은 23%의 의석을 차지했다. 지난 회기에서와 마찬가지로 좌파계열인 농민당 당수인 트카첸코Oleksandr Tkachenko가 의회 의장을 맡으면서 좌파 정당들은 쿠치마의 개혁 정책에 효과적으로 반기를 들 수 있게 되었다. 1999년 재선을 앞둔 쿠치마는 올리가르히들로부터 선거 자금을 모으고, 언론에 대한 통제를 강화하며 러시아로부터 선거전략가를 초빙하였다. 공산당 당수를 결선 상대로 선택해서 재선에 성공한 옐친의 전략을 본받아 쿠치마는 카리스마가 없는 공산당 당수 시모넨코를 결선 대상으로 선택했다. '공산당 위협(Red menace)'을 강조한 선거 전략이 성공하여 쿠치마는 1차 선거에 56%를 득표하여 37%를 얻는데 그친 시모넨코를 크게 누르고 결선 투표 없이 재선에 성공하였다.

쿠치마 정권 2기(1999–2004년)는 경제적 성장과 크게 대조되는 부패와 탄압 정치로 점철되었다. 1999년까지 마이너스 성장을 보이던 우크라이나 경제는 성장의 길로 들어섰다. 우크라이나는 풍부한 철광석과 광물자원을 바탕으로 경제 성장이 발판을 마련했다. 이전까지 보조금 가격으로 구입한 석유와 가스를 유럽시장에 국제가격에 판매하는 방법으로 부를 축적한 올리가르히들은 철강과 광물 수출이 합법적으로 부를 쌓는 길이라는 것을 깨달았다. 민영화가 진척된 다른 경제 부문도 틈새시장을 발견하며 성장하기 시작했다. 임금이 상승되면서 소비도 늘어나서 경제를 활성화시켰다. 1998년 모라토리엄 선언 이후 급격한 회복세를 보인 러시아 경제도 우크라이나 경제에 긍정적 영향을 미쳤다.

우크라이나의 성장 기운이 경제회복으로 이어지려면 엄격한 재정통제가 필요했다. 1999년 우크라이나의 외채는 사상 최고액인 124억불에 이르렀고, 채무의 절반은 IMF, 세계은행, 러시아에 진 빚이었다. 우크라이나 정부는 대통령 선거를 앞두고 재정 지출을 확대하여 인플레이션 급등 위협을 초래했다. 국제 전문가들이 우크라이나의 국가부도 위험성을 경고하고, 긴축 정책을 강력히 권고했다. 1999년 12월 쿠치마는 유셴코Viktor Yushchenko를 총리도 임명하였다.

유셴코는 금융 분야에서 오래 활동했고 국립은행장을 역임했었다. 그는 친서방적인 자유주의적 노선을 걷는 개혁주의자로 알려져 있었다. 쿠치마는 유셴코가 서방과의 어려운 협상을 잘 이끌고 1년 정도 재임하며 자신의 부를 축적한 후 떠날 것으로 예상했다. 그러나 쿠치마의 예상과 달리 유셴코는 결연한 개혁주의자였고, 성실한 공복의 모델을 보여주었다. 그는 부채 상환 일정을 재조정하였고, 에너지 담당 부총리인 티모셴코Yulia Tymoshenko는 절취한 러시아 석유와 가스를 유럽에 국제가격으로 되파는 마피아적 관행에 철퇴를 가했다. 또한 올리가르히, 특히 석유수출업자와 전기배급업자에게 부여된 세금 면제 제도를 철폐했다. 유셴코는 확대되어가는 중산층의 소득세와 영업이득세를 감소시켜 경제를 활성화시켰다. 많은 중소 상인들이 지하에서 나와 경제활동을 하였다. 2000년 한 해 동안 유셴코는 약 40억달러(GDP의 13%)의 세수를 증가시켰다. 이 덕분에 유셴코 내각은 연금과 임금 체불을 없애고 균형예산을 달성할 수 있었다. 재정 부문의 부정일소(cleanup)로 산업 부흥과 소비자 지출을 늘려 2000년 우크라이난 경제는 독립 이후 최초로 6%의 플러스 성장을 기록했다. 2001년 단행된 일련의 민영화 조치로 우크라이나 국고는 더욱 견실해졌다. 개혁 정책의 성공으로 유셴코와 티모센코의 대중적 인기는 크게 치솟았다. 그러나 쿠치마 대통령과 주변의 올리가르히들은 이 두 사람을 달가워하지 않았다. 그 이유는

유셴코

티모셴코

첫째는 개혁 정책이 올리가르히들의 이권을 축소했기 때문이었고, 둘째는 유셴코가 차기 대통령 선거의 자유민주진영 후보자로 급부상했기 때문이다. 2000년 초부터 쿠치마 대통령은 유셴코를 해임할 생각을 가지고 있었으나 예상치 않게 불거져 나온 정치 스캔들에 그는 먼저 발목이 잡혔다.

• 쿠치마 정권의 부패와 몰락

쿠치마는 오랜 의회와의 투쟁에서 좌파의 입지를 축소시키는 데는 성공했지만, 유셴코를 중심으로 한 강력한 야당세력이 새롭게 형성되는 것을 지켜봐야했다. 쿠치마 정권의 권위를 크게 추락시킨 사건이 2000년 가을 일어났다. 9월 야당은 반정부 인터넷 언론인인 곤가제Grigorii Gongadze가 실종된 사건을 정치 이슈화하였다. 그는 쿠치마 측근들의 비리를 파헤치는 탐사 기사를 여러 번 쓴 경력이 있었다. 11월 머리가 잘린 곤가제의 시체가 키예프 인근 숲에서 발견되면서 사건은 세간의 주목을 끌었고, 11월 28일 모로즈Oleksandr Moroz 국회의장이 쿠치마가 그의 살해를 지시했다고 밝히면서 대형 정치 스캔들로 발전했다. 모로즈는 쿠치마의 경호원인 멜니첸코가 300시간 분량의 쿠치마 대화 녹음테이프를 가지고 있고, 여기에 쿠치마가 곤가제를 '처리하도록' 지시하는 내용이 담겨있다고 폭로했다. 우크라이나 국민들은 이 사건에 큰 충격을 받았으나, 이것이 바로 쿠치마 하야 운동으로 이어지지는 않았다. 몇 번의 항의 데모가 있었으나 경찰은 이를 강경 진압했다. 2001년 2월이 되자 반정위 시위는 다시 시작되어 "쿠치마 없는 우크라이나(Ukraine without Kuchma)"를 슬로건으로 내걸었다. 올리가르히들에 의해 부총리직에서 해임된 티모셴코가 야당세력에 가담하면서 반정부 시위는 모멘텀을 얻었다. 티모셴코는 '조국구국포럼(National Salvation Front)'을 결성하였고, 얼마 후 군소 야당을 규합하여 자신의 이름을 딴 '티모셴코블록(Yulia Tymoshenko bloc, BYuT)'을 출범시켰다. 2001년 총리직에서 해임된 유셴코는 바로 야당의 대표주자로 떠올랐고, 차기 대선의 야당 후보로 부상했다. 그는 중도 우파 정당인 '우리우크라이나당(Our Ukraine)'을 창설했다. 2002년 3월 실시된 총선에서 여당 연합인 '통합우크라이나(United Ukraine)'가 130석을 얻었고, 우리우크라이나당이 113석, 공산당이 66석을 얻었다.

심화되는 부패와 정적 탄압, 언론인 암살, 선거 조작으로 쿠치마는 서방 국가의 신뢰를 급속히 잃었다. 미국은 쿠치마의 곤가제 암살 지시와 1억 달러의 대 이라크 무기 수출에 큰 실망을 나타냈다. 쿠치마는 2002년 NATO 가입 의사를 공식으로 밝히고 이라크에 네 번째로 많은 병력을 파견하였지만 한번 실추된 그의 신뢰를 되찾지는 못하였다. 서방이 쿠치마 정권과 거리를 둔 것에 비례해서 러시아는 영향력을 회복하였다. 러시아는 쿠치마 정권을 점차 자신의 영향권 아래 끌어들였다. 푸틴대통령은 경제적 지렛대를 쓰면서 우크라이나에 대한 영향력을 강화하였다. 러시아는 석유와 가스 채무에 대한 대가로 우크라이나의 정유 시설을 획득하였고, 러시아 올리가르히들이 우크라이나에 적극 진출했다. 수세에 몰려있던 쿠치마는 여러 국유자산을 러시아 올리가르히들에게 팔았다. 우파 민족진영은 러시아 자산의 공격에 경고음을 냈지만, 이러한 상황은 우크라이나의 경제 성장을 촉진시켜서 2005년까지 연평균 9%의 성장률이 유지되었다. 러시아와의 경제 관계가 강화되면서 대외 정책 노선에도 변화가 왔다.

2003년 쿠치마는 러시아, 벨라루스, 카자흐스탄과 함께 '공동경제구역(Common Economic Space)'을 설립했다. 이제까지의 친서방 노선 대신 서방과 러시아를 모두 전략적 파트너로 대하는 소위 '멀티벡터(multi-vector)' 외교노선이 쿠치마 정권의 외교 기조가 되었다.

임기말이 다가오면서 쿠치마 측근들은 정권 연장 방법을 모색했다. 3선 연임을 제한한 헌법 조항을 피하기 위해 쿠치마 추종자들로 구성된 헌법재판소는 2003년 12월 신헌법 하에서 쿠치마는 임기 1기를 마치므로 다시 대통령 선거에 나설 수 있다는 법리적 결정을 내렸다. 그러나 쿠치마의 지지도는 10% 이하에 머물렀고, 때로는 5% 이하까지 떨어졌기 때문에 직선제로 대통령에 당선될 가능성은 거의 없었다. 그래서 의회에서 대통령을 간선으로 선출하는 방법, 의회가 실질적인 국정 운영권을 갖는 헌법 개정 방법 등이 논의되었지만 당시 의회 구성이 2/3 동의선 통과가 어려운 상황이었기 때문에 도상 계획으로만 그쳤다. 선택의 여지가 없게 된 쿠치마 정권은 새로운 여당 후보 지원에 총력을 기울이기로 했다. 여당의 대통령 후보로 지명된 것은 2002년 11월부터 총리를 맡고 있던 야누코비치Victor Yanukovich(1950년－)였다. 야누코비치의 총리 임명은 쿠치마 재선을 재정적으로 도운 도네츠크 클랜의 영향력에 의한 것이었다. 그러나 세련되고 카리스마가 있는 유셴코와 대비되는 야누코비치의 경력은 처음부터 문제가 되었다. 돈바스 지역에서 태어난 야누코비치는 어려서 아버지를 잃고 할머니 손에 양육되면서 제대로 된 교육을 받지 못하였다, 젊은 시절 두 번의 범죄로 복역을 한 기록이 있었다. 버스회사 관리인으로 사회생활을 시작한 그는 주지사에 오를 때까지 영향력을 이용하여 박사 학위를 비롯한 여러 가지 학위를 얻었지만 이것이 그의 부족한 학식을 보충해주지는 못했다. 그는 대통령 선거 후보 신청지 직업란에 '교수'라는 단어의 철자를 틀리게 쓰기도 했다. 우크라이나어를 토박이어로 구사하며 유려한 연설을 하는 유셴코에 비해 야누코비치는 언변도 크게 떨어졌고, 우크라이나어도 제대로 사용하지 못했다. 그러나 집권 세력 내의 복잡한 세력 분포로 인해 쿠치마는 야누코비치를 자신의 후계자로 지명할 수밖에 없었다. 야누코비치의 개인적 자질과 그의 부족한 정치 비전뿐만 아니라 당시 변화 과정에 있던 우크라이나 사회를 고려할 때 야누코비치를 대통령 후보로 내세운 것은 불행한 선택이었다. 경제 성장으로 인해 우크라이나에는 시장 경제와 민주주의를 갈망하는 중산층이 형성되어 가고 있었다. 이들은 올리가르히와 부패한 정부를 혐오하였다. 야누코비치는 권력을 계속 유지하려는 부패한 정치 엘리트의 표상으로 비쳐졌다. 골수 공산당 후보와 대결했던 지난 대선과 다르게 이번 선거의 야당 경쟁자는 경제개혁 성과를 내세우는 중도우파 정치인이었다. 유셴코는 우크라이나어를 모국어로 구사하면서도 과도한 언어적 우크라이나화와 거리를 두고 있었다. 우크라이나어를 쓰는 중산층과 러시아어를 쓰는 중산층 모두 유셴코에게 희망을 걸고 있었다. 또한 민주주의와 개혁을 지지하는 유권자와 서부 지역의 우크라이나어 사용자들도 유셴코를 지지할 것이 분명했다.

야누코비치

클리츠코

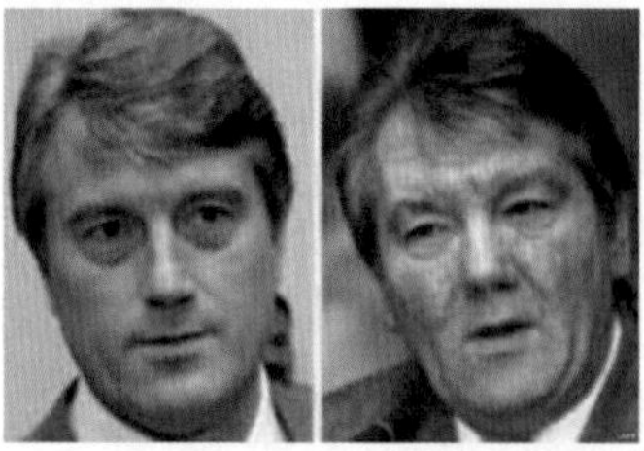
독극물 사건 전과 후의 유셴코의 모습

2004년 7월 공식으로 대통령선거 출마 의사를 밝히고 선거 운동을 진행하던 유셴코가 독극물에 중독되는 사건이 발생했다. 9월 5일 국가정보부 부장 스메쉬코, 차장 사트슈크와 키예프 교외에서 저녁 식사를 한 유센코는 집으로 돌아오는 길에 심한 식중독 현상을 보였다. 국내에서 치료를 받다가 상태가 악화되어 오스트리아의 병원으로 후송된 유센코는 특수 다이옥신에 중독된 것으로 밝혀졌다. 유센코 몸에서는 이제까지 살아있는 사람 몸에서 나온 것으로는 두 번 째로 높은 다이옥신 수치가 검출되었다. 유센코는 일주일 치료를 받고 귀국했으나 10월에 다시 오스트리아로 가서 치료를 받아야 했다. 이 사건 후 샤트슈크 정보부 차장과 당일 식사를 준비한 요리사는 러시아로 망명했다. 독극물 사건으로 우크라이나의 대통령 선거는 국제적 주목을 받게 되었고, 정권에서 이반된 민심은 유센코에게로 향했다.

29장 오렌지 혁명과 유셴코 정권

• 오렌지 혁명

24명의 대통령 후보가 2004년 10월 31일 열린 1차 선거에 출마했지만, 표의 대부분은 유셴코(39.9%)와 야누코비치(39.6%) 두 후보에게 몰렸다. 그러나 이것은 단지 공식 발표된 통계였을 뿐이다. 후에 밝혀진 바로는 야누코비치팀은 중앙선관위 전자집계 시스템에 자유롭게 접속하여 각 선거구에서 올라오는 선거 자료를 마음대로 조작할 수 있었다. 선거에서는 이중투표나 투표자 위협도 일상적으로 자행되었다. 공산당 후보인 시모넨코는 5%를 얻는데 그쳤고, 이전에 그를 지지했던 표는 대부분 야누코비치에게로 갔다. 11월 21일로 예정된 결선 투표를 앞두고, 출구조사 요원들을 매수하기 위한 시도도 있었다. 이러한 것들은 1차 선거보다 훨씬 큰 선거 부정이 저질러질 것이라는 것을 암시하는 것이었다. 그러나 출구조사의 상당부분은 외국에서 온 선거감시 기관들이 수행을 했기 때문에 출구조사 결과를 조작하기는 어려웠다. 11월 21일 선거 직후 출구조사로는 53%를 얻은 유셴코가 44%를 얻은 야누코비치를 큰 차이로 이겼는데, 선관위는 야누코비치(49.5%)가 유셴코(46.9%)를 2.6% 차이로 이겼다고 발표했다. 이것은 선관위의 투표 집계 시스템을 조작하여 얻은 결과였다. 유셴코팀은 정보부의 협조 세력의 도움으로 야누코비치 선거팀의 선거 결과 조작에 대한 증거를 확보하고 있었다. 게다가 각 투표장에 나가있던 외국과 우크라이나 감시단은 대규모 선거 부정행위를 보고했다.

부정 선거에 대한 시위는 바로 시작되었다. 선거 집계가 끝나기도 전에 '마이단Maidan'이라고 불리는 독립광장에 무대와 대형 화면이 설치되었다. 11월 22일 선관위가 야누코비치의 승리를 선언하자 20만 명이 넘는 군중이 시위를 위해 모여들었다. 서부와 중부 우크라이나 지역의 시민들도 버스와 기차 편으로 키예프에 모여들었다. 유셴코 진영은 흐레샤칙Khreshchatyk 거리에 1,500개의 텐트를 설치하고 장기 시위를 준비하였다. 다른 지역과 도시들, 특히 키예프 서쪽 지역에서도 시위, 연좌시위, 파업이 우후죽순처럼 퍼져나갔다. 오렌

오렌지 혁명

오렌지 혁명 군중 앞에 선 유셴코와 티모셴코

지 진영은 부정 선거에 대한 국제사회의 규탄에 고무되었다. 미국과 EU는 부정선거를 규탄하는 강력한 성명을 냈고, 선거 결과를 인정하지 않았다. 러시아의 푸틴대통령은 제일 먼저 야누코비치의 승리를 축하하고 인정했다. 몇몇 CIS 공화국 지도자들도 푸틴의 뒤를 따랐다. 그러나 수그러들지 않는 시위 열기와 서방 국가들의 압력은 쿠치마를 좌불안석으로 만들었다. 매일 저녁 50만 명의 군중이 모여 티모셴코의 불같은 연설과 유셴코를 지지하는 가수들의 공연을 들었다. 유셴코는 마이단 무대에 올라 시위를 격려하면서 반쯤 자리가 빈 의회에서 상징적인 대통령 취임 선서를 하며 쿠치마의 반응을 떠보았다. 클리츠코가 이끄는 '포라Pora'청년조직 시위대는 정부건물과 대통령궁을 봉쇄했다. 대법원은 유셴코 진영의 고소을 받아들여 야누코비치의 승리에 대한 결정을 유보했다.

집권당과 관영미디어에서 분열이 시작된 가운데 국제 중재단이 들어오기 시작했다. 11월 26일 폴란드의 크바스넵스키Aleksander Kwaśniewski대통령과 리투아니아의 아담쿠스Valdas Adamkus대통령, EU 집행위원장 솔라나Javier Solana가 입국했고, 러시아에서는 하원

의장 그리즐로프Boris Gryzlov를 파견했다. 이들은 쿠치마, 유셴코, 야누코비치를 불러 놓고 몇 차례의 회의를 가졌다. 그러나 대법원의 결정이 내려질 때까지 중재회의는 아무런 해결책도 제시하지 못했다. 쿠치마는 한 발 뒤로 물러나 재선거 실시, 대통령권한을 의회에 대폭 이양하는 개헌 실시, 자신과 가족에 대한 면책특권을 내용으로 하는 일괄타결안을 제안했다. 그러나 아무런 최종 결정도 내려지지 않았다. 최소한 시위 진압에 군대를 동원하는 일과 오렌지 진영과 야누코비치가 동원한 광부들 사이의 물리적 충돌은 일어나지 않았다. 동부 지역 도시에서는 야누코비치를 지지하는 시위가 열렸다. 그러나 대중적 참여는 적었고, 주로 지방 관리들이 시위를 주도했다. 야누코비치 진영은 최후 무기인 동부 지역 분리를 주장하고 나왔다. 11월 말 동부 지역 주지사들은 우크라이나의 연방화를 묻는 주민투표를 실시할 것을 주장하고, 도네츠크주는 주의 자치 요구에 대한 주민투표를 1월에 실시하기로 결정하였다가 취소하였다. 서방 언론들은 우크라이나에서 내전이 발생할 가능성에 대해 언급하기 시작했다.

12월 3일 대법원의 결정이 정치적 교착상태의 출구를 열었다. 대법원은 결선 투표를 무효로 선언하고 12월 26일 야누코비치와 유셴코 사이의 재선거를 결정하였다. 유셴코 진영은 헌법개정과 관련된 타협안에 동의하여 12월 8일 의회는 대통령권한을 의회로 이양한 개헌안을 통과시키고 재선거가 가능하도록 선거법도 개정하였다. 12월 26일 재선거는 역사상 가장 많은 선거감시원이 참관한 선거가 되었다. 30만 명의 우크라이나인과 12,000명의 외국인 선거감시단이 선거를 모니터하였다. 재선거 결과는 출구 조사 결과와 유사하게 나왔다. 51.99%를 얻은 유셴코가 44.19%를 얻은 야누코비치를 누르고 최종 승자가 되었다. 지역적 득표 양상은 야누코비치가 전통적 친러 진영 표밭인 러시아어를 사용하는 동남부 지역에서 승리하고, 유셴코는 우크라이나어를 사용하는 서부에서 크게 승리했다. 1991년, 1994년, 1998년 선거와 크게 다른 점은 유셴코가 우크라이나어를 사용하지만 민족주의 경향이 강하지 않은 중부 지역에서도 압승한 것이었다. 학자들은 이러한 결과를 중부 지역의 농민들도 처음으로 우크라이나 정치에 자신들의 목소리를 적극 반영한 것으로 보았다. 2005년 1월 23일 유셴코는 우크라이나의 대통령에 취임함으로써 오렌지 혁명은 종결되었다.

• 유셴코 정권

취임 첫 해에 유셴코 유럽 국가들을 포함한 여러 나라를 방문하며 친서방 우크라이나 외교 노선을 공고히 하려고 노력했다. 선거 기간 중 오렌지 혁명 진영과 러시아 사이의 관계가 극도로 악화되었지만 유셴코는 취임 바로 다음날 모스크바를 방문하여 상징적으로라도 러시아의 관계 개선에 나서는 모습을 보였다. 2월 유럽의회를 방문하고, 4월에 워싱턴을 방문한 유셴코는 친서방 정책 추진 의도를 분명히 했다. 내각도 친서방주의자인 타라슉Boris Tarashiuk 외무장관을 비롯하여 '유럽통합(European Integration)' 각료들로 구성하였다. 우크라이나 정부는 러시아의 영향권에서 벗어나려는 조지아, 아제르바이잔, 몰도바를 규합하여 GUAM(Geogia, Ukraine, Azerbaijan, Moldova의 첫 자를 땀, 공식 명칭은 Organization for Democracy and Economic

타라슉 외무장관

Development)을 결성하였다.

국내 정치에서 초기에 유셴코는 총리인 티모셴코와 화합이 잘 맞는 듯 했다. 티모셴코가 이끄는 내각은 우리우크라이당, 티모셴코당, 사회당의 연합 정부를 구성하였고, 쿠치마 시대의 관료들을 배재함으로써 1991년 독립 이후 최초로 정치 엘리트의 교체를 이루었다고 평가되었다. 2005년 여름까지 18,000명의 중간, 하급 관리들이 해임되고 새로운 공무원들이 충원되었다. 티모셴코가 유셴코와 협의 없이 독자적인 포퓰리즘(populism) 정책을 펴면서 두 사람 사이에는 균열이 생기기 시작하였다. 티모셴코는 쿠치마 정권 말기 부정적 방법으로 민영화된 기업 모두를 '재민영화(reprivatization)'하겠다고 밝혀 외국 투자가들의 우려를 불러일으켰다. 재민영화 대상 기업은 30개 기업으로 한정되었고, 실제로 재입찰에 붙여진 기업은 몇 개 되지 않았다. 가장 주목을 받은 재민영화 대상은 쿠치마 정권과 밀착한 핀추크과 아흐메토프에게 헐값에 매각된 크리스보리즈스탈Kryvorizhstal이었다. 이 철강공장은 2005년 국제입찰에 다시 붙여져서 애초 매각가의 6배인 48억 달러에 세계 최대 철강회사인 미탈스틸Mittal Steel에 재매각되었다. 티모셴코는 공공부문의 임금과 연금을 인상하고 사업소득세를 낮췄다. 이러한 조치는 바로 인플레이션 압박으로 이어졌다. 또한 연료와 육류 가격을 정부 통제 하에 두려고 하였으나 유셴코의 제지로 이를 실행하지 못했다. 2005년 봄 경제 성장의 둔화와 상승하는 인플레이션이 새 정부의 발목을 잡았다. 정부는 쿠치마 정부 시절 부가가치세 환급을 둘러싼 부정으로 수출이 부풀려지면서 경제 통계가 왜곡되었다고 밝혔지만, 경제 성장의 둔화는 부정할 수 없는 사실이었다.

티모셴코는 유셴코의 선거 자금 후원자이자 국가안보회의 의장인 포로셴코Petro Poroshenko(1965년－)와의 싸움에 많은 시간을 쏟았다. 포로셴코는 유셴코에 대한 영향력을 이용하여 몇 개의 부처를 직접 관할하며 티모셴코와 권력 투쟁을 벌였다. 유셴코는 오렌지 진영 내에서 발생한 내부 분열과 대립을 제대로 제어하지 못했다. 유셴코의 문화 정책도 문제를 일으켰다. 유셴코는 우크라이나의 4대 기독교 종파(러시아 정교회, 우크라이나 정교회, 우크라이나 독립교회, 그리스카톨릭교회)를 하나의 총주교청으로 통합한다는 정책을 발표했으나, 이러한 통합 정책은 종교의 자유에 정부가 간섭하는 것으로 비춰져서 종교 지도자들의 우려를 불러일으켰다. 또한 우크라이나화 정책은 러시아어로 공연하는 예술가들의 반발을 불러일으켰고, 국민들의 절반 이상이 일상생활에서 러시아어를 쓰는 상황에서 러시아어 TV 방송 제한도 무리한 우크라이나화 정책으로 여겨졌다. 2005년 가을 티모셴코와 포로셴코의 대립은 상호 부패 폭로로 폭발되었다. 포로셴코가 먼저 사임한 후 유셴코는 티모셴코를 총리직에서 해임하였다. 유셴코는 티모셴코가 정치적 갈등을 야기시키고 경제 성장을 둔화시켰다고 비난하였다. 티모셴코는 유셴코대통령이 오렌지 혁명의 정신을 배신하였다고 맞받아쳤다. 티모셴코는 연정에서 탈퇴하여 독자적 정당

포로셴코

예하누로프

기반으로 2006년 3월로 예정된 총선 참여 준비를 하였다. 유셴코는 정치적 영향력이 거의 없는 예하누로프Yurii Yekhanurov를 총리로 임명하였다. 그는 재민영화 과정을 중단시키고 올리가르히들과의 관계 개선에 나섰다.

러시아와의 관계 악화는 2006년 초 가스공급 중단으로 이어졌다. 유셴코 정부 출범 직후인 2005년 3월 이미 가스프롬은 가스공급가를 천㎥ 당 50달러에서 160달러로 올리겠다고 통보했다. 가스가격 협상이 난항을 겪자 러시아는 오히려 유럽 가스공급가인 230달러로 올리겠다고 위협했다. 유럽으로 운송되는 가스의 80%가 우크라이나를 통과하고 있고, 가스통과료 인상을 무기로 내세울 수 있는 우크라이나는 러시아의 압력에 굴복하지 않았다. 2005년 말까지 가스가격 협상이 타결되지 않자 러시아는 2006년 1월 1일을 기해 가스공급을 중단하였다. 러시아 가스에 크게 의존하고 있던 독일이나 이태리는 가스공급 중단 사태에 크게 놀랐고, 미국과 EU가 중재에 나서 가스공급가는 1년 간 95달러로 결정되고 가스공급은 3일 만에 재개되었다. 그러나 러시아는 앞으로도 계속 가스공급가를 올리겠다고 공언하였다. 가스가격 인상은 우크라이나의 주 수출품인 철강과 화학제품 원가를 크게 올려서 우크라이나 경제에 큰 타격을 줄 수 있었다. 관측가들은 러시아의 이러한 움직임을 친서방 일변도의 정책을 추진해온 유셴코에 대한 징벌이자, 3월 선거에 유권자들의 마음에 동요를 주기 위한 것이라고 분석했다.

2006년 3월 총선에서 유셴코가 이끄는 우리 우크라이나당은 야누코비치의 지역당, 티모셴코의 Byut에 이어 3위를 하는데 그쳤다. 지역당이 186석, 129석, 우리우크라이당이 81석을 얻어 유셴코대통령은 국정 운영에 큰 부담을 지게 되었다. 유셴코는 연정을 구성하는데도 큰 실책을 범했다. 일반적 관측은 오렌지 혁명 세력인 우리우크라이당과 Byut, 사회당이 연정을 구성하면 의석 과반수를 쉽게 확보하고, 총리와 국회의장 자리도 자동적으로 차지할 것이라고 보았다. 그러나 이번에는 국회의장 자리를 놓고 포로셴코와 사회장 당수인 모로즈가 경쟁을 벌였다. 연정 협상이 몇 달을 끄는 동안 지역당이 모로즈에게 국회의장 자리를 약속하고 공산당을 끌어들여 의회 과반의석을 확보하고 연정을 성립시켰다. 유셴코는 야누코비치가 다시 총리로 등장하는 최악의 상황을 맞았다. 유셴코는 야누코비치와 대연정 선언을 하고 자신의 각료들을 야누코비치 내각에 포함시켰으나, 야누코비치의 독주가 시작되면서 일시적 연정은 무너져 버렸다. 더 큰 문제는 대통령제와 내각책임제를 뒤섞어 놓은 졸속 헌법 개정으로 대통령과 총리의 역할 분담이 애매했고, 야누코비치는 대통령의 권한인 대외정책 분야에도 종종 대통령과 별도의 정책을 내놓았다. 헌법상의 결함과 유셴코의 정권 주도권 장악 실패는 그의 임기 내내 국정 마비 상태를 초래했고, 사실상 두 개의 정부가 작동하는 상황을 만들어놓았다.

2007년 3월 지역당이 전 총리 키나흐가 이끄는 우리우크라이나당 소속 12명의 의원을 당적 변경시켜 흡수하자, 유셴코대통령은 이를 정당 비례대표제 원칙에 위반하는 행위로 규탄하고 국회해산령을 내렸다. 국정이 마비되고 오렌지 진영과 지역당은 시위대를 동원하여 세 대결을 벌였으나 양측이 9월 조기 총선에 합의하면서 위기는 종식되었다. 9월 조기 총선에서 지역당이 175석, Byut가 156석, 우리우크라이나당이 72석을 얻어 Buyt와 우크우크라이나당은 다시 연정을 형성하고, 티모셴코가 총리에 취임하였다. 그러나 다음 대선을 의식한 티모셴코는 다시 포퓰리즘적인 정책을 펴며 유셴코와 갈등을 시작하였고, Byut는 지역당과 손을 잡고 대통령 권한을 약화시키는 법안들을 통과시켰다. 2008년 말 시작된 러시아와의 가스 협상에서 티모셴코는 독단적으로 우크라이나에 매우 불리한 협상안에 서명하면서 유셴코와 티모셴코의 사이는 결정적으로 갈라졌다. 오렌지 세력은 2010년 대선에서 단일 후보를 내는 대신 여러 후보에게 표가 갈라지는 상황을 맞게 된 대신, 친러시아 진영은 야누코비치를 단일 후보로 내세울 준비를 하였다. 2008년 10월 미국에서 시작된 세계 금융 위기는 우크라이나 경제를 크게 추락시켜서 2009년 경제성장율은 −15%를 기록했다. 티모셴코는 총리로서 경제 추락에 대한 책임을 짊어지고 2010년 대선에 임해야 하는 상황을 맞게 되었다.

30장 야누코비치 정권

2010년 1월 대통령 선거가 다가오는 시점에 유셴코와 티모셴코의 관계는 최악의 상태에 있었고, 국민들은 오렌지 혁명 세력에 대한 배신감을 느끼고 있었다. 2010년 1월 17일 치러진 1차 선거에서 유셴코는 5.5% 득표로 5위에 그쳐 결선투표에 나갈 수 없게 되었다. 야누코비치는 35%를 득표하여 25%를 득표한 티모셴코를 10% 앞섰다. 2월 7일 진행된 결선 투표에서 야누코비치는 49%, 티모셴코는 45.5%를 득표하여 대선 사상 가장 근소한 차이로 야누코비치가 승리하였다. 표수로는 약 88만 표 차이였다. 야누코비치는 자신의 표밭인 동부와 남부에서 77%의 지지를 얻었고, 서부와 중부에서는 18%를 득표하는데 그쳤다.

대통령에 취임한 야누코비치는 유셴코 정권의 여러 정책을 되돌려 놓기 시작했다. 그는 2010년 유럽의회 연설에서 1932-1933년의 대기근을 인정하지 않는 발언을 했고, 6월에는 의회에서 우크라이나를 '비동맹국가(non-aligned country)'로 선언하게 함으로써 NATO 가입 가능성을 없애 버렸다. 2012년 7월 의회를 통과한 언어법(language law)은 우크라이나어의 국가 공식언어 지위를 흔드는 위헌적 요소가 있는 입법이었다. 이 법은 우크라이나어의 공식 언어 지위를 유지하면서 지역주민 10% 이상이 러시아어를 제1언어로 쓰는 지역의 지방정부는 러시아어를 공식 언어로 선포할 수 있게 하였다. 러시아어는 동남부 지역에서 사실상 제1언어로 쓰이고 있었기 때문에 러시아어를 '소수언어(minority language)'로 분류하여 국가의 보호를 받게 하는 것은 어불성설이었다. 우크라이나어 옹호자들은 언어법이 학교와 언론에서 이루어진 우크라이나어의 지위 향상을 원위치로 돌려놓을 것이라고 우려했다. 이들은 새 입법을 국가 공식 언어로서의 우크라이나어의 지위를 형식으로만 남기고 전통적인 러시아어의 강세를 지속시키기 위한 시도라고 보았다.

정치적 전선에서 야누코비치 정권은 천박함을 드러냈다. 대통령 후보였던 티모셴코를 투옥시킨 것은 법의 지배에 대한 무시를 그대로 드러낸 사건이었다. 정치적 의도로 시작된 티모셴코에 대한 재판은 전형적인 '사적 재판(kangaroo court)'이었다. 티모셴코는 뇌물공여제, 배임제, 살인교사죄로 기소되어 7년형을 선고받았다. 2015년 대선에 티모셴코가 참여하지 못하도록 하려는 정치적 의도가 명확히 보이는 판결이었다. 우크라이나 국민들은 티모셴코에 대해서 엇갈린 평가를 하고 있기는 하지만, 정치적 탄압은 바로 그녀를 정치적 순교자로 만들었고, 야누코비치 정권의 잔혹성을 여실히 드러내 주었다. 야누코비치 측근들은 정적을 효과적으로 제거했다고 생각했겠지만, 티모셴코의 투옥으로 적절한 계기만 있으면 대규모 반정부 시위가 일어날 수 있는 화약고를 안고 나가게 된 것을 깨닫지는 못했다.

경제 부문에서 야누코비치는 국민들에게 글로벌 비즈니스의 중심이 되는 번영된 나라에서 살게 될 것이라고 약속했다. 그러나 결과적으로 보면 경제 번영도 이루지 못했고, 비즈니스를 하기에 좋은 환경도 만들어내지 못했다. 1989년 우크라이나의 1인당 GDP는 러시아를 앞섰으나, 2012년에는 러시아의 1/4 수준에 머물렀다. 2013년 세계은행 자료에 의하면 구매력환산기준(PPP, Purchasing Power Parity) 우크라이나의 1인당 GDP는 8,960달러로 조사 대상 213개 나라 중 127위를 차지했다. 15개 신생공화국 중 아르메니아, 조지아, 우즈베키스탄, 몰도바, 키르기지아, 타지키스탄 6개국만이 우크라이나보다 후순위에 있었다. 2008년 세계 경제 위기 이후 경제는 다소 회복되어 2010년에는 4.2%, 2011년에는 5.2%의 성장을 보이다가, 2012년에는 0.2%, 2013년에는 1.9%로 경제 성장이 둔화되었다.

IMF의 거듭된 경고에도 불구하고 민심의 이반을 염려한 정부는 재정 지출을 줄이지 못했다. 야누코비치 정부는 에너지 보조금 삭감, 사회복지 축소, 은퇴연령 연장, 연금 축소 등으로 재정 적자를 줄이겠다고 약속했으나, 이러한 조치들은 제대로 시행되지 않았다. 재정 적자가 계속 확대되면서 외국 투자가 감소하고 일자리 창출도 정지되고 세수도 감소하였다. 2008년 경제위기 때 160억불의 구제금융을 약속한 IMF는 야누코비치 정부의 개혁 의지 결여에 실망하여 40억불 공여 이후 차관 공여를 중단하였다. 2009년 티모셴코가 러시아와 맺은 가스가격 협정은 가스가격을 국제유가에 연동시켰고, 국제유가가 150달러 이상까지 급등하면서 우크라이나의 가스채무도 눈덩이처럼 불어났다. 야누코비치는 2010년 4월 소위 하르키프협정으로 러시아의 흑해함대 기지 임차권을 2017년부터 2042년까지 25년 연장해 주는 조건으로 1년간 가스 가격 30%인하를 얻어냈지만, 국제유가와 연동된 가스가격은 1년 후 2009년 수준보다 훨씬 높아졌다.

선전이 요란했던 정부의 반부패 캠페인에도 불구하고 우크라이나는 상사소송 공정성이 유럽에서 '최악의 국가'로 낙인찍혔다. 야누코비치 정권의 부패 관행은 이전 정권부터 지속되어 온 것이지만, 그러나 부패의 스케일과 이를 실행하는 대담함은 이전에 보지 못하던 것이었다. 2012년 유럽컵축구대회 개최를 위한 각종 정부 공사에서의 뇌물 수수와 부가세 환급 등 조세부문에서의 상납, 가스 거래에서의 이권 등 야누코비치 정권의 축재액은 수백억 달러에 이르는 것으로 추정되었다. 2012년부터 우크라이나 국민들은 야누코비치의 '가족(semia/family)' 재벌의 축재를 비판하기 시작했다. 맏아들 올렉산드르Oleksandr Yanukovich를 내세워 기업그룹을 만든 야누코비치는 철강, 석탄, 부동산 등으로 사업 분야를 확장하며 야누코비치의 재정 후원자인 기존 올리가르히들의 이권을 잠식하기 시작했다. 이러한 과욕은 야누코비치가 2014년 초 실각 위기에 몰리고 러시아로 도주하는 상황이 발생했을 때 올리가르히들이 그에게서 등을 돌리게 만든 원인이 되었다.

광범위하고도 뿌리 깊은 부패 관행은 야누코비치가 EU와 '협력협정(AA, Association Agreement)'과 '포괄적자유무역협정(DCFTA, Deep and Comprehensive Free Trade Agreement)' 체결을 포기하게 만든 주요 원인이 되었다. EU와의 협상은 2007년 3월부터 지속되어 왔고 2012년 3월 협약 내용이 완성되었지만, 우크라이나 정부가 약속된 정치, 경제 개혁을 수행할 의지가 있는지에 대한 의구심으로 EU측은 최종 서명을 보류하고 있었다. 이에 더해 EU는 티모셴코의 석방도 요구하였다. 협정을 서명할 경우 이행해야 하는 광범위한 개혁은 야누코비치와 그를 지지하는 측근들에게 부를 축적하게 해주는 부패한 체제와 양립할 수 없었다. 또한 티모셴코를 석방하는 경우 야누코비치가 짊어져야 할 정치적 리스크도 매우 컸다.

2014년 초 반정부 시위 장면

시위 진압 장면

러시아는 우크라이나의 EU 접근을 좌시할 수 없었다. 러시아는 야누코비치에게 EU와의 협력협정에 서명하는 대신 러시아, 벨라루스, 카자흐스탄의 결성한 '관세동맹(Customs Union)'에 가입하도록 압력을 가했다. 러시아는 150억불의 신용 공여와 가스가격 25% 할인을 내세우며 야누코비치 정권을 설득했다. 러시아와 손을 잡는 경우 얻게 될 실제적 경제적 이익은 EU와 협력협정을 체결했을 때보다 그다지 크지 못했다. 7억5천만 명의 유럽 시장과 유럽의 직접투자, 기술이전 등 EU와의 접근에서 얻을 수 있는 것도 이에 못지않았다. 그러나 개혁 정책을 추진하기 위해 야누코비치와 지역당, 측근들에게 부와 권력을 제공해주는 현 체제를 무너뜨릴 수는 없었다. 그러나 무엇보다 중요한 것은 2015년 대선에서 재선을 노리는 야누코비치는 EU와 손을 잡는 경우의 러시아의 지원 철회나 보복을 무엇보다 신경을 써야 했으므로 야누코비치가 취할 선택은 처음부터 정해져 있었다고 보아야 했다. 결국 2013년 11월 21일 EU 협력협정 체결 번복 발표는 학생들이 주도가 된 시민 시위를 촉발시켰고, 처음에는 온건했던 시위에 대해 연속적으로 강경진압을 하는 실책을 범하면서 야누코비치 정권은 2014년 2월 22일 몰락하게 되었다.

부 록

Smolensk
Lutsk
Kiev
Kharkiv
UKRAINA
MOLDOVA
(MOLDAVIA)
Chişinău
Galaţi
Bucureşti

우크라이나 역사 및 사건 연표

1. 고대-소련 시대

기원전 9-7세기	키메리아 문명
기원전 7-3세기	스키타이 문명
기원전 7-6세기	우크라이나 남부지역 그리스 식민지 발생
기원후 4-7세기	동슬라브족 분화
기원후 8-9세기	정교회 문명 도입 시작
882-912년	올렉 공후 시대
912-945년	이고르 공후 시대
945-964년	올가 여제 시대
964-972년	스뱌토슬라브 시대
980-1015년	블라디미르 대공 시대
988년	정교회 국교로 공인
1019-1054년	야로슬라브 현제 시대
1037년	소피아 사원 건립
1113년	네스토르 연대기 〈지나간 시대의 이야기〉 저술
1113-1125년	블라디미르 모노마흐 대공 시대
1187년	연대기에 키예프와 페레야슬라브 지역 명칭으로 '우크라이나' 최초로 언급
1199년	므스티슬라보비치 볼히냐와 갈리시아 통합
1237-1240년	몽골군 키예프 루스 침공
1362년	리투아니아군 금칸국 격파, 키예프 해방

1385년	리투아니아-폴란드 왕조 연합(크레보 조약)
1387년	갈리시아 폴란드에 병합
1449년	크림칸국 설립
1480년	금칸국의 키예프 루스 지배 종료
1529년	1차 리투아니아 법전
1554-1556년	자포로지아 시치 건립
1566년	2차 리투아니아 법전
1569년	루블린 연합
1572년	폴란드국왕 지기스문트 II세 아우구스트 코자크 등록 시작
1580년	오스트로그에서 최초의 우크라이나어 성경 인쇄
1591-1593년	코신스키 주도 코자크-농민 반란
1594-1596년	날리바이코 주도 코자크-농민 반란
1596년	브레스트 연합
1616년	사가이다치니의 농민 해방 전쟁
1621년	코자크 대 폴란드군 호틴 전투
1648-1676년	게트만 국가 시대
1648년	흐멜니츠키 봉기
1649년	흐멜니츠키 폴란드와 즈보리스키 강화 조약
1651년	흐멜니츠키 베레스테츠키 전투 패배, 빌라 체르코브 강화 조약
1654년 1월 8일	페레야슬라브 협약
1657년	흐멜니츠키 사망
1657-1659년	게트만 비곱스키
1659-1663년	게트만 유리 흐멜니츠키

1663－1668년	좌안 게트만 브률호베쯔키
1663－1665년	우안 게트만 테테리
1665년	좌안 자치 박탈
1665－1676년	우안 게트만 도로센코
1667년	안드루소보 조약
1668－1672년	좌안 게트만 므노고그리슈니이
1672－1687년	좌안 게트만 사모일로비치 (1676－1681년 우안 게트만 유리 흐멜니츠키)
1677－1681년	모스크바－터키 전쟁, 바흐치사라이 강화조약
1687－1708년	게트만 마제파
1709년 6월	폴타바 전투
1708－1722년	게트만 스코로파드스키
1722년	1차 게트만 제도 철폐
1722－1724년	임시 게트만 폴루보토크
1727－1734년	게트만 아포스톨
1734년	2차 게트만 제도 철폐
1750－1764년	게트만 로주몹스키
1768년	우안 식민화 시작
1772년	1차 폴란드 분할
1775년	자포로지아 시치 철폐
1783년	크림반도 러시아 복속
1787－1791년	러시아－터키 전쟁
1793년	폴란드 2차 분할
1794년	오데사시 설립
1795년	폴란드 3차 분할

1798년	코틀랴렙스키 ‘에네이다’ 출판
1802년	체르니키프주, 폴타바주 설치
1805년	하르키프대학 설립
1812년	6월 나폴레옹 러시아 침공
1814년	3월 9일 타라스 셰브첸코 탄생
1830－1831년	폴란드 독립 운동
1834년	성 블라디미르 키예프대학 설립
1840년	셰브첸코 ‘유랑시인(Kobzar)’ 출간
1646－1847년	키릴－메포디이 형제단 활동
1853－1856년	크림 전쟁
1861년 2월	러시아 농노해방 선언
1861년 3월 10일	타라스 셰브첸코 사망
1861－1862년	페테르부르그에서 우크라이나어 잡지 ‘Osnova’ 발간
1863년	발루예프 포고－우크라이나 서적 판매 금지 및 우크라이나어 교육 금지
1863년	추빈스키 시 ‘우크라이나는 아직 죽지 않았다…’ 발표
1867년	오스트리아－헝가리제국 탄생
1868년	르비프에서 계몽회(Prosvita) 결성
1874년	‘브 나로드’ 운동 본격 시작
1876년	엠스 칙령 발표－모든 우크라이나 서적 출판 금지
1876－1879년	‘땅과 자유(Zemlia I Volia)’ 활동
1890년	러시아－우크라이나 급진당 창당
1891년	우크라이나인 캐나다 최초 이민
1900년	우크라이나혁명당 하르키프에서 창당

1902년	우크라이나인민당 창당
1904년	우크라이나민주당 창당
1905년 1월	상트 페테르부르그 '피의 일요일'
1905년 1월	사회민주당계 'Spilka' 창당
1906년 4월	두마 1차회기 시작
1907년 2월	두마 2차회기 시작
1911년	스톨리핀 수상 키예프 오페라하우스에서 암살
1914년 7월	세계 1차 대전 발발
1917년 3월 4일	우크라이나 중앙 라다 설립
1917년 4월 5일	전우크라이나 국민의회 개최
1917년 6월 10일	1차 우니베르살 발표 – 우크라이나 자치 선언
1917년 6월 15일	빈니첸코 중앙 라다 서기장 취임
1917년 7월 3일	2차 우니베르살 발표
1917년 10월 23일	우크라이나 과학아카데미 설립
1917년 10월 25일	러시아 임시 정부 전복, 볼셰비키 정권 장악
1917년 11월 7일	3차 우니베르살 – 우크리아나 국민공화국 선포
1917년 12월 4일	전우크라이나 노동자, 병사, 농민대회 개최
1917년 12월 12일	하리키프에서 볼셰비키 주도 우크라이나 공화국 선포
1918년 1월	루마니아군 베사라비아 점령
1918년 1월	11일 4차 우니베르살 발표 – 우크라이나의 완전 독립 선언
1918년 3월 1일	우크라이나 국가문양, 화폐, 시민권에 대한 법안 통과

1918년 3월 3일	브레스트에서 러시아 강화 조약 체결
1918년 4월 29일	중앙 라다 우크라이나공화국 출범 선포, 그루셉스키 대통령 취임
1918년 4월 29일	스코로파드스키 전우크라이나 게트만 취임
1918년 10월 18일	르비프에서 우크라이나 국민회의 출범
1918년 12월 13일	서부우크라이나 공화국 선포
1918년 12월 13일	빈니첸코 우크라이나 공화국 집정정부 수반 취임
1918년 12월 14일	스코로파드스키 게트만 정부 해체
1919년 1월	볼셰키비 병력 우크라이나 좌안 점령
1919년 2월 11일	페트류라 집정정부 수반 취임
1919년 3월 6일	볼셰비키 우크라이나 사회주의공화국 선포
1919년 6월	데니킨 백군 우크라이나 진입
1919년 6월 25일	연합국 갈리시아 폴란드 편입 결정
1919년 8월 30일	데니킨 백군 키예프 점령
1919년 8월	우크라이나 공산당(보로트비스트) 창당
1919년 12월 7일	볼셰비키군 우크라이나 3차 진군
1919년 12월 16일	볼셰비키군 키예프 진입
1920년 4월 15일	폴란드－우크라이나 혼성군 우크라이나 진군
1920년 5월 18일	전우크라이나 정교회 회의 독립교회(autocephalous church) 선언
1921년 6월 12일	볼셰비키군 키예프 재진입
1921년 10월 18일	러시아연방공화국 소속 크림자치공화국 선포
1922년 12월 30일	1차 우크라이나 소비에트 회의(Congress), 소연방 수립

1928－1932년	제 1차 5개년 계획
1929년	농업집단화 시작
1932－1933년	대기근
1933－1937년	제 2차 5개년 계획
1937년	스탈린 헌법 제정
1938년 10월 18일	트랜스카르파치아 자치 획득
1939년 8월 23일	독－소 불가침 조약
1939년 9월 1일	2차 세계대전 발발
1940년 6월	북부 부코비나와 베사라비아 소련 병합
1941년 7월－9월	키예프 공방전
1942년 10월	우크라이나 저항군(UPA) 조직
1944년 10월	소비에트군 트랜스카르파치아 탈환
1945년 2월	얄타회담
1945년 5월 6일	샌프란시스코 강화회의 시작
1945년 5월 9일	나치 독일 항복
1946－1947년	우크라이나 기근 발생
1949년	흐루시초프 후임으로 멜니코프 우크라이나 공산당 제1서기 취임
1953년 3월 5일	스탈린 사망
1954년 2월 19일	우크라이나공화국에 크림 양도
1956년 2월 20차	공산당회의에서 흐루시초프 스탈린 비판 연설
1963년 2월	포드고르니 후임으로 셀레스트 우크라이나 공산당 제1서기 취임
1972년 2월	셀레스트 제1서기 해임, 후임 세르비츠키 취임
1976년 10월	우크라이나 헬싱키그룹 결성

1985년 4월	페레스트로이카 시작
1986년 4월 26일	체르노빌 원전 사고
1989년 9월	루흐(Rukh) 결성

2. 독립 우크라이나 시대

• 1990년

3월 18일	최고회의 선거
6월 4일	이바슈코 최고회의 의장 취임
7월 16일	최고회의 국가주권 선언
7월 23일	크라프추크 최고회의 의장 취임
10월 2－17일	대학생 단식 투쟁으로 마솔 총리 사임, 후임에 포킨 임명

• 1991년

3월 17일	소연방 유지에 대한 국민투표
8월 1일	부시 미국대통령 최고회의에서 독립 움직임에 대한 경고 연설
8월 19－21일	모스크바 좌파 쿠테타 실패
8월 24일	우크라이나 독립 선언
8월 30일	우크라이나 공산당 불법화
12월 1일	독립안에 대한 국민투표와 대통령 선거, 크라프추크 대통령 당선
12월 8일	러시아, 우크라이나, 벨로루스 3국 지도자 소연방 해체 선언
12월 21일	11개 공화국 지도자 CIS창설 선언(알마아

타)

• 1992년

1월 2일	러시아 가격자유화 시행으로 우크라이나도 가격자유화 시작
3월	라노비 경제장관 경제개혁프로그램 제출
9월 3일	우크라이나 IMF가입
9월 30일	크라프추크 대통령 포킨수상 해임
10월 13일	쿠치마 총리 임명
11월 18일	쿠치마 총리 경제개혁 6개월 특별 권한 부여받음

• 1993년

1월 26일	유센코 국립은행장 취임
6월	돈바스 광부 10일간 파업
6월 24일	러시아, 우크라이나 무역자유협정 체결
8월 31일	쿠치마 총리 사임
9월	루블존(Ruble zone) 해체
9월 22일	즈뱌힐스키 총리 임명
9월 24일	크라프추크 대통령과 의회 초기 총선 및 대통령 선거 합의

• 1994년

1월 14일	미국, 러시아, 우크라이나 대통령 우크라이나 비핵화 3자 협정 서명
2월 3일	우크라이나 의회 START－I 비준
3월 27일	총선 1차 선거

4월 10일	총선 2차 선거
5월 20일	모로즈 국회의장 취임
6월 16일	크라프추크 대통령 마술 총리 임명
6월 26일	대통령 1차 선거
7월 10일	대통령 2차 선거, 쿠치마 당선
10월 11일	쿠치마 대통령 급진 경제 개혁안 의회 연설
10월 26일	IMF지원금 결정
11월	의회 자유환율제 및 가격자유화 의결
11월 22일	의회 핵확산금지조약(NPT) 비준
11월 20－23일	쿠치마 대통령 미국 방문

• 1995년

3월 1일	마솔 총리 사임, 마르추크 총리 임명
5월 11－12일	클린턴 미국 대통령 우크라이나 방문
9월 1일	우크라이나 최초 인공위성 Sich－I 발사
9월 26일	스트라스부르그 유럽의회 우크라이나 가입 허용

• 1996년

5월 27일	쿠치마 대통령 마르추크 총리 해임 후임에 라자렌코 임명
6월 28일	헌법개정안 의회 통과
6월	우크라이나 핵폐기 완료
9월 2－16일	우크라이나 신 화폐 그리브나 통용

• 1997년

4월 2일	의회 세법 개정안 부결, 핀제니크 부총리 사임

5월 14－15일	쿠치마 대통령 미국 방문
5월 28일	우크라이나와 러시아 흑해함대 분할 합의
5월 30－31일	옐친 러시아 대통령 우크라이나 방문
5월 31일	쿠치마 대통령과 옐친 대통령 친선협력조약 서명
6월 19일	쿠치마 대통령 라자렌코 총리 해임
7월 9일	쿠치마 대통령 나토－우크라이나 특별 협력관계 헌장 서명
7월 16일	의회 푸스트보이첸코 총리 인준
10월 10일	우크라이나, 그루지야, 아제르바이잔, 몰도바 GUAM 결성

• 1998년

3월 29일	총선
4월 22일	전 국립은행장 바딤 게트만 암살
7월 7일	트카첸코 국회의장 취임
8월 17일	러시아 모라토리엄 선언, 그리브나 평가절하
9월 14일	IMF 3년 재정지원 결정
11월	쿠치마 대통령 IMF지원 거부
11월 26일	대기근 희생자 추모 기념일에 대한 대통령령
12월 23일	의회 크림자치공화국 헌법 인준

• 1999년

2월 17일	의회 라자렌코 면책권 박탈
3월 25일	초르노빌 후보 사망

3월 28일	Zenit 로케트 해상 발사 성공
4월 1일	우크라이나 – 러시아 친선협력조약 비준안 교환 및 발효
5월 14일	동유럽 9개국 정상회담 르비프 개최
7월	의회 코소보 평화유지군 700명 파병안 의결
10월 31일	대통령 1차 선거
11월 14일	대통령 2차 선거, 쿠치마 연임 성공
11월 30일	쿠치마 대통령 3대 대통령 취임
12월 14일	의회 푸스트보이텐코 총리 인준 부결
12월 22일	의회 유센코 총리 인준

• 2000년

2월 1일	이반 프류시치 국회의장 취임
4월 6일	의회 경제개혁프로그램 채택
5월 16일	'국민주도'(People's Initiative)안에 대한 국민투표 실시
6월 5일	클린턴 대통령 우크라이나 방문
9월 16일	곤가제 기자 실종, 11월 2일 곤가제 기자 시신 발견
11월 28일	모로즈 국회의장 쿠치마 대통령 육성 녹음 공개
12월 15일	체르노빌 원전 폐쇄

• 2001년

1월 12일	쿠치마 대통령과 푸틴 대통령 드네프로페트롭스크 회담
1월 19일	쿠치마 대통령 티모센코 부총리 해임

2월 13일	티모센코 구속
3월 26일	크라프첸코 내무장관, 데르카치 정보부장 해임
4월 26일	의회 유센코 총리 불신임안 가결
5월 29일	의회 키나흐 총리 인준
6월 23－27일	교황 바오로 II세 우크라이나 방문
12월 5－14일	독립 후 처음으로 인구센서스 실시

• 2002년

3월 31일	총선
5월 28일	리트빈 국회의장 취임
6월 2－4일	UN사무총장 코피 아난 우크라이나 방문
6월 9일	쿠치마 대통령과 푸틴 대통령 상트 페테르부르그 경제협력 회담
7월 27일	리비프 에어쇼 참사
9월 16일	대규모 반정부 시위 발생
11월 16일	키나흐 총리 해임
11월 21일	야누코비치 총리 임명
12월 17일	티기프코 국립은행장 취임

• 2003년

1월 18－22일	쿠치마 대통령 중동 방문(사우디아라비아, 쿠웨이트, 바레인, 아랍에미레이트)
5월	개인소득세 및 법인세 개정
10월	러시아와 아조프해 Tuzla섬 영유권 분쟁
10월 8일	'우크라이나－EU' 정상회담 얄타 개최
12월 30일	헌법재판소 쿠치마 대통령 3선 출마 합헌

선언

• 2004년

6월	크리보리즈스탈 민영화(아흐메토프, 핀추크 공동 인수)
7월 26일	푸틴 대통령, 쿠치마 대통령, 야누코비치 총리 얄타 회동
9월 5일	유센코 후보 독극물 암살 시도 사건
10월 26－29일	푸틴 대통령 우크라이나 방문, 야누코비치 지지 선거 활동
10월 31일	대통령 1차 선거
11월 12－13일	푸틴, 쿠치마 회동
11월 15일	유센코 후보, 야누코비치 후보 TV 토론
11월 21일	대통령 2차 선거
11월 22일	중앙선관위원회 야누코비치 대통령 당선 선언
11월 21－12월 26일	오렌지 혁명
11월 28일	동부지역 주지사들 연방안에 대한 국민투표 결정
12월 1일	의회 야누코비치 불신임안 의결
12월 2일	푸틴, 쿠치마 모스크바 회동
12월 3일	대법원 2차 선거 무효 판결, 12월 26일 재선거 결정
12월 8일	의회 헌법개정안 통과
12월 26일	대통령 재선거 실시, 유센코 당선
12월 31일	야누코비치 총리 사임

• 2005년

1월 23일	유센코 대통령 취임
1월 24일	유센코 러시아 방문, 티모센코 총리 임명
1월 27일	유센코 대통령 스트라스부르그 유럽 의회 연설
2월 4일	의회 티모센코 총리 인준
3월 1일	우크라이나 이라크 파병 병력 철수 선언
3월 9일	푸틴 러시아 대통령 우크라이나 방문
4월 4－6일	유센코 대통령 미국 방문, 상하원 합동 연설
5월 18－21일	유로비전 송콘테스트 키예프 개최
7월 19－24일	유센코 대통령 일본 방문
9월 8일	티모센코 총리와 포로센코 국가안보위원장 해임, 예하누로프 총리 임명
9월 15－17일	유센코 대통령 미국 방문
10월 22일	예하누로프 총리 의회 인준
12월 1일	EU 우크라이나의 시장경제지위 인정

• 2006년

1월 1일	오렌지 혁명 때 합의된 헌법개정안 발효
1월 1－4일	러시아 가스 공급 중단
2월 17일	미국 우크라이나의 시장경제 지위 인정
3월 8일	미국 의회 우크라이나에 대한 잭슨－베닉안 철회
3월 26일	총선
4월 26일	체르노빌 원전 사고 20주년
5월 23일	GUAM 정상회담 키예프 개최, 'GUAM 민주화와 경제협력기구'로 개칭

6월 22일	우리우크라이나당, Byut, 사회당 연정 합의
7월 6일	지역당, 공산당, 사회당 연정 성립, 모로즈 국회의장 선출
8월 3일	지역당, 우리우크라이나당, 사회당 국가통합선언 서명
8월 4일	야누코비치 총리 취임
8월 24일	우크라이나 독립 15주년
8월 25일	뱌체슬라브 초르노빌 동상 제막식
8월 27일	이반 프란코 탄생 150주년
10월 4일	우크우크라이나당 연정 탈퇴 선언
10월 19일	유센코 대통령 계열 장관 4명 사임
11월 28일	의회 1932－33년 대기근 인종학살(Genocide) 인정 의결
12월 1일	의회 타라슉 외무장관과 루첸코 내무장관 해임 의결
12월 18－19일	우크라이나 유센코 대통령 한국 국빈 방문

• 2007년

1월 30일	의회 타라슉 외무장관 해임
3월 21일	야쩨뉵 외무장관 취임
4월 2일	유센코 대통령 의회해산령
5월 27일	유센코 대통령, 야누코비치 총리, 모로즈 국회의장 9월 총선 합의
9월 30일	임시 총선 실시
12월 18일	티모센코 총리 임명

• 2008년

1월 25일	우크라이나 WTO 가입 승인
4월 1－2일	부시 대통령 우크라이나 방문
4월 3－4일	루마니아 부카레스트 나토 정상회담－우크라이나와 그루지야에 멤버행동계 계획(MAP Membership Action Plan) 부여 유보
5월 16일	WTO회원국 지위 발효
8월 8－12일	러시아－그루지야 무력분쟁
9월 2일	지역당과 티모센코당 대통령 권한 축소를 내용으로 하는 내각법 통과시킴
9월 3일	우리 우크라이나당 티모센코당과의 연정 탈퇴 선언
10월 9일	유센코 대통령 의회해산 대통령 명령권 발표 후 철회
10월 26일	IMF 165억불 지원 결정

• 2009년

5월	지역당과 티모센코당 합의 헌법개정안 공개 및 철회
7월 22일	미국 조셉 바이든 부통령 우크라이나 방문
10월	포로센코 외무장관 임명
11월	신종 플루 확산으로 학교 3주 휴교령
12월 23일	IMF 4차 지원금(20억불) 지급 유보 결정

• 2010년

1월 17일	5대 대통령 1차 선거

2월 7일	5대 대통령 2차 선거 야누코비치 후보 대통령 당선
2월 25일	야누코비치 대통령 취임
4월 21일	야누코비치와 러시아 메드베데브 대통령은 1년 간 가스공급가 30% 인하를 대가로 흑해 함대 기지 임대 기간을 20142년까지 25년 연장하는 하르키프 협정 서명
8월 11일	IMF 우크라이나에 151억달러 차관 제공 결정
10월 11일	헌법재판소 2004년의 의회-대통령제 헌법 무효화시키고 1996년 대통령 중심제 헌법 복원

• 2011년

7월 8일	우크라이나 의회 연금개혁을 포함한 재정 지출 감소 법안 통과시킴
8월 5일	티모셴코 배임혐의로 7년 형 선고받음
10월	우크라이나를 포함한 CIS 일부 국가들 다자 자유무역협정 체결

• 2012년

7월 19일	야누코비치는 EU와 협력협정(Association Agreement) 협상 시작
10월 28일	총선에서 야누코비치 지역당 승리

• 2013년

11월 21일	우크라이나 내각 EU와의 협력협정 체결

	포기하기로 결정. 이에 항의하는 대학생을 중심으로 한 평화적 시위 시작
11월 28일	야누코비치 빌니우스의 Eastern Partnership 정상회담 참여했으나 협력협정 조인하지 않음
11월 30일	한밤중 마이단 시위대에 대한 경찰 강경 진압이 시위 확산 촉발시킴
12월 1일	시위대는 마이단에 텐트 설치하고 시청을 포함한 주요 공공 건물에 진입
12월 17일	러시아 150억 달러 규모의 우크라이나 정부채권 구입과 가스 가격 인하 결정

• 2014년

1월 초	시위가 우크라이나 주요 도시로 확산되고 지방 공공기관도 시위대에 점거되기 시작
1월 16일	야누코비치는 의회를 압박하여 소위 '반시위법' 통과시킴
1월 28일	아자로프 총리 사임
2월 18-20일	특수경찰 발포로 시위대 100여명 사망
2월 21일	야누코비치와 야당 지도자들 주변국 중재로 사태 해결 합의. 티모셴코 석방
2월 22일	야누코비치 키예프 탈출
2월 23일	의회 야누코비치 탄핵 결정, 투르치노프를 임시 대통령으로 지명
3월 18일	러시아 크림반도 병합